U0031608

華爾街的
華爾滋

影響近代股市多空轉折
最重要的90張圖表

The Wall Street Waltz

90 Visual Perspectives, Illustrated Lessons From
Financial Cycles and Trends

Ken Fisher

肯恩·費雪————著　簡瑋君————譯

Contents 目錄

第二部分
全面理解：利率、商品價格、房地產和通貨膨脹 193

第三部分

解讀經濟周期、政府財政和江湖騙術

距離我最初寫這本書，也就是我的第二本書時，已是整整二十年前的事了。那時，我的資產管理生涯邁入第十五年，我為《富比士》雜誌定期撰寫專欄也不過才區區三年，而我設在地下室的公司管理著大約 2 億美元的資產。

時代變了！如今，我管理著一家擁有 1,000 多名員工的公司，經手操作超過 400 億美元的資產（這個數字仍持續增長中），我們的客戶遍布全美五十個州（奇怪的是，我仍然住在這間辦公室的樓上，只是辦公室變大了）。目前，我是《富比士》史上第四長壽的專欄作家；我的第四本書《投資最重要的 3 個問題》是《紐約時報》暢銷書；我在 2007 年「富比士 400 富豪榜」上排名第 271 位。但在二十年前，當我想到要寫一本跟市場主要現象有關的書時，我完全沒有意料到會有這些改變。

改變還不只如此。這段時間，科技的創新呈指數級成長；海量、全面性的數據可以快速、免費地獲得；任何擁有電子郵件和銀行帳戶的人現在都可以成為投資者；進出

市場的費用變便宜了，資訊更加透明，交易更快速，數據分析計算能力的門檻也變得更低，同時也更易於使用……，雖然市場發生如此多的變化，但你手上這本《華爾街的華爾滋》，它的內容卻歷久彌新，也因此，我對本書能夠再次問世相當高興。

你會發現，雖然二十年過去了，但我幾乎沒有什麼變化。為什麼呢？因為，我非常熱愛和尊重市場歷史。俗話說，「不學習歷史的人注定要重蹈覆轍」。在投資上也是如此，任何認真的從業人員都必須把市場歷史當作是他們繼續進修的一部分，否則他們注定會一次又一次得出相同的錯誤結論。如果不瞭解我們的過去，就無法革新，而這本書就是歷史的一部分。

幸運的是，當我在撰寫本書的時候，書中大部分的歷史都是「史實」，至今絲毫未變。與此同時，它突顯了1987年的某些當代觀點，亦即我們的憂慮──我們如何看待當前事件和解釋歷史，以及在一個獨特的時間點上──在聯準會（FED）著手處理通貨膨脹導致的歷史高利率末期、在1980年代的大牛市中，以及在1987年發生短暫但影響重大的股市崩盤之前，究竟是什麼東西推動了當時的市場。

你會發現，本書的圖表和評論直到今天依然適用，就

像當時一樣，根本不需要做任何改變——資本主義的原則變化不大。只不過，我根據這些圖表得出的某些結論卻發生了變化。為什麼呢？因為世界變了，或者我變了，或者從那時起我獲得了更好、更全面的數據。在我的投資過程中，我不斷地在問自己：「什麼是錯的？」（事實上，這也是《投資最重要的3個問題》一書中的第一個核心問題）。即使本書似乎是無可批判的，或者我已經在書中自證了，但在這個新的版本中，我將告訴你這二十年來，我的想法發生了哪些變化。

其中最好的例子，或許就是本書的【圖表01】。當時，我和大多數人一樣認為，「高本益比預示著未來風險的不斷擴大和糟糕的股票報酬」。但現在我知道，無論本益比是高是低，它並不能預測未來的風險或回報——當時我不可能會知道這些論點，因為缺乏現在的數據和科技。但如今，任何人都可以使用Excel和免費的歷史數據（你可以在任何一個金融網站上找到這些資料），並藉此進行相關性分析，然後得知「本益比無法幫你作出預測」（之後我會詳細說明這一點）。然而時至今日，認為「高本益比不好」的迷思仍然存在，因為投資人往往不會去質疑傳統的信條。所以，這些更新後的資訊對你是有所助益的。

我改變觀點的另一個例子，是本書的【圖表74】。當

時，我設想聯邦債務不會對經濟造成負面影響，這是正確的。如果以聯邦債務在國民收入（國民生產毛額）中所占的比重來衡量，我們的債務負擔並不算嚴重。但我還是錯了。債務不僅不是壞事，實際上它對我們的社會是一件非常好的事，我們可以動用更多各種類型的債務！「槓桿」是健康經濟的重要驅動力，而政府削減聯邦債務的努力總是會招來災難。你可以在本書的〈附錄 A：嚇唬孩子的錯誤觀念〉中讀到更多我對債務的最新想法，以及為什麼我們有理由相信我們愚蠢的政府。

　　另一個重大的變化是：我不再把道瓊指數當作評估市場表現的指標——事實上，我完全把它忽略掉了。那時候，我之所以採用它是出於傳統，因為每個人都在盯著道瓊斯指數看！大多數人現在仍然這樣做，儘管如同所有價格加權指數一樣，它本質上是不可靠的，而且具有誤導性。由於價格權重（合理架構的指數是市值加權指數，例如標普指數或 MSCI 全球指數），道瓊指數在任何年度的報酬都過於依賴於純粹的表面股票分割（stock splits）。也就是說，指數回報率可能與標的股票的表現相差很大，這取決於分割的股票比不分割的股票表現好或差。採用價格加權是瘋狂的做法，這會產生糟糕的指數。

　　上述這些都是很好的例證，說明了如果你不能持續去

質疑你所相信的東西，它們就會給你帶來傷害。這就是為什麼你不應該隱瞞歷史或試圖改變歷史的原因，也是我不想篡改本書圖表的原由。

《投資最重要的3個問題》介紹了我在過去二十年裡學習到或開發出來的所有資本市場技術，從某些方面來說，它是這本《華爾街的華爾滋》的完美伴侶。但本書修訂版的調整幅度不大，這代表了三件事。首先，它代表我撰寫本書的初衷──讓投資愛好者能透過本書研究、享受和學習歷史上的關鍵時刻。所以在你手上這本的修訂版中，我會展示所有原始的圖表和評論，藉此呈現當時世界的景象，以及它們是如何影響我的；其次，我會在評論中添加額外的注釋，保持圖表原貌，藉此告訴你我的新想法。我的目的是要提供一段與原版平行的歷史，加上最新的評論，讓讀者思考如何去理解當今的世界，以及二十年後人們會如何重新解讀它；第三，我會在本書最後新增部分的圖表，我認為這些新增的內容將帶來極富意義的差異。

所以，這本書包括了：（一）原版收錄的圖文內容、（二）針對圖表所做的最新評論，以及（三）增加部分需要更新的圖表。如此一來，這就構成了我想呈現給你的最好內容。

現在，請和我一起回到冷戰末期（雖然當時我們無從知曉），那時並非所有人都擁有筆記型電腦、手機和超高速無線路由器，而我也還沒有對黑莓機（Blackberry）上癮；當時的所得稅、通膨和利率似乎會永遠居高不下，而且那時的我很窮。戈登・蓋柯（Gordon Gekko，電影《華爾街》男主角）告訴我們，「貪婪是個好東西！」就在股市以創紀錄的單日跌幅暴跌之前（但當年股市淨值仍然增加了5％，說明資本主義實在是太棒了），此時此刻，這支「華爾街之舞」又再度呈現在你眼前。

你知道1987年初的本益比高於1929年嗎？你知道1929年的全球股市大崩盤嗎？你知道高達兩位數的利率主導了十九世紀嗎？你關心過這些事嗎？或者說，你應該關心嗎？如果你無法回答這些問題，那麼你真的知道華爾街起舞的原因嗎？

有一個數據或許能幫上你的忙：1880年的亞利桑那州生產了87萬408枚蛋；但十年之後，這裡的雞卻產下高達1,357萬2,852枚蛋。你覺得怎麼樣？還是沒什麼幫助嗎？

這個小趣聞來自《美國第十一次人口普查摘要：1890年》一書，它和許多晦澀難懂的大部頭書一起擺放在我公司圖書館的書架上，裡面塞滿了任何一個頭腦正常的人都不會試圖去思索的「事實」。每當我脫口說出那些統計數據時，都會逗得我們的首席交易員倫尼發笑，她來自於亞利桑那州。

我們大多數人根本不會在乎這些事。我們每天都被各

種事實狂轟濫炸，以至於我們根本沒有時間去消化那些硬塞給我們的東西，更遑論去瞭解金融史，以及它與我們生活之間的關係了。不是每個人都想取得金融或經濟史的博士學位，大家只想學到足夠多的舞步，以便安心地在華爾街的舞池中獲利，而非笨拙地出醜。

多數人都害怕踏進華爾街的舞池。你可能真的害怕，而且你也應該要害怕，因為多數投資人都是賠錢的。事實上，很多人之所以能在股市中擁有100萬美元，是因為他們一開始是手握200萬美元。即使是專業投資者也是如此。為什麼人們會虧錢呢？有一個重要的原因是，關於投資有太多被誤解的迷思，以至於我們從未真正瞭解過「現實」。我們把太多錯誤的觀點當作事實來討論，而你手上的這本書就是要嘗試揭露這些荒誕的說法。

我寫這本書的初衷 ✍

某個週末，我正在為一個即將在下週一到訪的客戶做準備。他總是喋喋不休地訴說著一些關於國家債務負擔將導致世界末日的迷思，我在成堆的舊文件中尋找幾年前收藏起來的一張圖表。我希望那張圖表能讓那個可憐的傢伙看清一些事實，糾正他偏執的想法。只可惜，最後我沒有

找到那張圖，而那個傢伙永遠不會相信我的話了。

　　但那幾個小時的搜索，卻讓我找到其他幾十張同樣被歸檔在廢棄倉庫裡的圖表，這些圖表好用到讓我不忍再將它們放回去——它們合在一起，構成了強大的圖像說服效果，涵蓋了我作為華爾街「專業舞者」的十五年，以及我在大學時代學到的一些最好的課程。我們的客戶服務人員有一台用來裝訂小冊子的裝訂機，我把這些圖表全都裝訂在一塊兒。

　　到了週一，這組圖表在辦公室獲得比「1890 年人口普查」更大的迴響。每個人都同意，這有助於向客戶解釋我那些有時聽起來很奇怪卻無比真實的觀點——只要用一張圖和幾句精準的評論，我就能讓人們清楚地看到他們過去永遠無法理解的現象。幾天之後，我們用這些圖表向客戶傳達我的第一個觀點，果然成功奏效了。隔天一早，當我在沖澡時突然意識到，如果我喜歡這些圖像化的圖表與觀點，我的員工也喜歡，我的客戶也喜歡，那麼包括你，還有其他投資人也一定會喜歡。於是這本書就誕生了。

　　本書的初衷，是要透過易於理解的圖表及簡短精煉的文字，解釋那些對大多數人來說高深莫測的金融現象，因為他們從未以如此經過提煉、直觀的形式接觸到原始的事實。本書的誕生，是為了把這支「華爾街之舞」分解成最

簡單、最容易理解的步驟。它收錄了我一直以來最喜歡的90張圖表，我會對每張圖表做出精闢的說明：你應該要看到些什麼、為什麼它很重要，以及它與現在及未來之間有何關聯？它就像一本華爾街的圖畫書，將圖表和一個簡短的故事結合起來，能帶來極佳的視覺化效果。

所以，你將看到90個大多數人都沒有察覺到的圖像化財務現實，或許你曾經看過類似、沒那麼有系統的圖像觀點，但本書的內容絕對會令你耳目一新，即便是對大多數的專業人士來說亦是如此。

關於本書的圖表

雖然我有寫作的習慣，而且大多數人都認為我具備寫這種書的資格，但請注意，別讓我措辭的方式阻礙到你閱讀圖表，因為這些圖表才是本書最重要的部分，我的文字分析只是幫助你理解它們。

這些圖表都是真實的。它們提供了生動的視角，讓我們看到幾個世紀以來華爾街是如何跳華爾滋的。如果說我在金融界學到了什麼，那就是「儘管幾乎每天都有各種事件和奇怪的現象出現或消失，但幾百年來真正重要的事情都不曾改變」。所有那些讓媒體和群眾如此興奮的時髦、

新穎細節，其實根本沒有那麼重要。真正重要的事情並不是新的，也從來沒有改變過，但卻很少有人討論過它們。只要觀察華爾街的舞者們過去是如何跳對及跳錯這支華爾滋，你就能知道自己未來該如何正確地去跳這支舞。

本書的圖表來自四面八方，包括書籍、雜誌、經紀商資料、時事通訊、市場研究服務商等，還有一些是我們自己設計的。有些圖相當古老，有些圖則相當新穎（最新的圖表是我們根據1720年的一些最古老的數據構建出來的），所有的圖表都展現出各自優異的清晰思路和稀有性。如果你無法進入一間規模夠大的商業書圖書館，那麼除了這本書，你很難找到這類圖表。事實上，隨著寫作的進展，我開始意識到我要提供給你的，不僅僅是那個星期天在我的辦公室裡裝訂起來的東西。於是，在同事們的幫助下，我花了數周的時間在史丹佛商學研究所的傑克遜圖書館（Jackson Library）的書架上搜索——我又找到了幾十張珍貴的圖表，並且將它們添加到本書中。我為這些圖表感到自豪，它們說明了很多事。

如何使用這本書？

你應該要怎麼使用這些圖表呢？

本書分為三大部分。第一部分是關於股票市場；第二部分探討了利率、通貨膨脹、商品定價和房地產；第三部分則涵蓋了一般的商業狀況、備受誤解的政府財政領域，以及我最愛的市場「傳說」圖表——某些圖表你不用太認真看待，但它們帶來的教訓是很重要的；還有另一些圖表則是你應該認真看待的，即便多數人都棄之如敝屣、認為它們不過是騙人的玩意兒。

你可以隨意從任何一張圖表開始看起，首先我會帶你觀察圖表，接著再分析它的內容。每張圖表內容都是以獨立的方式來呈現，你可以視需要盡情享受閱讀，然後把書放下，過幾分鐘或幾年後再回頭來驗證它。

某些圖表已經有幾十年的歷史了，但它們依然精彩且歷久彌新。每幅圖表都講述了一個故事，你可以從中汲取教訓。

如果你不同意我從圖表中得出的結論，沒關係，重要的不是你怎麼看待那些事情，而是你真的有在思考它們。這對你來說可能會很困難，當你在研究、閱讀這些圖表的過程時，你可能還會認為我瘋了。

或者，有時你可能會在這些圖表中看到一些我沒有提出來評論的東西——這種情況比比皆是。你也可能完全不同意我的說法。正如你即將看到的，歷史上許多最著名的

金融觀察家所做的聲明都砸鍋了。所以，如果你確定我在某些事情上搞錯了，請記住，這種情況多不勝數。

畢竟，儘管我受過經濟學和歷史學的教育，是「與華爾街共舞十五年」的華爾滋專家，但身為股市暢銷書的作者、多年來為《富比士》執筆的專欄作家的我，仍然經常被華爾街舞蹈的繁複之美所折服，有時它甚至會令我喘不過氣來。

這本書不是關於如何挑選一檔成功的股票，也不是教你如何閱讀財務報表。相反的，它涵蓋了許多經驗教訓，你可以透過視覺化的圖表快速學習。這是一本教你「如何與華爾街共舞」的書，它的概述與舞步，都是由人類的恐懼和貪婪相互作用，並由我們個人脆弱的心理所編排出來的；這是一本關於當我們面臨必須做出某個會影響我們所愛之人的經濟福祉等艱難決定時，我們會感到腎上腺素激增的一本書；這是一本關於許多前人，他們為了金錢，做著同樣愚蠢、貪婪和恐懼之事的書；這也是一本關於每個人都把注意力集中在自己的步伐，卻無法聽到市場背景音樂的書。

電子節奏 ✍

市場的背景音樂怎麼了？由於「真正重要」的東西幾百年來都不曾改變，因此音樂也沒有太大的變化。但有一樣東西的改變，可以幫助你學習掌握節奏，那就是電子產品。

當我開始做生意時，我使用的是電動加法機和計算尺。如今你只需要花30美元就可以買到一台財務計算機，這個費用比購買少量股票所支付的佣金還少，卻能讓你掌握複利的魔力，亦即掌握「華爾街的華爾滋」的節奏。

例如，你將在【圖表39】中瞭解到成為百萬富翁是多麼簡單的事。當你二十五歲到三十歲的時候，你每年只要在個人退休帳戶上存入2,000美元，之後每年就能產生15％的複利——這筆小小的投資可以讓你在六十五歲退休時獲得高達130萬美元的收入。這是不是太容易到讓人難以置信了？但這是千真萬確的事！你可以從【圖表39】中看到此一結果，你也可以自己用財務計算機來加以確認，只要花30秒左右即可得知。這些計算工具甚至自帶簡單易懂的操作說明。

令我驚訝的是，許多認真的投資者要麼不知道如何使用財務計算機，要麼不把計算機放在身邊，藉此隨時查看

那些無所不在的迷思。例如,你將從【圖表52】中瞭解到,自1900年以來,通貨膨脹使得「消費者物價」上漲了大約10倍,但大多數人絕對無法計算出,八十五年來10倍的漲幅換算下來,平均每年為2.75%,這並不算很多。

我計算過,也計時過。我的卡西歐BF-100計算機花了8又1/4秒才算出小數點後十位。如今,要想成為成功的華爾滋高手,關鍵就在於掌握「複合收益率」、理解複利的魔力,從合理的投資結果知道什麼是可能的,什麼是不可能的,以及什麼是合理的,什麼是不合理的。

令人驚訝的是,在這樣一個資本主義社會,很少有人真正理解複利的魔力,並把它融入到日常思維中。如果大多數人都具備這樣的能力,我們就不會面臨像是破產的退休制度、政府赤字和華爾街的大繁榮和大蕭條等問題。我們甚至不用擔心窮人。這樣的人不會很多。但多數人永遠不知道使用計算機的好處,所以你更應該要學會。它會讓你領先別人一步。

所以,請準備一台可以計算複利的財務計算機,並學會怎麼使用它。一次又一次,我用我可靠的計算機驗證了本書圖表上的事,而你也可以用你自己的計算機來驗證我的主張。只要你能夠計算出收益,就能讓你在遇到任何金融現象時更具有信心;你還可以破解許多市場騙子製造的

迷思。

那些騙子是誰呢？嗯，其中有很多人都被稱呼為參議員、州長，是的，甚至還包括總統先生；有些人則試圖搶走他們的工作。還有一些人是想賣東西給你（為了賺取佣金），或者是想拿到頭條新聞的記者。其中甚至有些人正在磨刀霍霍，如果你給了他們可乘之機，他們會一刀砍進你的後頭勺……，對複利的全盤理解和本書所提供的可視化經驗教訓，應該足以讓你遠離他們，或者至少能讓你看清他們的本質。

例如，政客們希望你把票投給他們，這樣他們就能解決我們的經濟弊病。但你會想知道這中間發生了什麼事——我們一直在投票，他們一直在解決問題，但我們似乎仍不斷地陷入更糟糕的問題中。為什麼呢？因為政客是無法解決問題的，他們只會讓事情變得更糟。即便很多人都無法想像，但我們都是全球金融體系的一份子，至少幾個世紀以來都是如此。而政府並無法讓我們的結局優於這個世界的趨勢。

全球金融

當這裡的市場上漲時，倫敦和布魯塞爾，甚至連馬來

西亞的市場也在上漲；當這裡的利率上升或下降時，巴黎、東京、多倫多、安地列斯群島和巴西的利率也幾乎肯定很快就會做出相同的反應。大抵來說，蕭條和衰退都是全球性的。當然，單一國家可能會把自己搞砸、與世界脫節。但是，相對於我們其他人，該國的政客無法大幅改善自家的狀況。

「華爾街之舞」起源於曼哈頓，但經由電話線連結，世界各地也跟著不停起舞。而且，正如你將在本書學到的，早在電話尚未問世、甚至還沒有「華爾街」以前，它就已經在世界各地翩翩起舞了。因此，當政客們試圖採取一些花俏的策略時，金融世界只會圍繞著他們打轉；當華爾街的人想要狂歡時，全世界的政客都無法阻止他們。總的來說，華爾街太強大了！

在接下來的章節中，你會看到金融的國際性本質。你會發現今天的舞蹈和幾十年前、幾百年前的舞蹈是一樣的。

你會看到人們在1720年隨著《南海泡沫》和《密西西比泡沫》的曲子起舞。然後，在十九世紀中期，他們開始播放《舊鐵路繁榮與蕭條的藍調》。在1920年代及近期，《併購高潮》大肆興起。《蛇》（*The Snake*）至今依然很受歡迎。當然，像《利率洗牌》和《康德拉季耶夫周期理論》

（*The Kondratieff Wave*）這樣的曲子仍持續熱播中。

華爾街的華爾滋永不停歇。我希望這支舞能夠永遠跳下去。只要資本主義繼續存在，這支舞就不會停步。資本主義是推動我們繁榮的引擎，使我們從封建主義進入了微型電腦（它帶給了人民力量）和醫療（讓我們得以維繫生命）的驚人時代。資本主義會面臨真正的威脅嗎？跳這支華爾滋真的有死亡的風險嗎？

確實有！你的計算機和一份美國預算報告會告訴你這個令人遺憾的事實。這與赤字或聯邦債務無關，你可以從本書所整理關於美國政府的圖表中一窺堂奧。重點是，如果政府繼續以過去二十年相對於國民生產毛額較高的成長率擴大其規模，那麼，山姆大叔用不到一百年的時間即可接管一切，包括華爾街和華爾滋。這就是相對較小的複利差異的力量。令人悲哀的是，每個人都在談論聯邦赤字和債務，但卻沒有人談論真正的殺手——政府像腫瘤一樣的增長。

只不過，華爾街可能不會太在意。正如你可以在財務計算機上看到的那樣，一百年後，任何東西的貼現現金價值在今天基本上都是零。華爾街不會讓你對政府的過度擔憂而削弱它在未來幾十年的舞步。與此同時，它會一如既往地繼續跳下去，就像本書接下來要描述的事情那樣。

一步一步來 ✍

　　本書的每個故事都獨立於其圖表。每張圖表似乎都應該有自己的故事，而不是讓故事屈從於某些有組織的主題。所有的故事都是圍繞著圖表而寫的，例如，你會發現我的某些結論似乎互相矛盾，它們會從不同的圖表上一躍而出。也因此，這本《華爾街的華爾滋》反映了金融世界的混亂和缺乏總體組織。與遍布全球且幾乎無組織可言的華爾街相比，這本書的結構是井然有序的。

　　也許這本書只有在幫助你獲利的情況下才能使你滿意。這是因為大多數投資者幾個世紀以來一直在虧損。為什麼你不應該也這樣呢？我們不可能人人都是華爾街的贏家。舞蹈的心理本質是：我們之中必須有一些人出醜，才能讓另一些人看起來像是明星。

　　如果這一切對你來說似乎太複雜了，請放心，「華爾街的華爾滋」真的可以一次簡單地跳一步。進入華爾街的關鍵不在於做出花俏的動作，而在於簡單地跳完這支舞，同時不失去你的財務基礎。

　　你可能永遠無法成為股市的頂尖作手，但如果你願意做同行中少有人會做的事，並且花時間把舞步練好，那麼你就不必擔心會在舞池中出醜了。

讓股市變得清晰可見

那些告訴你「他們已經把股市搞清楚了」的人都是瘋子。如果有人告訴你，有某個股市指標在預測市場走勢方面是萬能的，那他肯定是瘋了。這就是為什麼本書會有90個視覺化、涵蓋大量市場現象的圖表。

但如果說有哪一句股市格言值得你高度重視，那就是「避免在股價高估時買進」。一些人出價過高，而另一些人則持有在合理價位買進、如今價格已飆漲的股票——結果總是會令人遺憾。

也許人們在股價高估時買進且抱著不放的主要原因，是他們對「價值」毫無自己的見解。這一點你可以透過閱讀幾十本相關書籍、參加投資課程，並好好觀察這個世界幾年，來獲得一些概略的知識。或者，你可以花大約一個小時的時間，研讀本書第一部分的前十一張圖表——它們

是耗時百年累積起來的資料。

股市策略的濫觴 ✑

　　前兩張圖表展示了過去一百年來股市的本益比（P/
E）。你很快就會明白，當市場平均本益比低於10的時候，
就會是一個不錯的買進點。相對的，當本益比高於10幾
倍時，伴隨而來的通常是令你失望的表現。這條規則有例
外的情況嗎？當然有！華爾街之舞的魅力之一，就是每一
步都有例外。

　　這就是其他圖表能發揮作用的地方。它們能讓你交叉
檢驗，好讓你不會出錯。例如，有一個例外發生在1930
年代的嚴重蕭條時期，當時的本益比飆升至天價。股市下
跌了，但收益（Earnings）跌得更多。那是有史以來最好
的買進機會之一；但是，如果你只關注本益比，你就會錯
失良機。是故，你可能會得出這樣的結論：你不應該過度
關注「高本益比」。

　　【圖表03】和【圖表04】能幫助我們正確看待這一點。
雖然收益並非總是能在短期內推動市場上揚，但從長期來
看，它們肯定會產生這樣的效應。不僅股價和收益密切相
關，而且，如【圖表04】所示，如果你將本益比倒置並計

算出 E/P，得到的 E/P 數字就像收益率——淨收益率——必須要贏過（高於）長期債券收益率。

如果你接受「收益在長期來說很重要」的觀點，那麼在 1932 年當收益蒸發的不尋常時期，你會如何看待所謂的「價值」呢？究竟，多低才算低呢？這裡，你可以試著計算一下本利比（每股股價與每股股息的比值）、股價淨值比、股價現金流量比，或股價與銷售額比。總的來說，這些比率能讓你大致掌握市場現況。當市場以超過股息的 28 倍、帳面價值的 2 倍、現金流的 10 倍、等於銷售額的價格出售股票時，股價就太高了，真的很可怕。

當長期利率處於高檔並不斷攀升時，股市也會令人恐慌。畢竟，如果 E/P 比率必須長期與債券收益率競爭，那麼利率上升應該就會引發股價下跌。【圖表 09】和【圖表 10】會以兩個視角為你展示此一跨越一百一十五年的問題——前者會顯示，長期利率的急劇上升往往是股市的死亡之吻；但在後者中，你會看到短期利率的上升往往比較沒那麼具有說服力。

除了價值感，投資者還可以從其他角度來獲益。例如，你真的了解股票和債券的相對表現嗎？自從 1920 年代中期以來，股票的表現超過了債券、房地產、國庫券、黃金、通貨膨脹，以及幾乎所有其他投資工具。因為在此

之前的二十年中，股市曾大幅上漲，考慮到本書中其他圖表的數據，我們可以有把握地認為，股票相對優越的表現可以追溯到歷史上更早的時期。你可以在【圖表12】中一目了然地看到過去六十年的情況。

華爾街：一條串聯全球之路 ✍

近來在華爾街到處流傳的一個迷思是，你可以藉由投資海外股票來降低風險並獲得更高的回報。這種說法相當愚蠢，原因如下。

正如第一部分幾張圖表中的數據所顯示的那樣，投資其他主要西方國家的股市實際上並無法產生真正的分散風險效應。只有當全球股市的漲跌不連動時，才會產生真正的分散投資效應。但在大多數情況下，各地的股市會同漲同跌，而且比例大致相當。英國市場往往與美國市場的走勢密切相關，而加拿大市場幾乎不會與美國市場背離。日本、德國、法國、荷蘭和義大利也都與美國股市密切相關。

這只是其中一種方式，你會看到華爾街其實是一條延伸到全球的道路。你可以透過海外投資獲得真正的分散投資效應，但要做到這一點，你必須進入馬來西亞和肯亞等

無數的小市場。只不過，關於這些地方發生了什麼事，你又能獲得多少真實的資訊呢？

答案是並不多。我們都喜歡自認不同凡響，在某種程度上，我們確實擁有個體的差異。但你將會看到，不僅是在第一部分，而是在本書中，美國經濟是全球金融環境的一部分——而且一直都是。自從資本主義存在以來，股票價格、其他金融工具、大宗商品和通貨膨脹在世界各地一直都是一起變動的。

例如，許多人以自我為中心，認為1929年的崩盤是美國的事件。但在【圖表29】中，你會看到這是一場始於歐洲的全球性崩盤。如果不是以自我為中心且有關注歐洲市場的美國投資者，在1929年時，他們就會獲得災難即將降臨的預警。事實上，1929至1932年的崩潰太令人迷惑了，有太多的錯誤訊息和謬論到處傳播，這值得我們用幾個圖表專門來澄清這場災難性下挫的原由，其不尋常之處主要在於它的規模，而不是在於你需要掌握哪些跡象才能避免遭受打擊。

可怕的是，1928至1929年的股市與1986至1987年的股市過於神似。這兩個市場不僅在價格上漲和本益比方面看起來很相似（請見圖表27），而且這兩個時期都出現了類似的併購熱潮（請見圖表21和30）。

投資經驗的教訓 ✍

　　在我十五年的職業投資生涯中，我學到了很多慘痛的教訓。其中之一就是要避開首次公開發行（IPO）。公司上市是對公司和既有股東有利的時候，而不是在對你有利的時候。這是公司透過發行新股籌集資金的一種方式，而且公司只會在資金便宜的情況下才會這樣做。IPO的賣點是它們的火爆和性感之處。它們通常會被歸類為高風險成長股，但所有被歸類為成長股的股票其實都是高風險的。

　　我為《富比士》撰寫「成長股」專欄已經有好幾年了，我可以直截了當地告訴你：任何大多數人認為是「成長股」的股票，都已經太受市場歡迎，已不值得購買了。只有當大多數人認為一檔股票根本沒有潛力時，它才具有真正的潛力。然後，當投資者後來看到它確實具有潛力時，他們會感到驚訝，隨著受歡迎程度的提高，股價也會上漲。如果一檔股票已經非常受歡迎，就像它們被重新歸類為「成長型股票」時的情況一樣，即使銷售和獲利增長令人興奮，它們也只能達到市場預期而無法超出預期。如果一家熱門公司的業績不盡如人意，人們就會感到失望，股票也會變成一隻真正的落水狗。

　　為了證明這一點，請看看【圖表18】，你會看到一個

公認是最好的成長型股票指數大大落後於市場表現。諷刺的是，你可以反過來利用這種現象來掌握股票何時便宜。所謂成長型股票的指數通常比整體股市的本益比高得多。當它們的本益比與整體市場差不多時，你就知道市場對成長型股票並不怎麼看好。當人們不願為其成長形象買單時，樂觀的氛圍就很低落，這幾乎是買進所有股票的大好時機，無論你是否以投資成長型股票為導向。相反的，當成長型股票的平均本益比達到整體市場本益比的175％時，代表投資者過於熱衷於投資成長型股票，最終會導致整體股價過高，此時你就該跟股票說「再見」了。

　　本書第一部分的圖表還包含了其他很好的經驗教訓。你會發現新聞對股市的影響比大多數人所想像的要小得多。正如你會看到的那樣，華爾街的節奏比頭版上勁道最強的新聞還要強勁許多。你會瞭解到，根據對經濟走向的評估來預測股市是不可能的，但股市卻能對經濟衰退做出很好的預測。這就是我不喜歡「特別股」的原因。第一個稱這些股票為「特別」股的人肯定沒有看過其財務成果的長期圖表。你會知道，從歷史上來看，牛市的平均時間約為三年，而熊市的平均時間則是接近兩年。平均而言，這些泡沫每個月不多不少的損失約為2％。你會從一個容易記住的視覺角度看到這一切。

新舊對比 ✎

你還會看到一些真正的古董圖表，並瞭解到所有這些瘋狂的華爾街之舞早在華爾街存在之前就已經存在了。你會看到英格蘭銀行的股價從 1732 到 1846 年是如何波動的。你也會看到我最喜歡的金融故事，也就是「南海泡沫」。你可能已經聽說過了，但你從未見過真實呈現這種現象的圖表。

我要講的故事會很簡短，所以沒有篇幅提到「1720 年金融興衰周期的國際本質」這些有趣的話。金融史學者經常會重述約翰‧勞（John Law）的法國密西西比泡沫的類似傳奇事件，但歷史學家似乎很少會注意到的是，這兩個大規模且強大的投機周期，多年來在英國和法國並肩建立，然後在 1720 年 7 月在英吉利海峽的兩側相繼達到高潮並且破滅。此一巧合似乎清楚地證明，早在大多數當代觀察人士認為股票交易出現之前，半全球化的金融世界就已經存在了。

從更現代的角度來看，你可以一眼看到從 1790 年開始為期一百九十年的美國股票價格。但你也會看到十九世紀中期鐵路繁榮至蕭條周期的詳細狀況、1907 年的傳奇性大恐慌、富人恐慌，每一個事件都能帶給我們教訓。

這部分的最終一個可視化（圖表39）是其中最強大的。它展現了複利的力量，以及複利如何使所有人擺脫財務上的憂慮。要成為生活舒適的富人比大多數人想像的要容易得多，但人們卻並不易理解這一點。你需要做的就是在年輕時存一點錢，然後投資於比平均水準好一點的東西，比如購買優於股市整體表現的股票。

　　股票市場是非常棘手的，它是世界上最難對付的領域之一，這就是為什麼我要寫這樣的書來解釋它的原因。然而，它的陰謀詭計並不複雜。如果你吸取了這部分可視化的經驗教訓，那麼即便你不知道華爾街之所以成為舞廳的原因，或者即便無法掌握所有的舞步，但你也能掌握比那些要跟你競爭的投資者所該知道的更多事——你會擁有遠見，這是大多數人只有透過多年的經驗才能獲得的；有些人則根本就不曾擁有。

作者備註：2007 年 ✍

　　你可以透過閱讀這些圖表和評論來理解我當前的想法，但我要在此提出一些新的議題。「我絕對不再相信本益比本身能夠預測未來的風險或回報」——在我與好友梅爾·史塔特曼（Meir Statman）合作撰寫的一篇研究論文

中，我已經證明了本益比在統計上毫無價值（你可以上網搜尋〈市場預測中的認知偏差〉"Cognitive Biases in Market Forecasts"），它最初發表在2000年秋季版的《投資組合管理》雜誌上。

但在此之前，也就是十多年前，我就開始在《富比士》的專欄中寫道，「本益比本身並不是一個預測因子」。一方面是因為本益比本身並沒有考慮到具有競爭力的長期資金的成本，另一方面是因為市場的一切，部分取決於市場本身，部分則取決於人們對市場的看法。

在市場中，認知即現實，但其實恰恰相反。當人們對高本益比市場感到恐懼時，他們的風險並不大，因為恐懼已經在市場中存在了，風險已經被排除在外了；當人們不害怕高本益比市場時，他們就可能面臨風險。低本益比市場也是如此，但情況則恰恰相反。這個世界對市場上某個事件的看法與那個事件本身一樣重要。

在談到本益比時，行為金融學認為，「人們往往會被社會框架的變化所愚弄」。同樣的資訊以兩種不同的方式呈現，但人們往往會認為它們完全不同，即便它們根本就是相同的資訊。對高本益比的恐懼源自於一種由來已久、對框架的認知偏差（行為金融學對此研究過）── 亦即「恐高」。我們的祖先是藉由發展出一種健康的恐高症而得

以生存下來的，因為在早期，摔倒意味著風險，從越高的地方跌落，風險越大。每當資訊以「過高」的框架呈現時，我們往往會感到害怕。高本益比會讓投資者覺得下跌之路會非常漫長——從高處摔下來，最好的狀況是受傷，最壞的狀況則會致命。沒有人喜歡下跌，但這仍不能使高本益比成為預測因子。

如果我們把本益比的 P/E 翻轉成為 E/P，同樣的資訊會得到截然不同的解釋。本益比為 20 倍的情況很常見，15 倍的情況也很常見——因此，在本益比為 20 倍的情況下，你很容易看出驟然失去 25％是一種下跌型的風險。另一方面，如果我們把兩個本益比轉換成 E/P，那麼 20 倍會變成 1/20 或 5％、15 倍會變成 1/15 或 6.7％——這種轉變成為相對資金成本或回報率的一種，我們就不會那麼擔心這個比例了，尤其是如果我們將 E/P 與借入資金的長期稅後成本進行比較的話，那就更是如此。這能讓你更接近市場一直以來的運作。

只不過，人們對於一件事物在市場上的影響力，經過漫長的時間後，是否與事物本身的影響力仍相同，在認知上仍存有疑義。因此，現在我不再認為本益比或任何其他缺乏實證的比例規則是預測整體市場的良好因子。也就是說，本益比（P/E 或 E/P）在觀察單支股票並將之與同類股

進行比較時才有用。

另一個重要觀點的改變，就是全球多元化。當時，我正確地看出外國市場和美國之間的關聯，遠比人們所理解的還要密切得多（至今大家仍未看清這一點），但我的結論卻是錯誤的，過去我認為全球投資並不具特別的價值。現在我不再這麼想了，我已經完全擁抱全球化了！即使你投資的是像美國這樣龐大且充滿活力的國家，投資全球還是會比投資單一國家帶來更多風險管理和卓越績效的機會。現在，美國與其他已開發國家具有高度相關性，這意味著，如果你認為美股的表現可期，那麼你通常也可以確信其他國家的股票也會表現良好——你可以選擇的標的非常多。這太有趣了！

當時我的價值觀也有偏差。我為什麼不能有偏見呢？我曾協助定義了小盤價值投資的類別，身為價值投資者，我還取得了早期的成功（當時投資價值股正熱門）。由於我後來發現，高本益比並不意味著更高的風險，所以我認為，從長期來看，沒有哪一種股票具有天生的優越性。在短期內，總有某些類股特別熱門，在這個過程中，它會創造過多的股權供給，然後降溫。隨後，某些類股會變得冷門，公司可能回購其股票，使得股票供給變少。於是乎，每種類股都會有出頭的那一天。不論是科技、能源、消費

品、房地產投資信託基金、藥品，只要你能說出來的股票皆是如此。價值此消彼長，反之亦然。

在我職業生涯的早期，我認為價值股永遠都比其他股票更好，但那只是我的偏見（包括一些錯誤、糟糕的數據）。如果你像我一樣崇尚資本主義，你就會知道，一味嚴守單一類型的股票是錯誤的，這絕對會導致你錯失絕佳的機會。錯失機會是很糟糕的事。

現在，就讓我們開始來跳這首華爾街的華爾滋吧！

我敢打賭，你會認為1929年的股市本比益像天一樣高。但你錯了，它們並不比1986至1987年的股市本益比來得高。這太可怕了。

為什麼呢？當某檔個股的股價相對於該公司的收益偏高時，它通常已經被高估了。而當所有股票的價格相對於收益都過高時，市場通常已經過熱，意味著反轉將至。你已經知道1929年後來發生了什麼事。幾乎每隔一段時間，當本益比如此之高時，市場後續的表現都很糟糕。1986年，道瓊指數的平均本益比為19倍，這張圖表從我滿布灰塵的圖書館架上發出了尖銳的警告。

這張圖表來自高盛公司在1975年發布的一份研究報告。除了它的簡單性之外，並沒有什麼獨特之處。價值折線圖（圖表11）提供了更多關於本益比的詳細資訊，但由於那張圖較為複雜，你很難從中得出結論。你馬上可以看到的是，只有少數幾次，市場的本益比是大於20倍，它們都標示在一條較粗的水平線上。相反的，大多數時候，

市場都以不到15倍的本益比成交。

　　諷刺的是，當市場出現最佳買點時，也就是在1920年代股市上漲之前，以及在走出大蕭條後開始上漲之前，本益比已經像天一樣高（基本上是無限高），因為沒有任何收益可言，正如你在這張圖表中看到的那樣。只不過，這種情況很罕見，也不是本書即將出版時我們所面臨的世界。

　　1929年的高本益比是否如傳奇般讓你信服呢？不可能！這就是為什麼有這麼多被愚弄的人，持有股票進入史上最大跌幅的市場的部分原因——他們不認為股價已漲過頭。最有趣的一點是，1929年的本益比並不比1986年高。如果本益比通常小於15倍，那麼這張圖表就是當前股市的一個極端警告信號。

現在我想說的是

　　雖然這張舊圖表看起來很有說服力，但本益比並無法做為長期預測的工具！這證明了為什麼你永遠必須對你所相信的事物抱持質疑，特別是因為舊數據可能是「錯誤的數據」。只要採用可公開取得的免費資訊和 Excel 試算表，你自己就能輕鬆地證明本益比（不論高、低或中等）既不能預測未來的風險，也不能預測回報。

　　我在《投資最重要的 3 個問題》深入探討了這一點，簡單來說：有時本益比高的市場表現良好，有時則表現不佳。一般來說，當本益比很高，人們被嚇得半死時，市場會繼續表現良好，就像是 1990 年代後半一樣；而當本益比很高，大家卻不怎麼擔心時，股市就可能轉空。同樣的，當本益比較低，且人們認為牛市來臨時，情況恐非如此。如今，這取決於人們對本益比的反應，因為本益比至今早已是廣為人知的資訊，並且在很大程度上已反映到股價上。但市場對本益比的反應可能並不是那麼容易看出來且會顯現於股價上。與此同時，股票與長期固定收益的工具正在爭奪投資者的資金，因此當本益比高但長期利率持續低迷時，較高的本益比算是合理的。我在本節的原始評論末尾指出，1987 年的本益比是「一個極端的警告信號」，因為在整個 1987 年，長期利率非常高且不斷攀升，最終導致1987 年的崩盤。但是，如果不考慮可比較的長期利率和整體市場對估值的看法，你就無法正確地思考本益比。

圖表 01 ◉ 道瓊工業指數的本益比：1915—1986 年

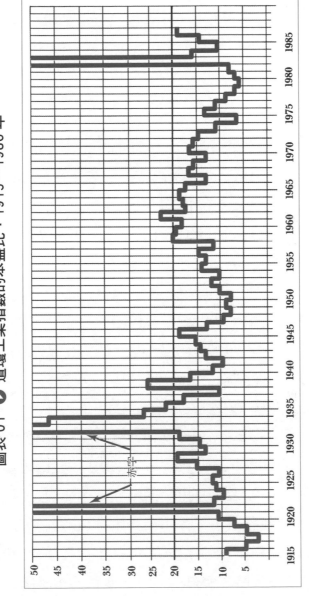

資料來源：1915–1975, Goldman Sachs & Co., Gary Wenglowski; 1975–1986, data from Dow Jones & Co.

以防你一開始沒看懂本益比

　　如果你是一個懷疑論者，那麼你第一眼可能不會相信上一張圖表。但接下來這張圖表可以讓你看看我所見過最早的本益比。我們在我的辦公室裡用考爾斯委員會（Cowles Commission）的資料（1930年代國會對證券和大蕭條起因的調查）構建了這張圖表。它展示了1871至1936年考爾斯全股指數（Cowles All Stock Index）的本益比，它與前一張圖表重疊了二十一年。從1915到1936年這段時間與【圖表01】有所不同，但只是因為指數略有不同——它的範圍更廣，波動可能也比道瓊指數更小。儘管如此，這兩張圖表所強調的觀點大致相同。

　　首先請注意，在1915至1976年間，市場僅有五次成交價高於20倍的本益比（請見圖表01），這張圖顯示的卻是僅有四次成交價超過20倍的本益比。不見的那一次是因為1930年代收益消失。市場下跌，但收益消失卻提振了本益比（這種罕見的現象在1982年也發生過，當時道瓊指數的收益暫時蒸發掉，而已經暴跌的市場卻仍以100

倍本益比掛出）。這種情況過去也發生過，但在1893和1894年的程度則較小，如這張圖表所示，當時本益比達到28倍的頂峰。該指數在那些年下跌了22％，從43.5點下跌到33.9點。

這是1893年大恐慌的一部分，大恐慌是全球經濟蕭條的一部分（如圖表63所示），導致收益劇降57％——從2.74下降到1.19——並因此產生了較高的28倍本益比。在接下來的十年裡，市場翻了一番，所以當時的股價被認為是相當便宜。1893、1921、1932、1937和1982年的這一罕見現象，是歷史上本益比達到最高水準的時候，也絕對是股價最便宜的時候，同時也是唯一一次高本益比被證明是很便宜的時候。這也是我不太相信本益比的原因（請參見圖表8的討論）。

大多數時候，市場的平均本益比會略低於15倍。很少有比這更低的了。只有在第一次世界大戰期間，本益比才低於10倍，在【圖表01】所示的幾年中也有幾次低於10倍。因此，你不應該期待1970年代盛行的超低本益比會很快重現。諷刺的是，本益比在1917年跌至5倍的歷史低點，但這並沒有立即帶來買氣強旺的牛市。1917年考爾斯全股指數為55點，1919年上升至71點，1920年回落至55點。當然，無論是從這張圖表還是從【圖表01】

來看，7倍的本益比在當時也是很低的。然後，繁榮時期正式展開了，市場開始了咆哮的二十年代（Roaring Twenties）上升段，證明當時的股價真的很便宜。

　　但最重要的是，在過去一百一十五年裡，市場的本益比很少像1986和1987年那樣高。只有在市場持續下跌，但收益暫時滑落得更厲害的時候，高本益比才會特別顯得突出。這張圖表強化了【圖表01】的警訊，亦即股市可能面臨重挫（要從理論上解釋為什麼本益比和市場會如此相關，請跳到圖表04）。

現在我想說的是

　　然而，我們總是有更多的理由得去質疑我們所知道的東西，因為新的和更好的數據總是垂手可得。今天，數據可以便宜（或免費）的取得，而且無處不在！就其根本而言，本益比對未來股票的風險和回報毫無意義。只有在考慮長期利率和市場估值預期的情況下，本益比才會起作用。

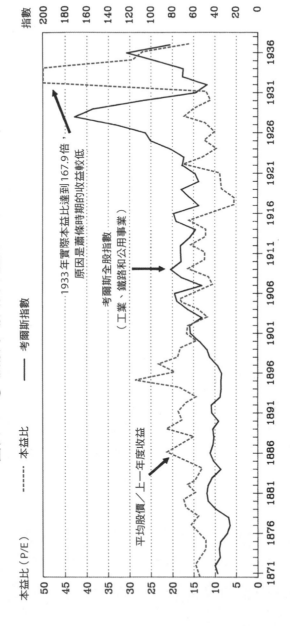

圖表 02 ▶ 股票市場與其本益比：1871—1937 年

本益比（P/E）　----- 本益比　—— 考爾斯指數

指數

1933 年實際本益比達到 167.9 倍，
原因是蕭條時期的收益較低

考爾斯全股指數
（工業、鐵路和公用事業）

平均股價／上一年度收益

資料來源：Cowles Commission All Stock Index.

「好吧，如果收益可能具有誤導性，那麼為什麼每個人都如此關注它們呢？特別是，為什麼你還會在本書看到它們呢？」（請見圖表1、4、17、28和43）。收益在短期內往往具有誤導性，但從長遠來看，正如這張圖表所描述，「收益控制著市場的方向」。這張圖表顯示了四十四年的時間跨度，其中標普指數的425檔產業股與公司的收益相疊加。在1945至1958年間，這兩條線之間存在很大差異，因為收益相對於股價很高。但對於這張圖表的大部分時間跨度，收益和股價之間的長期契合度很令人信服。

　　從長期來看，收益和股價是緊密相關的，因為股票所有權的一個面向是你幾乎不用其他形式的投資就能獲得的。作為一名股票持有者，你是一間公司的部分所有者──公司是非生物體，但幾乎是活生生的，有能力適應和隨著經濟條件改變而成長的實體。假設汽車製造商的成本上升，如果人們想買車，他們將不得不支付更高的價格。汽車製造商可以透過更好的行銷方式來因應，說服消

費者「為什麼他們應該以更高的價格買車」，或者藉由降低成本來因應，讓事情回到原點，或者朝成本可能較低的新領域拓展業務。只有當管理階層缺乏創造性的想像力時，這些可能性才會受到限制。

但是，利率波動難道不會大幅影響價格與收益的關係（本益比）嗎？從短期來看，這當然是正確的，這是本益比在短期內會產生誤導的眾多原因之一，但從長期來看，利息只是企業的另一項成本——資金成本。利息是一項重要的成本，但對於大多數產業來說，作為銷售額的一個百分比，相對於勞動力、庫存甚至稅務，利息的重要性肯定要小一些。

當利息成本上升時，短期內公司的利潤會下降。但從長期來看，公司有進化和適應成本條件變化的潛力。如果公司整體能以有利可圖的方式做出反應，隨著時間的推移，它可以賺到足以補償高利率的錢；如果公司不能以有利的方式因應，就會節省開支，利率便會下降。這進一步擴展了「蛇」的教訓（請見圖表43）。收益的高成長往往與公司債利率的上升有關，而債券利率的下降則往往與收益不再增長有關。這就是為什麼在數年、甚至是五到十年的時間裡，股價可能會有非常高（或非常低）的本益比，但最終它們會回歸歷史區間的中間位置。

這告訴我們什麼呢？我們應該要展望未來幾年，思考市場是否合理、是否已經過高或過低。考慮到未來合理的利潤率、溫和的成長，以及處於歷史區間中間的本益比（請見圖表01），五年後市場可能會達到什麼水準？如果你現在買進，你會獲得什麼樣的回報？基於這些考量，1987年初的股價就顯得有點偏高了。

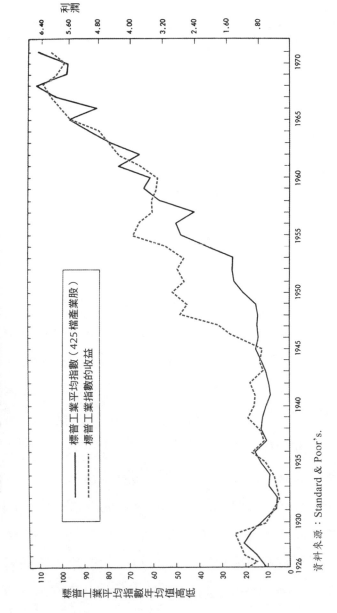

圖表 03 ◐ 收益和股價之間的長期關聯：1926─1971 年

利潤

6.40

5.60

4.80

4.00

3.20

2.40

1.60

.80

標普工業平均指數（425 檔產業股）
標普工業指數的收益

1926 1930 1935 1940 1945 1950 1955 1960 1965 1970

110
100
90
80
70
60
50
40
30
20
10
0

標普工業平均指數年均值高低

資料來源：Standard & Poor's.

比較收益率：股票與債券

　　利率和股票估值之間真的存在有意義的關係嗎？這是當然的。這張圖表是另一個關於這段「愛情」的視角。它突顯了投資管理的一個最基本的概念。股票要想表現良好，其收益率就必須能夠贏過債券的利率。讓我們看看這要如何達成，以及為什麼會這樣？

　　這張圖表顯示了兩條線：紅線是 1946 至 1974 年高評級公司債券的收益率，黑線則是標普 500 指數的收益率。收益率是本益比的倒數，即收益除以支付的價格，即可得到這些收益率（請見圖表 43）——它是以百分比來表示，與債券收益率可以直接比較。例如，20 倍的本益比就是 5%（1/20 =0.05）的收益率。這張圖表顯示，二十年來，股票的收益率總是大於債券的利息收益率。

　　投資者通常要求股票的收益要高於債券，原因有二。首先，從根本上說，持有股票的風險更高。如果收益下降，就會損害到股東的未來收益率。但除非公司破產，否則債券持有人仍然能夠得到償付。其次，雖然公司可能賺

得很多，但你可能拿不到多少股息，因為管理階層可能會把大部分的收益投入到公司未來的發展中，但債券的收益卻是立竿見影的，而且你知道那句老話：一鳥在手勝過兩鳥在林。

過去，由於資本利得享有稅賦上的優惠，對於這種「一鳥在手」的想法會產生一定程度的緩解。如果一家公司保留其收益而不是支付股息給股東，並將這些現金用於增長業務以獲得未來更高的收益，從而產生更高的股價，那麼應稅的投資者（個人而不是基金會的退休金計畫）就可以在資本利得方面獲得很大的稅賦減免，比起他們獲得相同金額的股息或債券收益等這類現金流，他們的稅賦可以得到很大的減免。1981年美國的稅法為投資提供了幾十年來最大的激勵——資本利得稅的稅率從35％降低到20％。在這個過程中，它還創造了足夠多的稅務誘因，使得企業首度出現「收益率低於債券收益」的情況。

但隨著1986年的新稅法實施，降低資本利得稅率的做法已不復存在，所有收入都獲得平等對待。現在，由於減稅優惠變少，加上大量的歷史證據，這種關係可能會轉變為「債券收益率低於股票收益率」的狀況。在不久的將來，這可能會對股價造成真正的負面影響。正如【圖表43】所描述的，只有利率大幅下降，收益從1986年中期

的水準大幅上升，才能證明當前的股價是合理的，更不用
說為火熱的股市火上澆油了。

現在我想說的是

在我寫這篇文章的時候，盈利收益率和債券收益率之間的關
係在 2007 年尤為明顯。首先，債券和股票都在競奪投資者的
資金；第二，債券收益率實際上就是企業的借款成本。當盈利
收益率（稅後數字）高於債券收益率（稅前數字，必須根據稅
賦進行調整才能正確地得出）時，就像 2002 年以來全球的情
況一樣，公司的執行長們可用低成本借入資金，買回自家的股
票，或者以現金收購競爭對手來創造獲利。這兩種行為都會導
致在更少的股票上產生相同或更高的收益，從而提高每股收
益，進而推動股價上漲。最棒的部分是，現金併購和買回股票
的活動會減少股票供應，並進而推高股價！

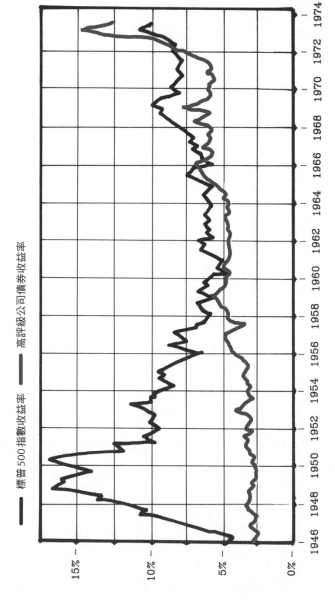

圖表 04 ▶ 標普 500 指數收益率與高評級公司債券收益率：1946—1974 年

— 標普 500 指數收益率   — 高評級公司債券收益率

資料來源：Adapted from The Theory and Practice of Bond Portfolio Management, Peter L. Bernstein (ed.), New York: Institutional Investor Books, 1977.

圖表 05　長期投資必看的「本利比」

　　這張圖表展現了我所見過最強有力的長期股市方向指標。它是如此簡單，但莫名的強大。它並未直接指出市場會上漲還是下跌，但它在預測未來幾年會發生什麼事的紀錄卻相當驚人。

　　「圖A」是自1920年以來的道瓊指數。實線描繪了道瓊最近12個月的股息乘以22.7的本利比（每股價格／每股股息，price/dividend ratio）。請注意，這條線與道瓊指數非常接近，顯示在過去六十五年裡，道瓊指數的平均本利比約為22.7倍。

　　至於「圖B」則具有預測能力。它展示了道瓊指數在同一期間的本利比。這僅僅是以道瓊指數的價格除以過去四個季度的總股息。如果道瓊指數在1,800點，而該指數的股票在過去一年總共支付了90美元的股息，那麼本利比正好是20倍（如果你想自行追蹤的話，《巴倫周刊》（Barron's）定期會統計道瓊指數的股息總額）。

　　你可以在「圖B」上看到三條水平的虛線。中間的那

條是前面提到的22.7平均線。而在它上方及下方的那兩條虛線最能闡述市場的預測：下方那條虛線代表17倍的股息——當市場的本利比接近或低於17倍時，新一輪的大牛市幾乎總是很快就會開始；相比之下，上方那條虛線代表市場本利比為28倍，當市場像1928和1929年那樣以如此高的本利比成交時，幾乎總是很快會導致股價大幅下跌，或者像1937或1945年那樣，股價溫和下跌，但此後多年都無法漲回來。

以紅色箭頭連接的圖表顯示了這種估值模型的威力。本利比會指出市場高估或低估的程度。你可以看到這一指標在預測市場轉捩點方面有多準確。當本利比遠低於正常水準時，比如17倍，回過頭來看，股票似乎非常便宜。同樣的，當我在寫這篇文章時，股市正以32倍於股息的價格賣出，這並無法充分解釋1987至1988年的股市。

為了更加理解這一切，我們可能需要認識到，本利比只是一個反向的股息率。如果道瓊指數的現金殖利率（股息率）是5％，它的本利率是20倍（1除以0.05等於20）。因此，當本利率高時，股息收益率就低。

這些圖表來自克雷格・柯克蘭（Craig Corcoran）1985年發表在《巴倫週刊》上的一篇文章。當時，這一比率為22倍，柯克蘭用這個模型正確地暗示未來可能會出現更

高的價格。一年後，按照他自己的邏輯，他不得不得出這樣的結論：32倍的股市已經漲得太高了。不幸的是，這個建議並沒有被《巴倫週刊》採納。

現在我想說的是

預測一年以上的回報是不可能的，任何人如果給你不同的說法，都是想把不健康的東西賣給你。股票的價格是由供給和需求來決定的，目前沒有人擁有任何科技或能力來預測未來的股票供給。例如，整個1990年代，股票的股息收益率都很低，但回報卻很高。諷刺的是，如今股息越來越被視為是預測市場走向的一種方式，在我看來，越是這樣認為，就越不可能預測出市場走向。

圖表 05 ● 本利比的威力：1920－1985 年

道瓊工業平均指數

季度資料：3/31/20-9/30/85（對數刻度）

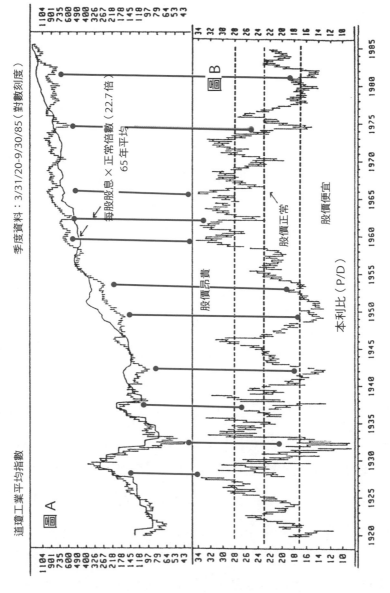

資料來源：Craig Corcoran, "All Systems Go," Barron's, November 18, 1985

「股價淨值比」的前世今生

　　道瓊指數會像某些人所說的那樣，很快就會突破
3,000點嗎？這是有可能的，但歷史估值顯示這種可能性
不大。這個論點的支持者預測，股價將從1982年的1,000
多點水準上漲兩倍，因為在1920和1950年代等其他主要
牛市中，股價皆上漲了兩倍以上。這些分析師援引了內部
基本面因素：獲利和股息自1960年代中期以來翻了一番，
但股市仍在700至1,000點的20年交易區間內波動──價
格可能變得太便宜了，尤其是考慮到通貨膨脹因素。支持
此一觀點的人指出，透過將保留盈餘重新投入業務，不斷
增長的收益也提高了帳面價值。據推測，這些上升的帳面
價值（亦即股東權益，或資產價值減去所有負債）低估了
道瓊指數的實際價值，因為會計是按資產成本而不是經通
膨調整後的價值去顯示資產。因此，通膨應該會積聚受到
壓抑的壓力，促使經濟出現大繁榮。

　　但是且讓我們慢下來。這張圖表顯示的是道瓊指數除
以前一年度的帳面價值，也就是一般所謂的「股價淨值

比」（P/B）。大多數的牛市都是從低股價淨值比開始的。1982年以來的大牛市亦始於1.10倍的極低股價淨值比。自1934年以來，道瓊指數只有一次跌至帳面價值的低位，那是在1979年。1987年初，道瓊指數的股價淨值比達到歷史高位2.02倍，接近1965年創下的五十二年高點2.36倍。這說明往上的空間已經所剩無幾了。

若將這張圖表與市場波動進行比較（請見圖表26），當股價淨值比過高時，股票的表現就不佳。這個比率越高，隨後的結果就越糟糕。如果道瓊指數達到3,000點，它將是目前944.97點帳面價值的3倍，這是過去五十五年來從未達到的數字。1928和1929年，股價淨值比確實達到了這樣的高點（最高達到4.5倍），但你知道接下來發生了什麼事。那麼帳面價值可能增長多少呢？在1927到1929年間，帳面價值有所增長，但只增長了20％左右。令人遺憾的是，五年前道瓊指數的帳面價值只比現在高出3％左右。帳面價值的快速增長絕非必然。

問題是：近期的通膨是否會使這個比率過時，道瓊指數有可能觸及3,000點嗎？答案是肯定的。但這裡有另一個問題：道瓊指數的收益並沒有被誇大，它們反映出現況。因此，在目前115美元的水準上，3,000點的道瓊指數意味著26倍的本益比──遠高於1986年18倍的平均本

益比——若與【圖表01】和【圖表02】所示的歷史本益比相較，更是天價。這麼高的本益比只有在公司獲利消失的時候才會出現（例如1921、1932和1982年）。雖然有可能，但歷史上不太可能達到這麼高的本益比。另外還有一個問題：本利比也接近32倍的創紀錄水準，這顯然處於市場見頂的區間（請見圖表05）。

因此，雖然人們預測道瓊指數可能會觸及3,000點，這是有可能的，但大多數估值方法指出，這不太可能發生，但如果真的發生了，那麼它與我們所知的歷史相比將是如此之高，隨後將立即出現巨大的泡沫破滅。

現在我想說的是

從二十年的角度來看，這很有趣。道瓊指數早就突破了3,000點，而且由於數據隨處可見，股價淨值比本身已經不具預測性了。要想跑贏市場，你必須知道一些別人不知道的事情。股價淨值比本身並不能幫助你。在幾十年的通膨和極其遲鈍的會計規則的世界裡，帳面價值已經成為一個幾乎完全沒有意義的數字。

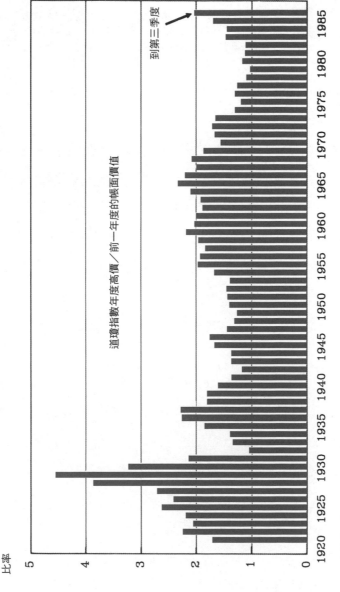

圖表 06 ● 道瓊指數的股價淨值比：1921—1986 年

道瓊指數年度高價／前一年度的帳面價值

到第三季度

資料來源：The above chart is reprinted from "Investment Strategy Quarterly" by permission of Merrill Lynch, Pierce, Fenner & Smith Incorporated. Copyright 1986 Merrill Lynch, Pierce, Fenner & Smith Incorporated.

別忽略「股價現金流量比」

　　是否所有的估價指標都指出目前的股價已被嚴重高估了呢？幾乎是這樣沒錯，但「股價現金流量比」（Price/Cash Flow Ratios）卻指出股價仍有上升的空間。現金流量是公司收益加折舊的總和；折舊則是在工廠和產能的估計使用壽命內攤銷資本支出。最近，企業向資本支出注入的資金達到了創紀錄的水準，這與公眾的看法相反（請見圖表68），因此折舊和現金流量的增長也比公眾認為的要快。

　　這張圖表顯示了自1945年以來的股價現金流量比。雖然按這個標準衡量，市場還遠未達到逢低買進的水準，但它所處的水準並不總是能阻止股市進一步大幅上漲。目前以標普400指數衡量的股市，是其現金流量的10倍。上一次以這樣的股價現金流量比成交是在1972和1973年——從那時開始，市場就陷入了股災，在一年半的時間裡跌掉47％的市值。但若追溯更久遠的歷史，則會呈現出不同的景象。

1948年，股市的股價現金流量比僅為5倍。這個低水平顯示股價處於超級廉價的狀態，市場立即展開了有史以來最大的牛市之一，到了1958年已上漲3倍。隨著價格的上漲，這一比率也穩步上升，直到1961年達到12.5倍的歷史最高水準，遠高於1986年的10倍。但是，當1958年該比率第一次超過10倍時，任何拋售股票的人都會感到非常不安，因為股價在接下來的十年裡加倍上漲。1961年之後，這一比率回落，並在此後幾年的時間裡趨於平穩，因為股價上漲反映了現金流量的增加，而現金流量的增加則是由公司盈利增長和折舊所推動的。最後，從1968年開始，隨著股價下跌，這一比率也隨之下降。

　　目前，股市遠高於1948年及本輪牛市開始前（1975至1982年）的那種超級便宜水準。但1970年代末開始的模式看起來很像是1948年開始的模式。因此，很明顯，在這種關係中，歷史上存在一個價格遠高於當前水準的先例。由於媒體和公眾幾乎完全沒有意識到資本支出已經如此之高，因此，相對於企業收益，折舊和現金流量已經激增，這一點特別有趣。

　　通常最能影響市場走勢的是人們不看的東西。由於有更多人在關注本益比和股價淨值比（請見圖表01和06），而不是股價現金流量比，而且現金流量中隱藏一個少有人

能發現的多頭轉折趨勢，因此這張圖表在很大程度上代表了牛市將持續推高股價的主要依據。如果高水準的資本支出在未來幾年將現金流量提高20％，即使在公司獲利持平的情況下，如果股價現金流量比升至11倍，市場可能會再上漲30％，且仍在歷史水準之內。

現在我想說的是

　　與本節之前的圖表一樣，我也要提出你應該注意的事項：那就是這個比率和本益比很相似。

圖表 07 ▶ 標普 400 指數高年度股價現金流量比：
1945—1986 年

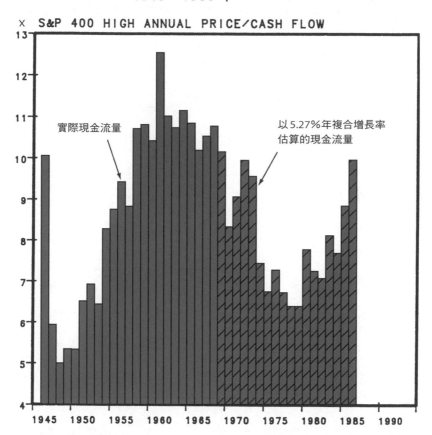

X　S&P 400 HIGH ANNUAL PRICE/CASH FLOW

實際現金流量

以 5.27% 年複合增長率
估算的現金流量

用「市值營收比」找價值股

　　你怎麼知道一檔股票什麼時候真的便宜呢？大多數人都是使用本益比來判斷。但如果這家公司不賺錢，沒有本益比怎麼辦？那麼，你可以試著看「市值營收比」（price/sales ratios）。這個比率能有效地為股票估值，尤其是在本益比不起作用的情況下。我藉由研究和公布使用市值營收比的結果而在投資界揚名立萬，所以它們對我很重要。這張圖表展示了在更傳統的本益比計算方法行不通的情況下，市值營收比是如何奏效的。

　　除非一家大型公司的股市總值低於該公司年收入的40％，而且愈低愈好，否則你永遠不應該買進該公司的股票。也就是說，那檔股票的市值營收比最好低於0.40（40％等於0.40）。因此，如果一家公司的年銷售額為100億美元，那麼它的股市價值必須小於40億美元才能被考慮。如果它有1億股，股價是35美元，那還算合理（35億美元的市值），但如果它的股價是45美元，那就太高了。

　　這張圖表始於西爾斯公司（Sears, Roebuck &

Company）1927 至 1928 年股價大幅上漲之前。西爾斯的股價在 1928 年達到高點，隔年大部分的時間都在下跌——所以你可能會認為它很便宜——尤其是當股價下跌到讓它在 1929 年中期的本益比僅為 12 倍時。大多數人會認為 12 倍的本益比相當便宜，但本益比也經常會產生誤導，雖然當時沒人知道，但西爾斯的收益已即將暴跌。從 1929 年的最低點，西爾斯在三年內又跌了 90%——這就是市值營收比的用武之地。這個比率能讓你遠離那些難以持續的高收益掩蓋了股價過高的情況，並在獲利和股價暴跌時幫你評估公司價值。

西爾斯 1929 年的市值營收比在 1.05 至 2.37 倍之間；它的總市值從未低於其年營收的 105%，而且一開始就達到 237%，這在我看來實在是太高了。如果藉由市值營收比來評估西爾斯，你就會被迫賣出股票，也就不會遭受即將到來的 90% 慘跌。在 1932 年之前，你都只會袖手旁觀。

在 1932 年的大部分時間裡，西爾斯的市值營收比遠低於 0.40。你本可以買下它，在未來五年裡賺得盆滿缽滿。在 1932 年的低谷時，西爾斯的市值營收比是低到谷底的 0.15。當然，它很便宜，但也沒有利潤。所以，如果你用本益比來衡量，你可能會再次受挫。

這張圖表只是想告訴你，「低本益比並不能保證成

功」。在我之前，沒有人寫過關於市值營收比的文章。如果你想瞭解更多，可以閱讀我的書《超級強勢股》，或我過去幾年每個月在《富比士》的專欄。記住，你射鳥的箭和射大象的箭有所不同。在追逐股票利潤的時候，你必須對每一個你能想到的目標採用正確的箭。市值營收比是最強大的箭之一。它們可以一擊中的。

現在我想說的是

　　如今，市值營收比已被廣泛使用，因此，它們的功能已不再那麼強大。現在，當價值型股票領先時，低市值營收比的股票往往表現得更好。當價值股滯後時，低市值營收比的股票會落後得更多。目前，市值營收比往往能極端地反映出價值型股票是否優於成長型股票，反之亦然。關鍵是要知道價值型股票何時會取代成長型股票的領導地位。我在《投資最重要的 3 個問題》中深入探討了預測成長型與價值型孰領風騷（第二章），以及市值營收比的當前應用（第四章）。

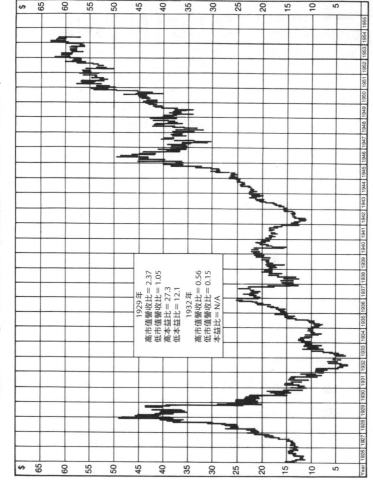

圖表 08 ◉ 西爾斯公司的股價：1926—1955 年

1929年
高市值營收比 = 2.37
低市值營收比 = 1.05
高本益比 = 27.3
低本益比 = 12.1

1932年
高市值營收比 = 0.56
低市值營收比 = 0.15
本益比 = N/A

資料來源：M.C. Horsey & Company, Inc., P.O. Box H, Salisbury, MD 21801, as adapted in Kenneth L. Fisher, *Super Stocks*, Homewood, IL: Dow Jones-Irwin, 1984.

圖表09 股票、債券與利率的關係

　　某些人認為，長期利率上升不會對股市造成影響，因為他們認為企業的收益會增長得更快。正如這張圖表所示，股市有時會衝破利率上漲的高牆，但這是極為罕見的現象。這張圖表不僅為你提供八十年股市走勢的視角，以鐵路股（圖表上方）為衡量標準，還將這些走勢與利率進行了比較。

　　觀察利率有點困難，因為它們是採用反向的基礎來顯示——亦即鐵路債券的價格（圖表下方）。隨著利率上升，債券價格下降；當利率下降時，債券價格就會上漲。這是一個機械式的算術函數（請見圖表33）。所以，在圖表的縱軸上，你可以看到兩個刻度：裡面的是股價，外面的則是倒過來的利率。例如，這張圖表顯示1899和1935年，收益率觸及3%的長期低點。

　　為什麼要對比鐵路股和鐵路債券呢？第一個原因是對同一實體的證券進行蘋果與蘋果的比較，而不是跟橘子的比較；第二，在這張圖表的大部分時間裡，鐵路證券是當

時的藍籌股。這些是當時人們最感興趣的證券；第三，你可以看到，雖然利率上升（債券價格下降）並不一定會導致股市下跌，但它們似乎會對股價造成實質拖累。股票大幅上漲而債券大幅下跌的情況非常罕見。

讓我們仔細看一看。債券經歷了兩次大波動：從1860年代到1899年價格大幅上漲，然後大幅下跌，隨著利率上升而穩步下跌，直到1920年為止。但在這些大波動中，看看債券價格開始下跌（意味著利率開始上升）的時間，觀察當時股市發生了什麼狀況。如【圖表33】所示，幾個月的利率上升通常預示著股市見頂。但在逐一分析債券價格下跌的過程中，你會發現，在21次債券價格下跌的情況中，只有4次股票的價格會上漲。

這些異常是什麼時候發生的？在1863年時曾經短暫出現。隨後股市在1868和1869年小幅上漲，1900和1902年再次上漲，最後在1928和1929年又再漲升。當然，如果你在1928年中期意識到利率上升的時候就賣出股票，到了1930年你真的會非常高興。所以，在某種程度上，實際上只有三個例外情況。21次中出現3次並不算多。押注股市會隨著利率上升而下跌的可能性要大得多──例如，股票和債券價格平行下跌出現於1860、1864、1866、1881、1888、1892、1895、1902、1906、1909、

1916、1919和1922年。

　　當然，利率下降並不能保證股價上漲。在1873至1877年期間，股市下跌，而債券價格卻上漲。在1887到1889年也是如此。從1893到1895年，利率下降，股市基本上沒有起色。因此，儘管有一些例外，但從這張圖表中可以清楚地看出，長期利率上升是股市投資者的敵人。最近利率一直在下降，這是好事，但如果利率開始反彈，那麼投資者就得撤退了。

圖表 09 ● 鐵路股票和債券的關係：1860—1935 年

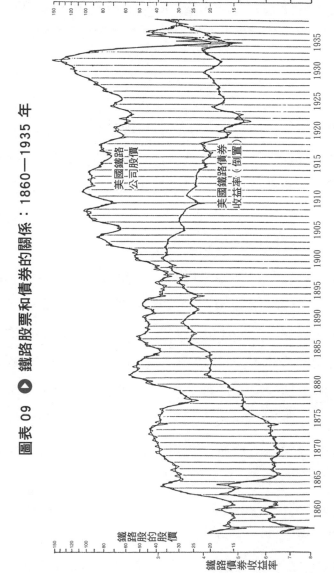

資料來源：Frederick R. Macaulay, *Some Theoretical Problems Suggested by the Movements of Interest Rates, Bond Yields and Stock Prices in the United States Since 1856*, National Bureau of Economic Research, New York, 1938.

圖表10 利率可以影響股市走勢嗎？

「試圖看透股市」是徒勞無功的做法，但人們仍為此堅持努力。諷刺的是，大多數人認為如果他們能夠預測利率，他們就能夠預測股價走勢——但這樣做卻足以讓你陷入麻煩中。

人們理所當然地認為利率會影響股價，有時似乎也真的是如此。低利率被認為可以刺激經濟活動。經濟活動的增加會帶來更高的銷售額、更低的借貸成本，從而帶來更強勁的企業收益。利率下降使得另類投資的回報似乎比利率下降前更具有吸引力；當利率上升時，按照所有的邏輯，此一過程就會反向進行。較高的利率應該會同時削弱企業獲利，並使獲利回報相對顯得不那麼具有吸引力。

但不知何故，市場並不總是這樣反應。這張圖表顯示了五十六年來的道瓊指數和兩種關鍵利率。「貼現率」是聯邦準備系統對陷入困境的會員銀行收取的貸款利率。這一利率和「優質商業票據利率」（請見圖表45）為這個時期的短期利率提供了良好的替代指標。如果你研究這本書

中其他跟利率有關的例子，你就不會驚訝於這兩種利率是同步變動的（在這張圖表中，代表利率的線是分開的，藉此保持道瓊指數的完整性，並將所有數據放置於一個緊湊的圖表區域中）。

圖表中的「A點」展示了兩個例子，短期利率一如預期，利率下降與股價上漲相吻合；但是「B點」卻兩度指出利率和股價表現不如預期。從1929到1932年，利率和股市一起下跌，1958年是一個典型的例子，說明利率快速上升與股票的大牛市並存。有很多例子顯示：利率下降時股價上漲，利率下降時股價下跌；利率上升時股價下跌，利率上升時股價上漲。

儘管有一些迷思和騙子業務員想把採用利率預測的資訊賣給你，但短期利率波動和股市之間並沒有一致的關係。不要因為別人對短期利率的預測而買賣股票，即使預測者是對的，結果也可能毫無意義。自1983年以來，利率一直在下降，而股市卻一直在上漲，這與利率和股價相關的迷思相符。但整件事也很容易獲得證實。

現在我想說的是

　　永遠不要仰仗道瓊指數！像道瓊指數這樣的價格加權指數很
蹩腳，而且具有誤導性。標普 500 指數或 MSCI 全球指數等市
值加權指數是更真實的市場指標。但是，不管指數是否有缺
陷，本節的觀點仍然站得住腳！長期利率對市場具有一定的影
響力，但短期利率完全沒有。最近的歷史證明了這一點，比
如 2001 年聯準會大幅降息，市場卻下跌了兩年，或者 2004、
2005 和 2006 年聯準會升息，市場卻仍穩步上揚。

圖表 10 ▶ 短期利率與道瓊指數：1919—1978 年

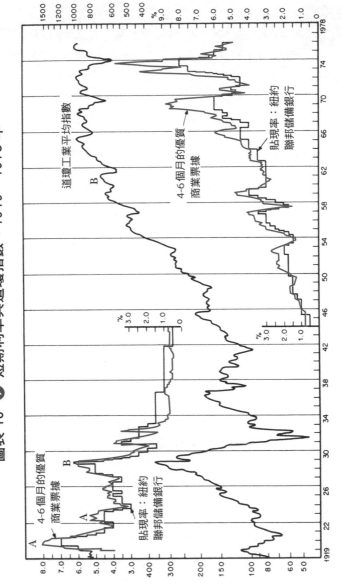

資料來源：The Bank Credit Analyst.

如果我只能在這本書中放進10張圖表，而不是90張，那麼這張圖表將是頭號首選。它是我見過的所有圖表中最能清楚解析市場及其估值特徵的一張。你可以將一檔股票或一組股票與整個市場的特徵進行比較。從本質上來說，它提供了一個完整的十五年市場統計的簡要說明，就好像它被凝聚成一家大公司的一檔大股票，加上對明年的預測，所有這些都可以用來幫你確定市場是過高還是過低，或者將個股與整體市場進行比較。

你可以取得「價值線工業複合指數」（Value Line Industrial Composite; VIC）的價格歷史，它的波動時間和大致幅度都與其他廣泛的市場指數密切相關，例如標普500或道瓊指數。在這張圖表的右側添加了從1到24的編號。請看一下第9行。它顯示了VIC的平均年本益比，1972年市場崩盤前的本益比為19倍。但你也可以看到，任何在本益比低於10倍的時候買入VIC股票並持有數年的投資者，其表現都相當不錯。

然後你可以從那裡開始，好好深入研究市場。例如，在圖表頂部「工業複合」的標題下，是 VIC 的年度高價和低價。它顯示，1978 年 VIC 的價格區間是從 14½ 到 19½ 美元。你可以將這個價格範圍與前一年的收益（第 4 行）、帳面價值（第 7 行）、每股現金流量（第 3 行）等等進行比較。然後，你可以將這些平均股市特徵與你持有的股票進行比較。

為什麼要看前一年的數據呢？因為在任何特定的年份，投資者只能看到每檔股票的歷史估值數據，今年的數據要到這一年結束、關帳和審計後才會公布。

你可以藉此比較出公司的財務實力。第 19 行除以第 20 行就是華爾街備受尊崇的「負債權益比」（debt / equity ratio）。這個比例越低越好！你所選的公司與 VIC 1986 年 45％的比例相比如何呢？你擁有股票的淨利率與 VIC 的 4.2％（第 17 行）相比如何呢？你可以比較 VIC 的現金流量中有多少是來自收益和折舊（第 14 行除以第 15 行），並將之與你的股票進行比較。

在圖表的左邊，在標記為 A 的位置，你可以看到流動資產和負債的構成，你可以用它來分析產業的基本流動性。在路易斯・恩格爾（Louis Engel）的經典著作《如何購買股票》（How to Buy Stocks）中，有一個很好的資產負

債表分析入門教程。

　　我是經由使用這樣的圖表來比較多年的股價和該公司前一年的總收入，從而進入投資領域的。也許你會從中看到一些像我這樣的人錯過的重要關聯。

現在我想說的是

　　時代變了！過去我一直使用「價值線」來快速獲取股票的當前狀況和歷史背景。但現在，任何人都可以在網路上快速取得免費的股票統計數據。只不過，由於現在的統計資料既簡單、又免費，數據本身已經不像以前那樣具有優勢了。我並不是建議你忽略數據，但要想戰勝市場，你就必須瞭解別人無法瞭解的東西。讓我們繼續看下去！

圖表 11 ▷ 價值線工業複合指數：1970－1986 年

資料來源：*Value Line Selection and Opinion*, July 25, 1986, p. 953.

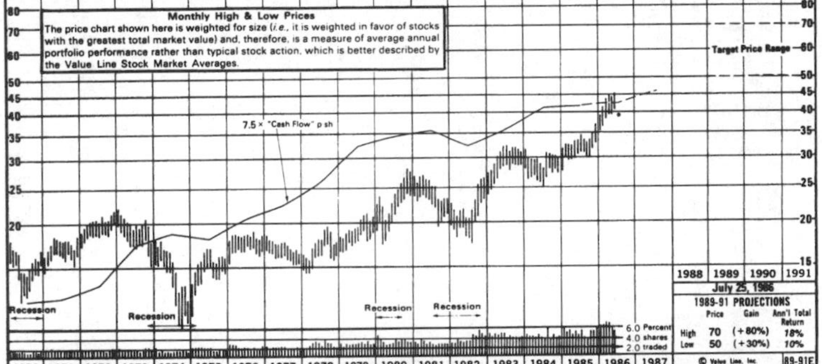

圖表12 選擇哪種投資工具比較好？

　　股票和債券哪種投資工具比較好呢？雖然大家比較青睞債券，但股票一直都是最佳的選擇。這種情況會一直持續下去嗎？想知道答案，請看看這張經典的圖表。它來自著名的Ibbotson/Sinquefield研究。

　　這項研究及同樣著名的Fisher/Lorie研究，證明了股票的表現優於其他投資。這項研究指出，在1926年投資於紐約證交所所有股票的平均1美元，包括股息，到了1985年，將會變成211.20美元，相當於9.3％的年報酬率，遠遠高於3％的年平均通膨率。而短期國庫券和長期政府債券所產生的回報剛好與通貨膨脹相匹配。

　　更有趣的是，該研究發現從所謂的小型股中居然獲得了驚人的12.2％的年均報酬率（小型股被定義為紐約證交所總市值最小的20％股票）。

　　為什麼股票的表現比債券還要好？為什麼小型股的表現又比一般股票還要好？偏好債市的人士認為，通膨在其中發揮了關鍵性作用，但如果通膨持續低迷，這一觀點可

能就不再成立了;另一些人則認為,股價漲升帶來了良好的資本利得率很重要。

像我這樣喜歡股票的人,會把企業認為是「人」,從長遠來看它們具有內在的靈活性,能夠適應世界的變化,從而提供更好的利潤和更佳的潛在回報。

小公司可能比大公司更靈活,甚至更能適應世界。而那些總市值較低的大公司(可能是因為它們遇到了麻煩,股價已經躺平)幾乎肯定會感受到調整帶來的巨大壓力,而且在問題發生後,它們可能會比那些麻煩較小的公司調整得更好。

如果你相信企業就像是一群來解決問題的人,你就會牢牢記住這張圖表的教訓,並終身持有市場中較小型的股票(不一定是最具投機性的股票,記住,這裡研究的所有股票都是在紐約證交所掛牌的股票)。

現在我想說的是

　　小型股的表現看起來很出色，但大致而言，這是一種錯覺，主要原因是大型熊市底部出現大幅反彈，而持有這些股票的規模太小，不可能不增加風險。這張圖也無法解釋小型股早期的巨大買賣價差，通常高達 35％，這嚴重影響了小型股投資者的利潤。

　　根據價差和最大熊市（1932 至 1935 年、1942 至 1945 年、1974 至 1976 年和 2003 至 2004 年）的四次同向反彈進行調整後，歷史上其餘時間的平均情況是：大型股都跑贏了小型股。

　　在過去的二十年裡，我瞭解到所有的主要類別，如果正確衡量，在很長一段時間內都有幾乎相同的回報。如果你相信股權投資風格優於資本主義本身的力量，那麼還有其他一些重要的經驗教訓等著你去學習。

圖表 12 ▶ 美國資本市場投資財富指數：1925—1985 年

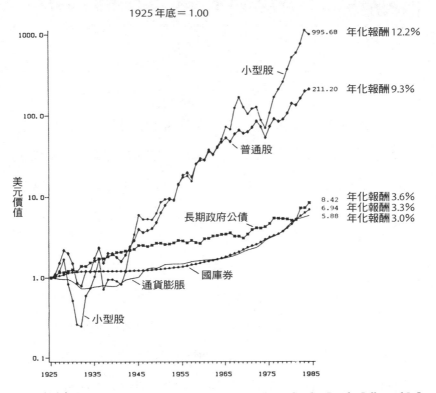

1925 年底＝ 1.00

資料來源：Roger G. Ibbotson and Rex A. Sinqefi eld, *Stocks, Bonds, Bills, and Infl ation: The Past and the Future*, 1985 Edition, Monograph Number 15, The Financial Analysts Research Foundation, University of Virginia.

全球投資和多元化的真相

　　你可以透全球投資來降低風險並實現利潤最大化，對嗎？這是一派胡言！雖然現在海外投資很流行，近期也很成功（這就是為什麼它很流行的原因），但海外投資的風險分散性和安全性遠不如這些產品（例如共同基金）的行銷人員希望你相信的那樣多。

　　為什麼？正如本書用不同的圖表顯示的那樣，世界各國在經濟和股市方面的關聯性比大多數人認為的都還要緊密得多。雖然所有的海浪不會完美同步，正如所有加州沿海的孩子都知道，當浪花湧來的時候，潮水就來了。這張圖表對比了 1958 至 1977 年的美國股市和倫敦股市。請注意，這兩個指數之間的關聯有多麼緊密。其中，在 1960 至 1962 年和 1972 至 1975 年的牛市和熊市中，美股那些最明顯的走勢完全反映在英國市場。最常見的情況是，當美股處於大幅上漲或下跌時，全球的大多數股市也會在極細微的幅度內下跌。幾十年來一直如此。也許最經典的例子就是 1929 年英國、法國、德國和美國的相關性

（請見圖表29）。

那麼，為什麼我們最近聽到這麼多「投資海外市場以分散風險」的說法呢？雖然美國股市占全球股市的一半份額，若再加上日本和英國股市總共占了80％，但其他20％市場的股價上漲幅度遠遠超過了1981至1983年全球經濟衰退後美股的上漲幅度。從1981到1986年中期，美國市場以平均每年12.5％的速度增長，但世界上另外20％的市場每年卻增長了約18％。

這是否證明了海外投資是聰明的做法呢？其實不然。它只是顯示，當市場趨勢同時看漲時，規模較小、風險或許較高的海外市場上漲幅度會更大，就像美國的店頭市場在牛市和熊市中的漲跌往往比紐約證交所大。在熊市中，這些較小的外國市場也傾向於下跌更多——這並無法達到真正分散風險的效應，而只是一個在香港、義大利或南非投資的機會。

由於我們很難瞭解不太熟悉的國家在會計和習俗方面的可能變化，這個問題會因此變得更加複雜。此外，按照美國的標準，海外的大公司通常只算是小公司，因此很難獲得相關資訊。你認識西班牙市值第七高的恩德薩（Endesa）股票嗎？也許你把它和瑞典第六大股票亞仕特（Astra）搞混了？或者是新加坡排名第七的星獅集團

（Fraser & Neave）呢？

　　這並不是說投資人在海外賺不到錢。有些專業人士做得到，因為他們知道自己在做什麼。但普通投資者做不到，他們對這方面的瞭解也不足以區分哪些專業人士做得到，哪些專業人士卻只是在最近這輪壯觀的外國牛市中走好運罷了。如果你知道自己在美國做了什麼，你可以做得很好。但如果你不知道自己在美國做了什麼，你怎麼可能知道你在馬來西亞可以做得更好呢？

現在我想說的是

　　為什麼我對海外投資抱持如此嚴苛的態度呢？美國股市僅占全球股市的 50% 左右。仇外心理會讓你錯失海外風險管理和超額回報的大量機會。請向全球市場出發吧！大約十五年前，我在這個問題上的立場是完全不同的。

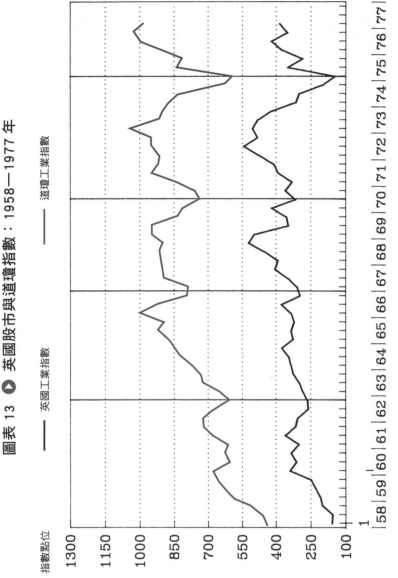

圖表 13 ▶ 英國股市與道瓊指數：1958—1977 年

—— 英國工業指數　　　—— 道瓊工業指數

指數點位

1300
1150
1000
850
700
550
400
250
100

|58|59|60|61|62|63|64|65|66|67|68|69|70|71|72|73|74|75|76|77|

資料來源：*The London Daily Mail, Financial Times,* and Dow Jones & Company.

圖表14 全球七大股市的相關性

　　你有多常在下跌的市場中發現一檔股票逆勢上漲呢？很多人都希望自己能找得到，但很少有人做得到。當市場大幅下跌時，幾乎所有的股票都會下跌，幾乎所有國家的股票也都是如此。跟前一張圖表一樣，這張圖表展現了另一種觀察股市全球化的方式。它顯示了這七個主要國家股市之間驚人的相關性。貫穿所有圖表的分隔虛線反映了美國市場的高低時期。雖然每個國家都有自己的震盪，但加拿大、法國、德國和英國會在幾個月內（通常是幾周內）與美國市場一起波動。日本和義大利的差別更大一些，但也有很多相似之處。

　　以1974年年底結束的那次重大衰退為例。它波及了這些所有的國家，除了義大利外，每個國家的股市都在其他國家市場出現低谷後的幾個月內觸底。看看美國、日本、西德、法國和英國的衰退情況，它們彼此都在幾個月內開始和結束。當然，法國和日本似乎比其他國家早一個月觸底，但它們的觸底時間都非常接近。

然後是美股在1972年底結束的牛市階段。這與日本的高峰、加拿大暫時的高峰是完全一致的，它發生在德國和法國的高峰之前、英國的高峰之後。同樣的，只有義大利的走勢不一。

　　現在來看看1977年年底美國的低谷。這一次，加拿大、法國、義大利和英國非常緊密地反映了美國的衰退。日本和德國雖然沒有下跌，但也沒有上升。

　　世界上不同的市場不能完美地相互反映，就像不同的股票不能完美地相互反映一樣。但是，世界各地的市場確實會相互影響，通常反映出相同的全球總體趨勢。如果一個國家的股票比另一個國家便宜得多，也就是說，價格較低的國家，其收益率更高（請見圖表43），那麼資金就容易流向價格較低國家的股票。

　　所以，如果你接受全球股市和市場之間的相互關係，接下來該如何從中獲利呢？

　　你可以採用其他國家的市場作為有限的警告信號。一些主要的西方國家通常會在其他國家之前先行反轉。以1972年年底的高峰為例。德國和英國在美國之前就先行下挫。1976年，法國、英國和德國都先於美國股市暴跌。如前所述，法國、德國和日本在美國進入1975年大牛市之前就開始上漲。這些先發動的「領頭國家」已經發出預

告了。要瞭解它們如何幫助你避開1929年的崩盤，請參見【圖表29】。讓我們來看看美國正在發生的事情和海外正在發生的事情之間的差異。當其他國家開始與美國的趨勢背道而馳時，準備好看到你的錢追隨著他們的錢走吧。

現在我想說的是

幾十年過去了，現在的市場依然如此。全球市場的相關性比人們想像的要大得多，但這不構成忽視外國股票的理由。這是一個充滿機遇的大世界。有了今天的電腦運算能力，你可以比二十年前我追蹤美國市場時更容易地追蹤全球市場。

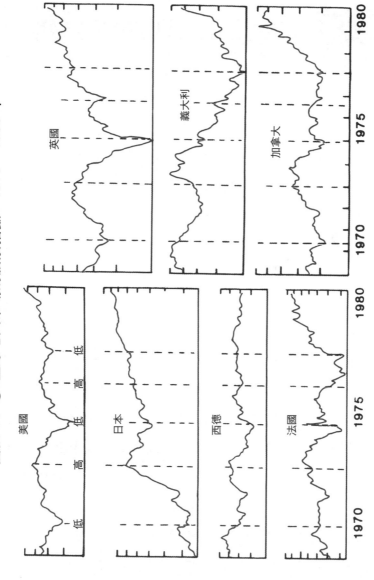

圖表 14 ▶ 全球七大市場的股票指數：1970—1980 年

美國

日本

西德

法國

英國

義大利

加拿大

資料來源：*Business Conditions Digest*, Department of Commerce, December 1980, p. 59.

圖表15 加拿大：美國的第51州

　　雖然整個西方世界的市場走勢往往是同步的，但某些地方的走勢會比其他地方更同步。例如，就所有的意圖和目的而言，加拿大是美國的第五十一個財政州，或者，也許在投資方面它是美國的第五十一個財產州。這張圖表顯示了從1961到1969年加拿大股市與美國股市的緊密聯繫。正如你所看到的，這兩個市場幾乎完美地同時移動，不僅在時間上如此，在規模上亦然。

　　儘管本書中的其他圖表顯示了不同國家金融市場之間的共同之處，但以加拿大為例，這種差異是如此之小，以至於被視為無足輕重。例如，看看1965和1966年，這兩個指數的走勢之間沒有可測量得到的差異。【圖表14】的目標是不同的點，格式也不同，但它展示了1969至1981年期間不同市場出現的相似之處。

　　為什麼加拿大市場與美國市場的變動如此密切呢？簡單地說，他們的經濟整體上與美國經濟的步調一致。在財務面上，無論美國發生了什麼，加拿大也同樣會發生，而

且幾乎沒有區別。是的，即便商業上有所差異，但這並不是特別重要。例如，加拿大是一個資源豐富的國家，該國相對以採礦為導向，生產鉀肥等產品。鉀（氯化鉀）是三種主要肥料之一，這三種肥料對所有植物而言都是必需的。加拿大是世界上鉀肥儲量最大的國家，也是最大的出口國。由於美國的鉀肥相對較少，於是它會購入加拿大大部分的鉀肥。隨著美國農業的波動，鉀肥需求也會波動。

　　加拿大政府的政策似乎無足輕重。雖然加拿大人會對這種說法感到不滿，但從這張圖表中可以清楚地看出，要制定任何讓他們擺脫美國經濟陰影的政策對他們來說是多麼地困難。雖然這從社會層面來說是不可能的，我也不主張這麼做，但如果加拿大消除其獨立政府重複所做的努力，成為美國的一部分，則結果可能會更有效率。這樣做其實只是使非正式在做的事情正式化而已。

　　你可以從這張圖表學到什麼呢？首先，當你看到一些共同基金聲稱他們會透過投資加拿大來分散你的資金時，請注意：把你的錢轉移到第五十一座莊園真的不會達到分散效果。你的選單上會出現更多的股票可供選擇。加拿大很好，但不是關鍵，因為在美國已經有5,000多檔交易活絡的股票和另外7,000檔公開交易的股票（即使流動性欠佳且交易清淡，這意味著你無法在你想要的時候買進或賣

出）。

　　唯一的好消息是，加拿大的股票有更多的標的可供選擇，因為你可以利用你對美國發生的事情的所有感覺來購買加拿大企業的股票。美國投資者很難理解世界上其他國家的股市，但購買加拿大的股票就像訪問鄰國一樣輕鬆。

現在我想說的是

　　對美國的投資者來說，加拿大市場和美國市場唯一的區別是，我們有更多公開交易的股票可以選擇！而且從現在起肯定還有二十年的前景。

圖表 15 ▶ 加拿大與美國的股市指數：1962—1971 年

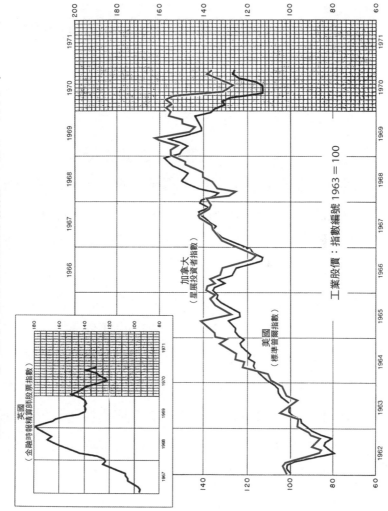

加拿大
（星展投資者指數）

美國
（標準普爾指數）

英國
（金融時報精算師股票指數）

工業股價：指數編號 1963 ＝ 100

資料來源：*Canadian Business Chartbook*, 1971 Edition, The Conference Board in Canada.

股價與國民生產毛額的關係

　　你聽過「將股票作為通膨對沖工具來衡量」的古老經驗法則嗎？也就是道瓊指數與國民生產毛額（GNP）的比率。從理論上來說，隨著通膨推高國民生產毛額，股市最終應該會跟著走高。當股票相對於國民生產毛額處於歷史低點時，它們就是很好的買進對象；反之，你就該脫手了。按理說，股票價值應該要跟上國民生產毛額，因為商業是國民生產毛額的一個關鍵和穩定的部分。

　　雖然這聽起來不錯，但你還是要抱持懷疑的態度。這張圖表顯示了 1955 至 1971 年英國、法國、德國、日本、荷蘭和美國的股票指數與國民生產毛額的對比。各個指標都與 1955 年的國民生產毛額一一對應。其中，只有法國的股價和國民生產毛額之間存在重大的長期差異。在其他地方，如果人們在股票指數超過國民生產毛額的 130％ 時賣出股票、在指數低於國民生產毛額時買進股票，那麼他們在這一時期就會獲利豐碩。

　　怎麼會這樣呢？1965 年，道瓊指數達到略低於 1,000

點的峰值，而國民生產毛額是 7,250 億美元──用 1,000 除以 725，結果是國民生產毛額的 138%。根據這一理論，這將是一個賣出股票的好時機。的確是這樣沒錯。後來，在 1972 年之後，股市暴跌，並迎來了自 1930 年代以來相對於國民生產毛額呈最低水準的十年。但在經濟擴張和通膨的推動下，國民生產毛額一直在增長。現在的國民生產毛額是 4 兆美元，也就是 5½ 倍高。

根據這一理論，為了跟上經濟的步伐，道瓊指數近年來不僅應該像它已達成的那樣翻了一倍，而且應該再翻一倍以上，達到 4,000 點。所以，如果你相信這個理論，你就是超級作手。

但你也有可能只是在固執己見。以下就是原因。這張圖表涵蓋了一段獨特的全球低利率時期，因此股票出售的價格達到歷史高位。現在的利率高得多。在所有條件相同的情況下，股票相對於國民生產毛額的售價應該比當時更低（請見圖表 43）。

此外，道瓊指數相對於國民生產毛額應該比過去更低，原因有三。首先，隨著山姆大叔每年提高其份額，商業在國民生產毛額中的占比正在慢慢下降（請見圖表 76 和 80）。在過去二十年裡，山姆大叔徵收了國民生產毛額的 6%，企業失去了這個部分。因此，企業股票價值的下

跌應該足以彌補國民生產毛額中下降的部分。同時，山姆大叔的效率也很低。隨著其國民生產毛額中所占份額的上升，國民生產毛額的整體增長應該下降。在經濟成長放緩的情況下，股票的價值應該會下降。最後，像道瓊類股的公司在國民生產毛額中的占比被更具創新特質的新公司搶走了，而它們的股票也會呈現相同的趨勢。

在今天的美國，經濟成長主要來自於小型的新創企業，而不是道瓊指數所涵蓋的那些龐大的官僚怪獸。例如，在過去二十五年裡，迪吉多（Digital Equipment Corporation）的銷售額從零增長到80億美元。英特爾、蘋果電腦、價格會員店（Price Club，編按：即Costco的前身）和聯邦快遞在二十年前都不存在。現在，又出現更多的後起之秀。正是這些公司提供了我們大部分的成長，而不是那些大型企業，因此，相對於國民生產毛額，道瓊的市場價值下降，新興公司的占比卻增加了。

至於相對於國民生產毛額，道瓊指數應該下跌多少呢？我一點也不知道。這很難想像。但有一件事我很確定：這個古老的指數應該被當作備用的指標。

現在我想說的是

　　真討厭！儘管道瓊指數令人生厭，但前述這些評論仍然奏效。政府在所有事物中所占的份額一直在增長，尤其是如果你把州和地方政府也算在內的話。

圖表 16 ▶ 股市指數與國民生產毛額的變化：1955—1974 年

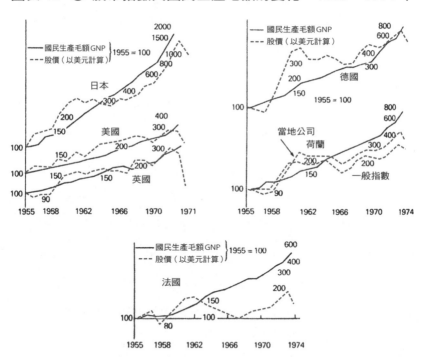

資料來源：*The Evaluation of Ordinary Shares; A Summary of the Proceedings of the Eighth Congress of the European Federation of Financial Analysts Societies*, Felix Rosenfeld (ed.), Dunod, 1974.

圖表17 如何評估成長股的溢價？

　　要戰勝市場，有一個巧妙且有效的方法是：在成長型股票的本益比處於歷史低檔時買進這些公司的股票。本益比是將股票價格除以每股收益，它是華爾街最標準的價值衡量方法。這張圖表顯示了新興成長型股票的本益比占標普500指數平均本益比的百分比。

　　一般來說，當成長型股票的平均本益比為整體市場本益比的125％或更低時，你買進成長型股票就能賺到錢。這是因為快速成長的公司的本益比通常要比整體市場高得多，因為人們會為一家令人振奮的公司的美好前景買單。但是，當華爾街不願意為成長型公司買單時，你就可以用很少的錢（或不超過你購買規模龐大卻沒有前景的公司的錢）來購買一家優質成長型公司。你想買哪家公司呢？如果你買得夠及時，人們很快就會發現並競相買進你選擇的成長型股票。

　　1977至1978年這段時間可能是過去五十年來買進成長型股票的最佳時機。根據投資銀行Hambrecht and Quist

（H&Q）的衡量，成長型公司的平均估值倍數在1978至1983年間增長了6倍。在1962到1964年之間，以及1970年，投資成長型公司的人都賺了大錢，但並不是所有的機會都過去了。

這張圖充分說明了成長型股票在1987和1988年的前景，因為它現在顯示出重回「買進」水準的變動。儘管從某些標準來看，整體市場似乎已經很高，但這張圖顯示，成長型股票的表現應該不錯，至少在未來幾年會是如此。

這張圖表最初出現在普徠仕（T. Rowe Price）「新視野基金」（New Horizons Fund）的季度報告中，是根據他們基金的數據所繪製的。它現在已出現在每個季度的報告中，所以你可以從中獲得這張圖表最新的資訊。

現在我想說的是

這是另一張用來分析歷史的有趣圖表。你可以看到，在網路和大量可用數據出現之前，資訊是多麼有價值。現在，單看本益比就沒有那麼夠力了。儘管這種方法會讓你提前幾年就過早退出市場，但它在科技股泡沫時期仍會非常奏效。成長型股票的本益比應該高於其它股票。但老問題是：「高多少呢？」

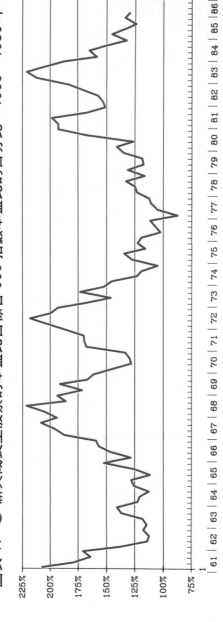

圖表 17 ● 新興成長型股票的本益比占標普 500 指數本益比的百分比：1960—1986 年

資料來源：Dennis Sherva, Director of Research, Morgan Stanley.

圖表18 成長股都是怎麼波動的？

　　這張圖表能帶給我們幾個啟示。首先，它表面上可能具有欺騙性。看起來，H&Q成長指數（Hambrecht & Quist Growth Index）的表現很驚人，它將標普400指數甩在身後。而且，H&Q科技指數（Technology Index）看起來也與市場相襯（跟標普400指數比較）。但這些結論都不正確。

　　例如，標普400指數和科技指數看似相持不下，但這張圖表並不包括標普400指數每年超過5％的股息收益率，而科技指數實際上並沒有支付任何股息。從這些圖表中得到的最好的教訓，就是要用一個財務計算機來計算它們的複合收益率，然後觀察數字背後真實的、而且通常是隱藏的意義。

　　1971年的H&Q成長指數約為195點。1978年，這一數字穩步下降到80點。隨後，該指數不規律地在1983年升至約1,020點的高峰，最後降至約680點。結果呢？1971至1978年期間的年報酬率為-12％。好糟糕！但在

1978至1983年期間，年報酬率卻高達每年66％。1983年之後，報酬率還是每年-12％。在差勁業績的團團包圍之下，股市也難有大展身手的空間，1971至1986年的十五年總報酬率只有微不足道的8.7％。相比之下，頹靡的標普400指數在這十五年裡幾乎以同樣的速度（從較低的水準開始）成長——每年成長7.6％。但別忘了標普每年會給你5％的股息，這些並沒有顯示出來。

因此，如果算上這段時間的股息，標普400指數的表現會優於H&Q指數，而且會比科技指數好很多。要想透過H&Q的股票賺錢，你必須知道如何及何時賣出。為什麼成長股沒有擺脫困境呢？社會普遍認為是成長型股票的價格通常被高估了。

我從小就從父親那裡學到了是什麼造成了股票的波動——即一間公司的實際情況和金融界對該公司的看法之間的差別，也就是「相對預期」。長期表現最好的股票通常是那些不太受歡迎的股票，但它們最終卻成為表現良好的公司（人們會為之驚喜而不願賣出，其他人則會想買進）。但因為成長股的人氣很高，所以即使是優秀的公司，也不容易上漲，因為它不會超出任何人的期望。當你明白了這一點，你就掌握了賺錢的真正關鍵——寧可買進不被看好的價值股，也不要買進被過度看好的成長股。

這裡我們還學到最後一個教訓：無論是什麼股票，如果連續幾個月（或更長的時間）上漲，它很快就會見頂並回落。長期的直線上漲是無法持續的，最後必然會出現停損單。垂直移動幾乎都會形成一個完美的圓錐形。當價格飛漲時，在每一個新高點下方保持10％的停損單是你唯一的選擇，這讓你可以爬到最高點，卻不必從圓錐形的另一邊滑下去。

現在我想說的是

我已經在本書的〈附錄〉更新了這張圖表，但我必須指出，從那之後，停損策略一再被證明是一種賠錢策略，它只對增加經紀人收取的費用有好處。

圖表 18 ◐ H&Q 成長指數、科技指數，以及標普 400 指數：
1970 年 1 月－1986 年 9 月

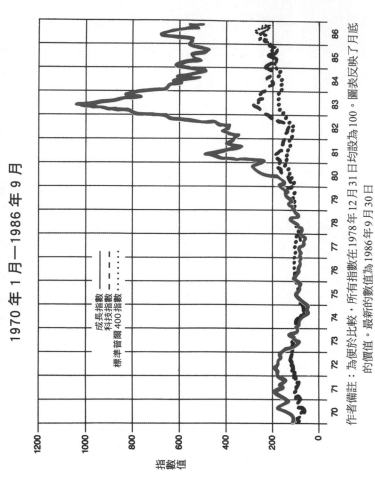

成長指數 ——————
科技指數 ‐‐‐‐‐‐‐
標準普爾 400 指數 ·········

作者備註：為便於比較，所有指數在 1978 年 12 月 31 日均設為 100。圖表反映了月底
的價值。最新的數值為 1986 年 9 月 30 日

資料來源：Hambrecht & Quist Inc., San Francisco.

用「IPO指標」判斷買賣點

　　別浪費你的時間！當一家公司首次公開募股（IPO）上市時，許多人蜂擁而入，希望能趕上下一波蘋果電腦或英特爾的熱潮。但事實上，把錢存在銀行還比較划算，因為十次IPO中有九次會在兩年內發生虧損。即便是像蘋果這樣的少數長期贏家，與表現最好的股票相比也很少有好表現。如果你不相信，可以看看《富比士》對表現最佳股票的年度回顧中，最近首次公開募股的企業有多麼少。

　　IPO股票通常會立即上漲，因為出售股票的經紀商會從他們的炒作中獲得幾個百分點的銷售佣金，所以他們會圍繞這些議題製造出很多無意義的動能。投資者被這種興奮感和大獲成功的夢想所吸引。他們通常會受到衝擊，因為公司只有在價格對他們有利時才會藉由發行股票來籌集資金，而平均價格太高，對買家來說並非是一筆好買賣。很快地，這種炒作就會消退，股價也會遭受重創。在1983年發行的新股票中，很多都已失去大部分的價值，比如曾經價值數億美元、第一流的Diasonics股票，從30

美元跌到了3美元。很多公司現在也破產了，比如維克托科技（Victor Technologies），這也是一檔背景顯赫的股票。

但真正的關鍵在於：IPO的股票不僅通常表現不佳，而且作為一個族群，它們可以有效地作為市場過熱或市場買氣不足的指標。

這張圖表顯示了從1969到1985年每年IPO的總數量。當IPO數量很高的時候，正是賣出的好時機；當數量低時，正是買進的好時機。

至於多少算高？多少算低呢？關鍵在於：只要IPO與前幾年相比處於可衡量的高位時，就應該賣出。按照這個規則，你應該在1972、1980或1981（取決於你有多渴望）和1983年出場。因為那幾年是這個年代拋售股票的最佳時機，而這個策略會讓你成為所有專業投資人士中的佼佼者。

相反的，如果在新股發行數量比去年減少或新股發行數量沒有比去年增加的情況下買進股票，也會有很大的收益。你可以在1982年買進股票，然後搭上1982至1983年的驚人牛市；或者，你也可以在1984或1985年買進，並在那之後趕上一波令人驚嘆的漲勢；或者，你也可以在1970年代中後期的任何時候買進，也能獲得不錯的回報。只有在1973年，這個指標才會誤導你，讓你遭受1974年

熊市的大幅下跌——要知道,你無法找到任何一個完美的指標能教你跳華爾街之舞的所有舞步,因為舞池中的音樂不停地在換。

1986年,IPO的數量再次創下紀錄,這對1987和1988年的市場表現來說不是好消息。但誰知道呢,或許這會是該指標第二次失效。當數以百計的公司發現股價已經過高,高到讓出售股票成為最便宜的融資方式時,你最好要記住:只要有買方和賣方同時存在,就一定有一方是錯的。你要確保犯錯一方不是自己。

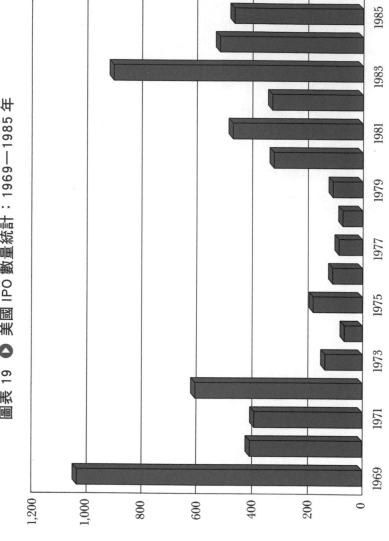

圖表 19 ● 美國 IPO 數量統計：1969—1985 年

資料來源：Going Public (IPO Reporter).

投資股票、黃金或藝術品？

「醒醒吧，老兄！」我的競爭對手是這麼說的。我在《富比士》的專欄是隔期出刊。每當我的專欄未刊出的時候，大衛・德雷曼（David Dreman）的專欄就會出現；他的專欄未出現時，就輪到我的專欄見刊了。

大衛的金融評論極具洞察力且發人深省。這張圖表來自他 1985 年 3 月 11 日的專欄，他撰文敦促人們「清醒過來」並注意牛市的發展。他成功預測，儘管牛市已經持續了十年，但仍會繼續下去。圖表本身的含義與大衛睿智的分析，特別值得我們注意——這張圖表比較了 1975 至 1984 年股票與古董、債券、美國國庫券、黃金和銅等投資工具的表現。

股票的表現優於債券和國庫券，這並不令人意外。正如【圖表 10】所示，幾十年來，股票的表現一直優於其他固定收益的投資，但我們很少看到有人會拿股票與其它「硬通貨」（hard-money）的替代品來做比較。大衛斥責那些悲觀論者，這些人在過去十年靠著主張投資黃金和其他

硬通貨的通膨對沖工具，而賣出數百萬本書和相關資訊。

　　正如他所指出的，除非你是那千分之一在金價見頂時拋售黃金的人，否則黃金每年只能為你帶來4.8％的收益——比銀行利息還少。但如果你看過【圖表57】，你可能就不會訝異了。在歷史上的大部分時間裡，投資黃金一向是弊大於利。銅的表現更糟糕。有趣的是，蘇富比綜合藝術指數（Sotheby's Composite Art Index）將藝術品當作是一種硬通貨資產，且它的表現與股票很接近，年漲幅超過12.5％。

　　當然，投資藝術品也有其困難度，這可能會抵消其投資價值。首先，你必須花大錢才能買到一件高品質的作品。再者，如果你買的是100股IBM的股票，你不必擔心會買到假的股權證明，但如果你買的是藝術品，就有必要得做真偽鑒定。你還需要解決儲藏問題，如果收藏藝術品是你個人的樂趣，你可以將之掛在客廳的牆壁上，同時得留心你的鄰居會不會是小偷。最後，股票的一大優勢是，你可以隨時快速地賣出持股，若是透過折扣經紀商賣出，你要支付的佣金還不到交易價格的0.75％；而藝術品的交易成本會是股票的好幾倍。

　　有些人可能會說，大衛是採用1975年初（股市大牛市剛開始發動）的數據來進行比較，這會扭曲其結果。當

然，採用這個時機做為起點，結果會對股市有利，但別忘了，這張圖表是以1984年為結束點，這對股票而言就不是絕佳的時間點了。如果大衛再多採用兩年的數據，以1986年的高價做為結束點，那麼無論這項分析是從何時開始，股票的表現更會把其他投資工具遠遠甩在後面。

大衛那篇專欄旨在敦促人們繼續持有或買進股票，儘管股市已走了十年的多頭。在這一點上，大衛的論點完全被1985到1986年股市50％的漲幅所證明。但從這張圖表中，我們也能得到一個更廣泛的教訓，這也是從【圖表10】延伸出來的——從長遠來看，股票是最好的投資工具。當你考慮到股息、流動性，你不必介入企業管理，也不必背負經營責任，儘管有時會遭受熊市的打擊，但美國股市提供的長期回報卻是無可匹敵的。

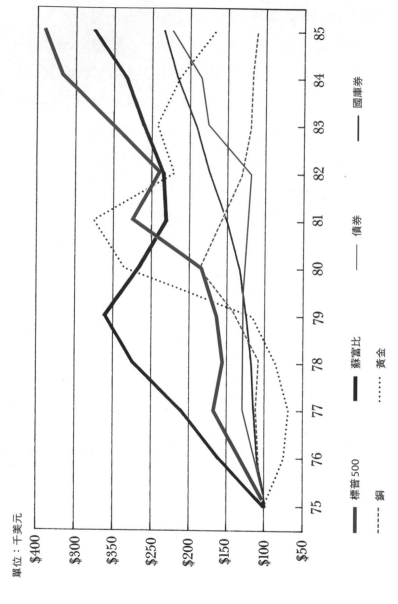

圖表 20 ● 股票與其他五種投資工具的比較：1975—1985 年

單位：千美元

（圖表縱軸刻度）$400　$300　$350　$250　$200　$150　$100　$50

（圖表橫軸刻度）75　76　77　78　79　80　81　82　83　84　85

—— 標普 500　　—— 蘇富比　　—— 債券

---- 銅　　...... 黃金　　—— 國庫券

資料來源：*Forbes*, March 11, 1985, p. 222.

圖表21 從「併購熱潮」看股價後勢

　　隨著道瓊指數屢創新高，大多數衡量股市價值的指標都處於歷史區間的頂部，若考慮到股票的重置成本，你可以看到股價仍然很便宜，對吧？根據本節左側的圖表可以知道，答案並非如此。這張圖表顯示了所有股票的總市值（價格乘以總股票股數）與這些工業公司所擁有資產重置成本的比率。

　　1968年，股票的平均售價是公司資產價值的1.5倍，以這個標準或任何其他標準來衡量，股價顯然被高估了。果不其然，它們在接下來的十五年裡都在下跌。在這個過程中，股票相對於其資產的重置成本逐漸變得更便宜，這既是因為股價下跌，也是因為重置成本在通膨壓力下上升了。到了1980年，股票的售價不到其資產重置成本的70%。

　　另一種看待這個問題的方式，是透過「收購藝術家」的眼睛。如本節右側的圖表所示，1960年代那些精明的企業集團快速瘋狂地收購公司。但這些急速搶進者知道他

們自家的股票實際上是高估了，所以當他們進行收購時，他們會收購小型公司，然後用估值過高的自家股票（這些商人都很工於心計）來支付。

到了1980年，由於相對於重置成本的價格大幅下降，股票變得便宜，這使得股票成為更適合購買的標的。但1980年代的收購狂人不會想用他們廉價的股票作為收購的資金。現在，他們會保留自己的股票，用公司典當，透過浮動垃圾債券進行規模更大但數量更少的交易。正如右側的圖表所示，1984年，經通膨調整後的收購價值首次回升至1968年的水準。以名目美元計算（未考慮通膨因素），1984年的收購水準比1968年高出300％。

會計是按成本記錄資產的，而不是按現值，也不是按今天回購這些資產的成本。當股票相對於重置成本較低時，採用收購公司的策略會比從零開始要便宜。這就是為什麼目前的收購熱潮越演越烈的原因。如果你想在一個特定的行業中擴張，收購一家現有的公司會比從零開始建造工廠和產能更便宜。對此，德克索投資銀行（Drexel Burnham Lambert）利用這波垃圾債券的現象，來為這場收購熱潮融資。

那麼，這是不是意味著股價仍然便宜呢？幾乎沒有！正如1968年或1920年代所證明的那樣（請見圖表30），

併購熱潮往往是市場定價已經過高的警訊，很少會在接下來的五到十年裡對股價產生正面影響。自1982年以來，股票價格上漲了150%，這使得該比率從0.69重新上升到1.7，只是分母也在上升。自1982年以來，通膨使分母增加了約20%。用1.7除以1.2，總比率回到了1.4，比1968年低，但降幅並不大。當心了！

現在我想說的是

請注意，1960 年代末的企業集團併購熱潮（以及 1990 年代末的科技股 IPO 熱潮）主要是以股票來進行交易，這造成市場上的股票供給氾濫，並壓低了未來的股價。2007 年，併購交易刷新了紀錄，主要是以現金來進行，這使得股票供應減少了，並推高了股價。以現金為基礎的併購可能是非常樂觀。你得時時關注是哪一種形式當道，並以截然不同的方式看待它們，也就是說，採用現金交易的代表看漲，採用股票交易的則是看跌。

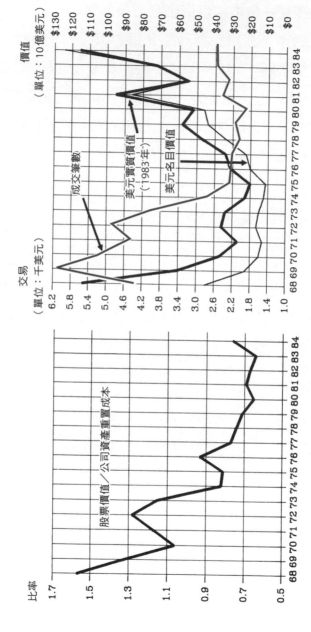

圖表 21 ● 股票、通膨和併購活動：1968－1984 年

價值
（單位：10億美元）

$130
$120
$110
$100
$90
$80
$70
$60
$50
$40
$30
$20
$10
$0

成交筆數

美元實質價值
（'1983年）

美元名目價值

交易
（單位：千美元）

6.2
5.8
5.4
5.0
4.6
4.2
3.8
3.4
3.0
2.6
2.2
1.8
1.4
1.0

68 69 70 71 72 73 74 75 76 77 78 79 80 81 82 83 84

比率

1.7

1.5

1.3

1.1

0.9

0.7

0.5

股票價值／公司資產重置成本

68 69 70 71 72 73 74 75 76 77 78 79 80 81 82 83 84

資料來源：Allan Sloan, "Why Is No One Safe?" *Forbes*, March 11, 1985.

每個人都知道市場在上漲，但考慮到通貨膨脹的因素，現在的股價仍然比1960年代便宜，對嗎？事實證明這是對的！這張圖表的上半部分顯示的是1915到1984年的道瓊指數；圖表的下半部分則是根據通膨情況做了調整，結果完全不同。在這兩張股市圖表之間有一條代表通貨膨脹的線，這是經由消費者物價指數（CPI）得出的。

首先，請注意圖表最早期的年份。1915至1921年間，經通膨調整後的股票價格大幅下跌。如【圖表53】所示，在此期間，整個西方世界都出現了嚴重的通膨。由於股票價格沒有任何變化（請見圖表27），它們在經由通膨調整後呈現下降。如果股價在通膨的情況下沒有上漲，那麼它「實際」的價值就會下降。這開啟了為1920年代奠定基礎的廉價交易。

有趣的是，經通膨調整後，1920年代的超級牛市規模變得更大，因為1921至1929年的消費者物價略有下降。道瓊指數的市值成長了5.97倍，從1921年的63.9點

成長到1929年的381.17點，但在通膨調整的基礎上，則是從33.83點成長到216.33點，成長了6.4倍。而且，儘管這對投資者來說並不算是安慰，但1929年後的股市跌幅經通膨調整後僅為86％，而不是道指實際下跌的89％，這也是因為消費者物價下降所致。

從那時起，通膨率不斷超過市場的實際下行回報，因此，當1965年道瓊指數還未能接近1,000點時，經通膨調整後的道指還不到該水準的三分之一，只有306點。

有趣的部分來了：在通膨肆虐的十七年時間裡，市場無精打采地起伏不定。1982年，道指跌至769.98點的周期性低點，但當時經通膨調整後的道指價值還不到85點。這意味著，在這十七年裡，市場的實際購買力損失幾乎與1929年大崩盤後的損失一樣多，達到72％；1929年則是86％。

當然，這張圖表是兩年前的。在那之後，股市上漲了約62％，達到1987年初的2,200點高峰。從1984到1987年初，消費者物價指數增長了約11％。這使得1987年初經通膨調整後的道指約為180.9點（123.95乘以1.62除以1.11）。

由於經通膨因素調整後的股市實際價值低於二十年前，有些人因此認為，「這證明股票不是對沖通膨的好工

具，也不是投資的好地方」。還有人說，這張圖表證明了目前的市場並不像本書其他圖表所暗示的那麼高，所以也許這個市場終究是一個投資的好地方。這些人還認為，股市不會出現像 1929 年那樣的暴跌。他們說，「我們已經度過了難關，十七年通貨膨脹的嘶嘶聲蓋過了轟隆隆的崩盤聲。」當歷史學家某天對這十七年嗤之以鼻時，他們可能會將之稱為「既看不到，也聽不見的大崩盤——這只不過是貶值罷了」。

現在我想說的是

有更多的證據指出，道瓊指數有多麼的混亂。若以標普 500 指數來衡量 1965 至 1981 這著名的十七年，其年化平均回報率為正，達到了 7.7%，即便低於平均水準，但它仍然為正。與此同時，道指沒有任何表現，因此許多人誤以為市場沒有任何回報。所以，你可以忽略掉道瓊指數了！

圖表 22 ◐ 經通膨調整後的道瓊指數：1920－1985 年

道瓊工業平均指數
（未經通膨調整）

1929年9月
381.17

1921年8月
63.90

1932年7月
41.22

1937年3月
194.40

1942年4月
92.92

1946年5月
212.50

1949年6月
161.60

1966年1月
995.15

1966年10月
744.32

1970年5月
631.16

1973年1月
1051.70

1976年9月
1014.79

1981年1月
1004.69

1974年12月
577.60

1984年1月
286.75

消費者物價指數
1967 = 100

道瓊工業平均指數
（經通膨調整後）
January 1913 Dollar = 100 Cents

1929年9月
216.33

1921年8月
35.38

1932年7月
29.70

1937年3月
134.16

1942年4月
56.69

1946年5月
112.47

1949年6月
66.45

1966年1月
306.38

1966年10月
222.19

1970年5月
160.40

1973年1月
242.10

1976年9月
172.85

1981年1月
113.39

1974年12月
109.27

1984年1月
123.95

資料來源：Media General Financial Weekly, Richmond, Virginia.

圖表23 跟著「移動平均線」獲利

　　在「技術面」與「基本面」這兩大投資分析流派之間，存在著一種驚人的矛盾。技術面分析派著眼於股票、市場、利率或一些相關事件的過去走勢，然後運用這些資訊進行預測；基本面分析派的預測則是基於本益比或帳面價值等估值，並分析經濟、產業或各家企業的未來趨勢。

　　這兩派都有很多追隨者，但基本面派的人占有主導地位，主要原因有二。首先，那些長年賺大錢的傳奇股市贏家，往往都是基本面分析的信徒，而非利用技術面去交易；第二，從未有嚴謹的學術研究證明，證券過去的價格變動與它未來的價格變動有任何關係。所以，大多數專業投資人都認為自己是基本面的分析師（包括我自己）。

　　諷刺的是，我所知道或讀過的所有偉大基本面主義者，都使用了一些偽裝的技術工具來搭配他們最重要的分析。為什麼呢？因為某些技術工具似乎起作用了。想想那簡單的40週移動平均線——它是以過去40週的收盤價除以40開始。然後，每週重複一樣的事情：加入新一週的

價格、刪去第一週的價格。當市場高於這條移動平均線，後市就會被認為是看漲；反之，就會看跌。

這張圖表顯示了1966至1978年的市場與移動平均線的對比。它們緊密地相互映照。但是，如果你在市場第一次突破均線時買進，然後在跌破均線時賣出，你就會驚人地持續站在市場「正確」的那一側。

舉例來說，請看圖中的「A」點。第一次是在1969年中期，當時市場跌破了移動平均線。如果你在那時賣出，你就可以避開接下來重挫200點的局面；然後在1970年中期，道瓊指數再次突破了平均水平，如果你在那時買進，你就能在接下來上漲150點的時候獲利。

移動平均線無法預測市場的轉向——它們只能在事後不完美地加以確認。例如，圖中的「B」點顯示，早在1975年突破移動平均線之前，市場就已恢復上漲的趨勢。有時你會在這方面受到「雙重打擊」，像是圖中的「C」點就顯示了幾次當市場在一個狹窄的區間內交易時，這個工具將讓你徒勞無功地進出市場。只不過，只要仔細查看這個案例就會發現，當你被多空雙巴時，相對於在其他時候省下的錢，你所付出的代價其實微乎其微。

我從來沒有把移動平均線當作是嚴格的買進／賣出規則，而是把它當作是在我需要特別留意某些狀況可能不如

我預期般發展時的警告。諷刺的是，如果我在某些時候完全仰賴它們，我的成果就會更好。40週移動平均線並沒有特別神奇。它也可以是39週移動、41週、2週或2,002週。但較短的時間會讓你更頻繁地遭受雙重損失，而較長的周期很少會發出信號。由此看來，40週的移動平均線似乎不錯，因為它傳遞出的信號相對較少，那些短期雜訊不值得你停下來思考。

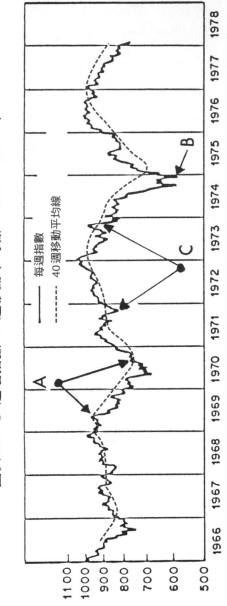

圖表 23 ● 道瓊指數 40 週移動平均線：1965－1977 年

資料來源：Martin J. Pring, *Technical Analysis Explained*, First Edition, New York: McGraw-Hill Book Company, 1979.

驚心動魄的新聞及市場反應

「總統中槍了，快把所有持股賣掉！」甘迺迪在1963年11月22日去世時，這個說法甚囂塵上。但那些真正知情的人並不會這麼說。那個週五，當消息傳來時，道瓊指數下跌了28點（3.8％），但在週一就全部反彈回來，甚至回漲更多。在接下來的兩年裡，牛市繼續蓬勃發展。市場對這位自羅斯福以來最受愛戴的總統的反應也不過如此；1955年，艾森豪心臟病發作的消息一出也是如此。

這張圖表顯示，即使是可怕的頭條新聞也很少會引起市場的不安。這告訴我們什麼呢？看起來非常重要的消息通常對市場的影響並不大。例如，韓戰爆發時，一開始幾乎沒有引起市場的波動。也許你是一個反商業化的強硬派，認為戰爭有利於商業，甚至認為這場戰爭可能是由華爾街引起的。如果要證明戰爭對市場的影響，你可以舉出在韓戰那三年中市場大幅漲升的例子，當時股市上漲了28％。但如果是這樣，為什麼在戰爭結束後的三年裡，股市又上漲了66％呢？重大新聞對市場的影響其實很小。

市場並不關心卡斯楚（Fidel Castro）何時不再是一個祕密的共產主義者，或者俄羅斯領先美國把人造衛星送上太空、又把赫魯雪夫（Nikita Khrushchev）趕下台的時候。不管是東京灣事件或蘇伊士運河危機，都未在市場上掀起一絲漣漪。1968年，麥卡錫（Eugene McCarthy）在新罕布夏的總統初選中擊敗了詹森，當詹森宣布他不再尋求連任時，市場的反應只不過是又再打了個哈欠。

是的，1962年甘迺迪下令降低鋼鐵價格時，市場似乎反應不佳，但或許市場已準備稍做休息了。當時IPO活動達到了創紀錄的水準（有關IPO和定價過高的討論，請見圖表19），在過去的十三年裡，市場上漲了250%，過程中甚至沒有出現超過15%的波動。

那麼在其他年代呢？1906年美國舊金山發生大火和地震後，股市曾出現小幅的下跌。但實際上，跌勢早在幾天前就出現了，然後隨即收斂，市場在真正下跌之前就已漲回地震前的水準之上（請見圖表32）。那麼兩次的世界大戰呢？你無法在重大戰爭新聞發布前後的幾週內察覺到重大的上漲或崩盤。有趣的是，市場在1942年宣布價格管制後不久就觸底反彈。然後在1946年該政策結束時，它又跌到谷底，然後再次飆升。隨你怎麼想，市場的反應就是如此。

相對於市場而言，新聞似乎是隨時都可能發生變化，但這並不會影響到市場。華爾街有句老話說：「市場無所不知。」這意味著市場已經知道事情會發生，就像它有直通上帝的內線一樣。但是，更實際的想法是，「市場根本就不在乎」。我們以自我為中心，所以我們樂於接收新聞。但市場知道，沒有一個人或一件事能重塑整個經濟體系。

現在我想說的是

即使是大規模的恐怖攻擊也無法摧毀市場。2001 年 9 月 11 日之後，股市大幅下跌，但 19 個交易日後又恢復到 9 月 11 日之前的水準，並在年底前強勁反彈。隨後的恐怖攻擊對市場的影響更小。美國股市在 2004 年馬德里地鐵爆炸案發生後，用了 5 個交易日即恢復正常；2005 年倫敦地鐵爆炸案發生後，美國股市還是在上漲。真正影響市場的，是你在新聞中沒有讀到的東西。

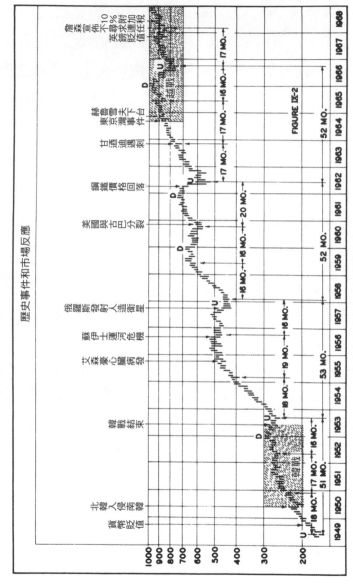

圖表 24 ▶ 股價與新聞事件：1949—1968 年

歷史事件和市場反應

FIGURE IX-2

資料來源：J. M. Hurst, *The Profit Magic of Stock Transaction Timing*, Englewood Cliffs, N.J.: Prentice Hall, Inc., 1970.

歷史上的重大事件影響不了市場！

如何用股市預測經濟榮枯？

「天啊！大家都說現在經濟不景氣，所以最好趕快把股票賣掉。」這個說法對嗎？未必是如此。事實證明，你可以善用股價過去的變化來預測經濟，但要想根據經濟前景來預測股價，則幾乎會徒勞無功。

原因如下。股市很神奇，因為它總是引領經濟——它會在經濟下滑之前就開始下跌，然後在經濟反彈之前就開始上漲。事情總是如此。

這張經典的圖表繪製了標普500指數從1948到1976年的走勢，圖中陰影覆蓋的區域，標示了經濟衰退時期。白色的區域是經濟擴張時期。陰影區域的開始，代表了經濟擴張開始轉為衰退的時間；陰影區域的結束，則代表衰退結束和下一次商業擴張恢復的時間。

舉例來說，請注意1970年。這些陰影告訴你，經濟在該年一開始前就已下滑，而且一直持續到年底；它也讓你看到1971、1972，以及1973年的大部分時間裡，經濟都在擴張。

現在請注意陰影、衰退年份與股市之間的關係。在經濟衰退（通常會持續一年或更久）之前，股市會預先下跌好幾個月。同時，當經濟衰退至谷底之前，股市總是會預先上漲。

　　以1970年的經濟衰退為例。股價在1968年達到高點，比經濟開始衰退早了一年多。然後，股價在經濟衰退中途觸底，而經濟卻仍在繼續下滑中。因此，在經濟最黑暗的時刻，當你的褲子都被嚇掉的時候，股價早已在上漲的路上走很遠了。

　　對大多數人來說，這個現象是無法解釋的。美國全國經濟研究所（NBER）表示，在其「領先經濟指標指數」的組成部分中，股市是唯一最成功的預測指標——近乎完美。從這張圖表可以看出，股價下跌預示著每次經濟衰退的來臨，只有一次大幅下挫（1962年）之後沒有引發經濟衰退。

　　眾所周知，經濟學家們即便是預測幾個月之後的經濟動向，表現得也很差勁。因此，要根據經濟預測來預言股市的高峰和低谷，也不過是徒勞而以——他們至少要在事件發生的一年前預測出經濟的高峰和低谷。很多時候，大多數的經濟學家都過於樂觀，而大多數的普通人都是直到陷入經濟衰退的幾個月後，才知道衰退已經開始。

因此，當你看到股價下跌時，就可以預期經濟將在6到12個月內走弱；但當你看到經濟衰退時，即便經濟似乎仍不斷地下滑，你也要有股價很快就會走高的預期。是的，市場表現通常都很反常，但是，老天保祐，它就是如此美妙。

現在我想說的是

　　即便你更新這張圖表的數據（現在有很多免費資訊），結果還是會一樣。但值得注意的是，過去幾十年裡，政府為了改善經濟數據而進行各種修修補補，實際上只是讓情況變得更糟。十多年前，我就在《富比士》雜誌上寫道：「市場與政府數據的連結仍然有效，但已不像過去那麼清晰了。」

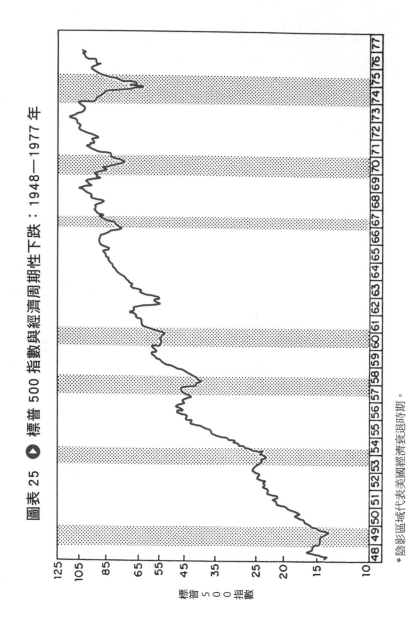

圖表 25 ◗ 標普 500 指數與經濟周期性下跌：1948－1977 年

標
普
5
0
0
指
數

125
105
85
65
55
45
35
25
20
15
10

48 49 50 51 52 53 54 55 56 57 58 59 60 61 62 63 64 65 66 67 68 69 70 71 72 73 74 75 76 77

*陰影區域代表美國經濟衰退時期。

資料來源：Richard Crowell, *Stock Market Strategy*, Boston: McGraw-Hill, 1977.

你有沒有想過牛市多久會出現一次？熊市呢？這張圖表以一種非常簡單的方式說明了一切。

這些圖表摘自馬丁·普林（Martin J. Pring）的《技術分析精論》（*Technical Analysis Explained*）。你可以看到，在1929到1977年間，有九次大牛市和九次大熊市。這張圖表顯示，在四十八年的時間裡，大約每5.3年就會出現一次完整的繁榮／蕭條周期（48除以9等於5.3）。

這張圖表也描述了主要牛市和熊市趨勢的相對長度。快速瀏覽一下就會發現，1929年的衰退持續了大約兩年半；1937至1942年的下降趨勢是最長的，長達五年；1946到1949年的衰退持續了三年；1953年的衰退僅持續了一年；1956至1957年的衰退持續了兩年，更像是經濟處於平穩期而非蕭條期；1962和1966年的衰退都只持續了一年；1968到1970年的下降約為一年半；1973至1974年的下降則為兩年。

當你進行統計時，你會發現在這四十八年的時間裡，

只有大約十九年是經濟處於主要下降的時期，或者說這些時期占了大約40%的時間。這九次熊市趨勢平均持續了兩年多一點（19除以9等於2.1）。

有趣的是，如果你剔除1937至1942年間異常漫長的下跌，結果也不會有太大的不同。那麼就會有十四年呈現出八次主要的市場下跌趨勢，平均下跌趨勢會持續1.75年（14除以8）。所以不管怎麼算，熊市平均每次崩盤大約只會持續兩年。

相較之下，每輪牛市平均持續的時間約為三年左右。1932至1937年的股市上漲了五年；1938至1939年上漲了不到兩年；1942至1946年的市場持續上漲了四年；從1949年中期到1951年，從1954年到1955年，市場分別上漲了兩年半和兩年；1958到1962年的牛市上漲了四年；1962到1966年的市場上漲了三年半；1970到1973年的市場上漲了兩年半；1974到1976年的市場上漲了兩年。總共持續了二十七年半，這意味著牛市平均會持續三年——市場幾乎有60%的時間都處於牛市的主要趨勢中。

同樣的，若剔除1932到1937年的超長牛市，平均持續時間仍然是2.8年（22.5除以8等於2.81）。

結論是什麼呢？從歷史上來看，悲觀主義者的勝算不大，但這也並非是壓倒性的。你可以預期市場有60%的

時間會上漲、40％的時間會下跌。請注意，1987年的牛市是從1982年8月開始上漲，到我撰寫本文時已經整整持續四年了——以歷史標準來看，這已經相當久了。在這九頭公牛中，只有三頭能夠堅持這麼久，但牠們都無法再多堅持一年。這表示我們必須謹慎以待。

現在我想說的是

現在我的看法不同了。道瓊指數是一個糟糕的市場指標，近期牛市的持續時間比過去更長——1980和1990年代的牛市都持續了將近十年。這是否意味著目前的牛市（截至2007年）也會延續十年呢？不盡然！但可以達到嗎？當然！牛市死亡的原因有很多，但牛齡不是其中之一。牛市的結束是因為發生了人們意想不到的糟糕事情，供給超過了需求。我們必須找出原因，而不是倚賴牛市的長度來指引你如何操作。

圖表 26 ▶ 顯示牛市和熊市趨勢線的長期道瓊指數：
1929─1977 年

長期道瓊指數顯示重要的牛市趨勢線

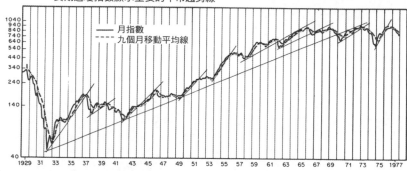

長期道瓊指數顯示重要的熊市趨勢線

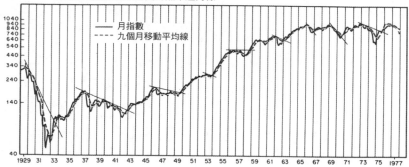

資料來源：Martin J. Pring, *Technical Analysis Explained,* First Edition, New York: McGraw-Hill Book Company, 1979.

圖表27 股市的歷史真的會重演嗎？

　　想被好消息驚嚇一下嗎？如果是股市大幅上漲呢？請試著把道瓊指數二十五年的圖表疊加在1929年股災前二十五年的圖表上，你會發現，它們幾乎難以區分。這張圖表讓你有機會思考當前市場的一些風險。其中，上圖始於1905年，止於聲名狼藉的1929年股災；下圖則始於1965年，結束於1986年。

　　這些相似之處讓人既恐懼又興奮。兩者都揭示了一個持續十七年的積累基礎，隨後便是突破和急劇上升。1920年代的股市最終在1924年突破100點，並在五年後達到380點的高峰。好消息是，如果這些視覺上的相似性代表著更深層次的東西，我們可能會看到目前的股市在1983年突破1,000點，並在那之後的五年內，或在1988年初達到3,500點。但壞消息是，好日子之後將是一場令人煩悶的蕭條。回想一下1929年10月發生的事。如果我們相信1987年的情景會反射過去六十年的事件，我們就應該要提防一場自由落體式的暴跌。

還有其他證據顯示，這與1929年的情況有相似之處。如【圖表01】和【圖表02】所示，撇開其他因素，1987年市場的本益比實際上高於1929年。同樣的，如【圖表30】所示，1920年代末的收購狂潮與我們最近看到的非常相似。還有一點：1986年春天，歐洲股市一度下跌。如【圖表29】所示，1928年歐洲股市下跌，預示著1929年將會發生什麼事。

　　此外，其中的「圖表C」出現在1800年代後期之前，包括一段漫長的牛市，就像1965年之前的三十年，股價從低迷水準大幅上漲一樣。到了1965和1905年，股價已完全反映市場價值。在1920和1980年代，是不是大多數五十到六十歲的頂尖人物，都認為不斷上漲的股價是常態呢？對他們來說，一個巨大的、持續的、昂貴的市場似乎是回歸正常，而不是失常。他們不會意識到危險。

　　但也有可能，這張圖表的相似性只是巧合而已。反對1920年代那種極端脆弱性的最佳論據是，近期的通膨率大幅上升。經通膨調整後，如【圖表22】所示，1980年的漲幅與1920年代完全不同。即便目前的價格很高，但我敢打賭，這張圖表之間的相似性只是奇怪的巧合。

圖表 27 ◉ 道瓊指數的歷史對照：1920 與 1980 年代

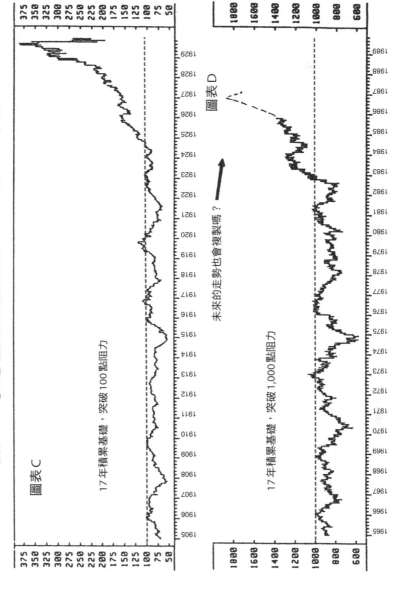

圖表 C

17年積累基礎，突破100點阻力

圖表 D

未來的走勢也會複製嗎？

17年積累基礎，突破1,000點阻力

資料來源：Adapted from *Barron's*, November 18, 1985.

提防高舉「本益比」的專家

　　「1929年的股價高得離譜，任何以理性思考的傻瓜都應該看到泡沫已經過大且即將破裂。」這麼說對嗎？

　　錯了！你知道，「收益」是大多數投資者用來評估股票價值的指標，但這個指標有時會誤導你——較低的本益比並不總是意味著股價變得更便宜。就連大多數的專業人士也很難相信這一點，但正是這些情況導致1929年的大崩盤。儘管自1926年以來股價已上漲了1倍，自1913年以來則上漲了4倍，但大多數人還是被騙了，因為本益比看起來似乎還不錯，而且還持續降低，於是買進了更多價格過高的股票。

　　1927年初，道瓊指數的本益比為20倍，市場上漲了30％。但收益成長得更多。那麼，當年底的本益比只有13倍時，股民為什麼要害怕呢？歐文・費雪（Irving Fisher，他跟我沒有關係）是他那個時代最著名的經濟學家。在耶魯大學講臺上，他武斷地說，「股價並不算太高，因為收益成長得更快。」費雪認為，這是經濟充滿動能的

證據。他的觀點如本節的圖表所示。這張圖表出現在他1930年的著作《股市崩盤及其後》（*The Stock Market Crash and After*）中，這是一個生動的例子，說明了「專家」可以錯得多麼離譜。1930年，當市場在長達三年的自殺式下跌中走到一半時，費雪終於指出，「沒有什麼可擔心的了，因為本益比已經到達合理的程度，而且還在下降。」

　　圖表上的實線代表1929年每個月的平均本益比，而虛線則代表1928年每個月的平均本益比。沿著這條虛線從左到右，你可以看到1928年的市場本益比有所上升（從一月的13倍上升到十二月的15倍多一點）。相比之下，1929年的本益比實際上是從一月份16.2倍的高點下降到年底10.8倍的低點。

　　1929年，道瓊指數上漲了29％，從300點漲到9月3日的高點386點（哎呀，1985年的股價居然漲了這麼多）。在這個過程中，收益成長得更快。實際上，大部分的股價上漲發生在六月、七月和八月，而大部分收益成長則是在年初就出現了。但人們看到的是巨大的收益成長——似乎這足以證明股價上漲是合理的。

　　到底是哪裡出錯了呢？首先，公司財報至少要在一個季度結束的六周之後才會公布。因此，你不會發現收益在

下降，直到它發生很久之後。如果在當季的第二個月，公司業績就出現疲軟，你要到幾個月後才會知道消息。其次，收益具有誤導性。當收益（暫時）過高時，正是市場樂觀氣氛和股價趨於高點的時候，但同時也是由於高收益導致本益比較低的時候。這就是當時市場發生的情況。1929至1932年間，股市暴跌，收益蒸發，本益比飆升——比率的下半部分比上半部分下降得更快。

　　這與當今世界有何關係呢？你得小心那些主要根據本益比或對未來收益的預估來預測股價上漲的專家。他們根本不知道自己在說什麼。正如我多年來在《富比士》的專欄及我在上一本書中所強調的那樣，你最好要再研究其他估值的指標。單憑本益比並不足以做為投資決策的依據。

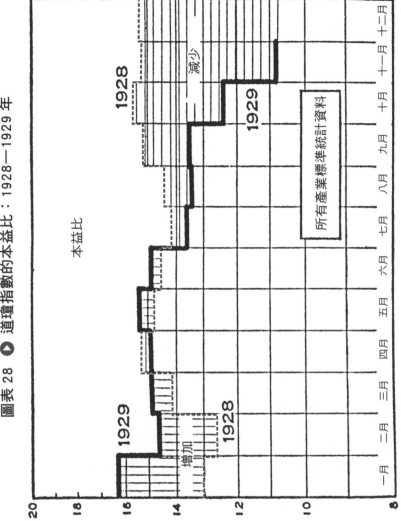

圖表 28 ▶ 道瓊指數的本益比：1928－1929 年

資料來源：Irving Fisher, *The Stock Market Crash and After*, New York: The Macmillan Company, 1930.

大多數人都認為1929年的股災，事前沒有任何預警。但並非如此！在那之前，歐洲股市曾發出一個明確的警告──任何當代市場觀察家都可以注意到，但卻少有人把它放在心上。你可以在這張圖表上看到這個警告，它顯示紐約、倫敦、柏林和巴黎的股價指數。1929年10月前後紐約股市的暴跌是眾所周知的。但你是否有意識到：

- 那時世界上還有其他主要的股市交易所？
- 倫敦、巴黎和柏林的股價也都大幅下跌？
- 倫敦和柏林在1928年（圖表中的A點），也就是紐約股市崩盤的前一年達到最高點，之後便一直處於明顯的下跌趨勢，直到紐約股市大崩盤？
- 就連巴黎股市也在1929年初失去動能，在這一年的大部分時間裡都在下滑，而紐約卻一直在上漲？

　　另一個有趣的事實是，在1929年，倫敦的股價跌幅

甚至超過了紐約——很少有人注意到。但有一位美國人在看到歐洲主要股市的初期下跌之後，就發出明確的警告，指出紐約市場並不正常。事實總是證明，「沒有一個國家能免受全球經濟事件的影響」。世界各地的重大事件經常會同時發生，而且在現代通信系統出現之前就已經是如此了。1929年10月的大崩盤在幾天內席捲西方國家（B點），但對歐洲人來說，這並不算一個新事件。

這張圖表還有另一個警告。C點顯示的是紐約股價在1932年最後觸底前短暫持平的情況。雖然當時紐約的股價已經趨於穩定，但倫敦的跌幅還很大，柏林還在下跌，巴黎的股價也還沒有穩定下來。在這方面，歐洲的價格也提出進一步的警告，指出十月份的崩盤不僅僅是像大多數美國人認為的，只是長期牛市中的一次回檔整理。

這張圖表來自歐文・費雪在1930年的經典謬誤之作《股市崩盤及其後》（請見圖表28）。費雪相信股價仍會上漲。他認為，紐約股市下跌的部分原因，是歐洲人拋售股票造成的壓力。正如圖表顯示的那樣，當情況看似已大致底定（實則不然），他推斷紐約股市即將重振雄風。看來這位備受推崇的古典經濟學家似乎更擅於繪製圖表，而不是在金融領域發展。

圖表 29 ▶ 大崩盤前，歐洲主要市場與美國的股價指數： 1927—1929 年

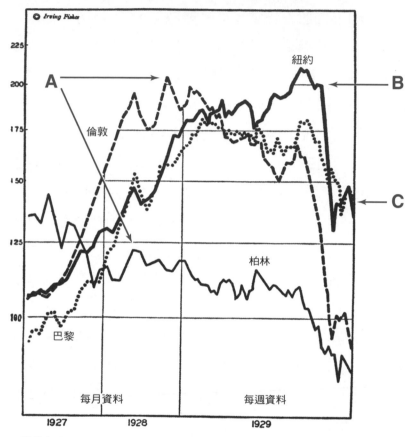

資料來源：Irving Fisher, *The Stock Market Crash and After*, New York: The Macmillan Company, 1930.

收購狂潮與你手上的股票

「現在股票一定很便宜，否則那些收購企業的人就不會出手了。」最近你經常會聽到這樣的話，但如果你真的相信併購活動增加就意味著股票很便宜，那麼你就大錯特錯了！因為大公司並不是總愛買便宜貨。

雖然有一些極端成功的案例，但整體併購結果是好壞參半。事實上，收購活動似乎可以作為市場健康狀況的反指標。讓我們來看看幾個顯著的點。首先，這些收購者在1970年代中期股票非常便宜的時候還沒有出現。當時市場的本益比為7倍，隨後便一路飆升。他們為什麼不出手呢？信不信由你（請見圖表41），當時的利率幾乎和現在完全一樣，所以槓桿交易的成本不會比現在高。但當時股價較低，收購方並沒有進場。如果這些人真的那麼聰明，為什麼像蓋蒂（Getty）和海灣（Gulf）這樣價值數十億美元的石油收購案是發生在油價飆升的時候，而不是在此之前？如果這些高負債融資的收購案在1983到1984年是一筆好交易，那麼在1978至1979年就會是更好的交易，因

為收購者將受益於隨後不斷上漲的油價、利潤和飛升的通膨，這將使他們能用大幅貶值的美元來償還債務。

答案似乎是，這些收購專家和其他人一樣，他們也都在追逐牛市。平均而言，這些人並不算更老練，他們只是更有錢。也許1920年代的收購活動是這種現象的最佳指標。在這一點上（與圖表28和29一樣），我們也要參考當時最著名的經濟學家歐文・費雪，他把當時維持在高檔、且不斷上升的收購水平當作是判定股票便宜的主要依據。他的論點細節和你們今天聽到的一樣。

下一頁即是收錄在他《股市崩盤及其後》書中的圖表，他認為股市不會繼續暴跌。你可以看到，隨著1920年代牛市的推進，收購的數量穩步增加。同樣的，如果這些收購專家們是真正的大師，他們就會在股市上漲之前、股價更便宜的時候買進。

1920和1921年股市暴跌，收購活動緊隨其後。1922年，當市場開始上漲，隨之而來的是越來越多的收購案。在1928年，也就是股市崩盤之前，每年的收購案增加了兩倍多。到了1934年，這些「聰明」的收購案多數都已宣告失敗。此一現象對投資者有重要的影響——當收購專家們想大量買走你手中的股票時（就像過去幾年那樣），你可以考慮賣給他們，同時出清你其他的持股。

現在我想說的是

　　以「股票」為基礎的收購和以「現金」為基礎的收購之間有一個重要的區別：股票收購是指收購方發行新股來進行交易；現金收購則是指收購方借入現金並支付現金（或混合現金與股票來進行交易，這種交易更像是以現金為基礎）。1920 年代的收購交易主要是採用股票，結果就造成股票供應增加，這可能導致利空。相反的，以現金為基礎的交易（例如我們在 2007 年看到的空前規模）會減少股票的供給，這可能算是利多。關於這兩者的差異，請參閱《投資最重要的 3 個問題》一書的第七章。

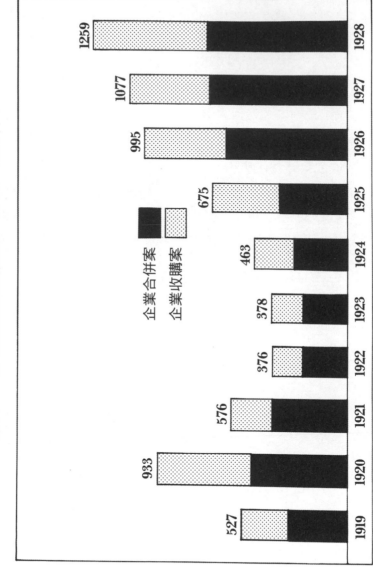

圖表 30 ◐ 美國企業併購紀錄：1919—1928 年

企業合併案
企業收購案

1919 527
1920 933
1921 576
1922 376
1923 378
1924 463
1925 675
1926 995
1927 1077
1928 1259

資料來源：Irving Fisher, *The Stock Market Crash and After*, New York: The Macmillan Company, 1930.

圖表31 你該持有「特別股」嗎？

「特別股比普通股更安全，但比債券更具收益潛力，因此是很好的選擇。」這麼說對吧？

胡扯！特別股的回報率低於債券，但並不像債券那麼安全。如今的特別股也不像普通股那樣安全。這張舊圖表比較了1908至1932年間普通股和特別股的回報率。只要看一眼你就會知道，如果你買進普通股，你會有一段非常長的時間，在賣出股票時的利潤遠遠超過買進特別股的利潤。打從一開始，普通股的價值就高於特別股。

到了1915年，普通股也開始支付更多的股息。從第一次世界大戰到1921年的經濟衰退，普通股的股息有所下降，但仍一直高於特別股。即便是在1932年的大蕭條時期，十年前買進的普通股股息也高於1922年買進的特別股。

從1908到1929年，普通股的股價相對於特別股也更有規律地上漲。而在隨後的股災中，你肯定不會想持有普通股。但1929至1932這四年，是有紀錄以來，唯一一個

特別股表現優於普通股的時期。在此之後的大部分時間裡，特別股都屈居下風，它沒有普通股的上行潛力，但在艱困時期卻比債券更不安全。

與普通股相比，特別股承諾會提供股東固定的股息和公司遭清算時的優勢。但也就僅止於此。除非長期不分紅，否則特別股的股東幾乎沒有表決權。如此說來，他們的權利就微不足道了。因此實際上，特別股就像一種不具強制償還權力的債券，而強制償還卻是債券的一種優良特性，當情況真的惡化時，這個特性能提供持有人流動性。

在現今的公司破產案例中，特別股與一般股票相比幾乎沒有什麼保護，因為根據美國破產法第11章的程序，公司很少會真的被清算。相反的，他們會在管理階層的指導和法官的稍加推動下進行重組——他們會將債券持有人的損失從股票持有人的手中剝離出來。

實際上，特別股的股東在法庭上所獲得的待遇比普通股的股東更差。因為，在法院保護下主導的管理階層很少會持有特別股，對特別股股東也沒有基本的忠誠。特別股持有者不必然能拿到償款，也沒有足夠的票數可以把這些流氓趕出去——公司是由普通股的股東選出董事會，再由董事會選出管理階層。因此，特別股的股東就被無視了。公司在重組過程中，會創造出夠多的新證券，這會使得原

本特別股的股權被稀釋、變得毫無價值。

　　所以，請記住這張圖表教給我們的事。普通股具有上漲潛力，而特別股幾乎沒有任何上漲潛力。如果你想要長期的安全性，你應該購買債券才對。如果你想要上漲的潛力，你就應該購買普通股。如果你什麼都不想要，那就購買特別股吧。普通股才是你應該優先擁有的股票。

圖表 31 ◉ 工業普通股和特別股的比較：1908－1932 年

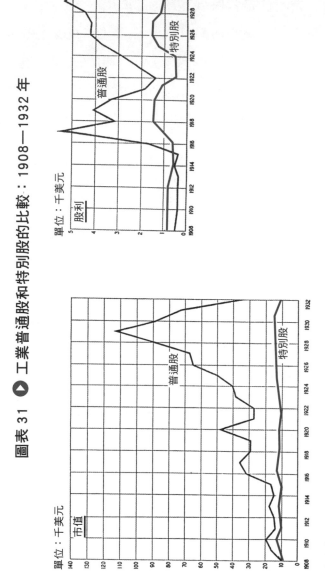

單位：千美元

單位：千美元

資料來源：Robert G. Bodkey, *Preferred Stock As Long-Term Investments*, Michigan Business Studies, Ann Arbor: University of Michigan Press, 1932.

我的大空頭「2%法則」

　　小時候，我的目標是成為一名棒球捕手。我的偶像是尤吉・貝拉（Yogi Berra），他是一位傑出的捕手和令人驚歎的哲學家，他曾說過：「有時候光靠觀察，你就能看到很多東西。」正是因為尤吉，我開始計算重複事件發生的頻率——只是為了看看發生了什麼，以及它們發生的頻率。如果這讓尤吉獲益良多，那麼我也可以。透過這種計算，我得出我的「2%法則」，即股市大幅下跌的頻率，平均每個月約為2%。

　　這張圖表解釋了這一點。它顯示了1907年傳奇式的恐慌期間12檔工業股票的指數。有趣的是，該指數幾乎完全反映了道瓊指數的走勢。也就是說，道瓊指數在1907年1月19日見頂，來到103點，同時在當年的11月22日見底，觸及53點（正如這張圖表所示）。在本節中，你可以忽略圖表下方20檔鐵路股。

　　在「1907年恐慌」中，這一整年市場大部分的時間都在下跌，包括下跌結束時「洗盤」危機。但「恐慌」總是

在下跌開始的很久之後才會出現（而且是很久很久以後）。1907年的恐慌在1906年初就已播下種子。自1904年以來，股價翻了一番，在1906年1月中旬達到頂峰。此後價格有所下降，到了年底雖然有所回升，但仍未回到年初的高點。然後在整個1907年，價格又開始下跌，一路洗盤並在該年的11月形成底部，然後展開了持續整個1908年的反彈，並在1909年將股市帶回1906年的高點。這是一場強烈但相當典型的股市崩潰，它是由過度的投機激情和貨幣緊縮共同造成的。總而言之，股市在這22個月裡損失了49％的市值。

每個月2.2％，這就是我們學到的教訓。大多數大幅下跌的狀況，每個月的跌幅大約是2％，有可能多一點或少一點，但誤差不大。有可能每個月低至1.5％，或高至3.0％，但也僅此而已。看看最近的歷史，我們就能進一步確認這種情況。1968至1970年的下跌在18個月內從995點下跌到627點，每月下跌2.1％，幾乎與1907年完全相同；1981到1982年的跌幅在16個月內下跌25％，或者說每個月下跌1.6％，這是很緩慢的下跌速度了；1973至1974年每月下跌2.1％；1976至1977年每月下跌1.7％。

大熊市是在規模和持續時間之間的折衷。熊市會讓所有人都變得悲觀；當幾乎沒有人保持樂觀的時候，熊市就

結束了。要做到這一點，「時間」比跌幅更重要。一次短暫而急劇的下跌，總是會讓許多人想起不久前價格上漲的時候。需要足夠長的時間，人們才會覺得雪崩永遠不會停止。投資者的情緒需要被抽乾。

所以，請記住 1907 年和「2%法則」。如果道瓊指數1987 年的高點 2,200 點是市場的主要周期性頂部，就像某些人猜測的那樣，如果你預計市場在隨後的下跌中至少會跌掉 25%（也就是道瓊指數會跌到 1,650 點），那麼請不要急著想摸底。「2%法則」指出，市場需要 8 到 16 個月左右的時間（最有可能是 12 個月），才能產生足夠的悲觀情緒，然後股市才能真正產生底部。要有耐心。

現在我想說的是

有趣的是，1987 年的熊市是證明「2% 法則」的例外——它來得太快，去得也太快。但是，2000 到 2002 年的熊市卻符合這個法則。不管怎樣，面對熊市都需要耐心。現在，我仍然採用這個法則，並且認為跟熊市有關的定律沒有什麼變化。

圖表 32 ● 1907 年的恐慌

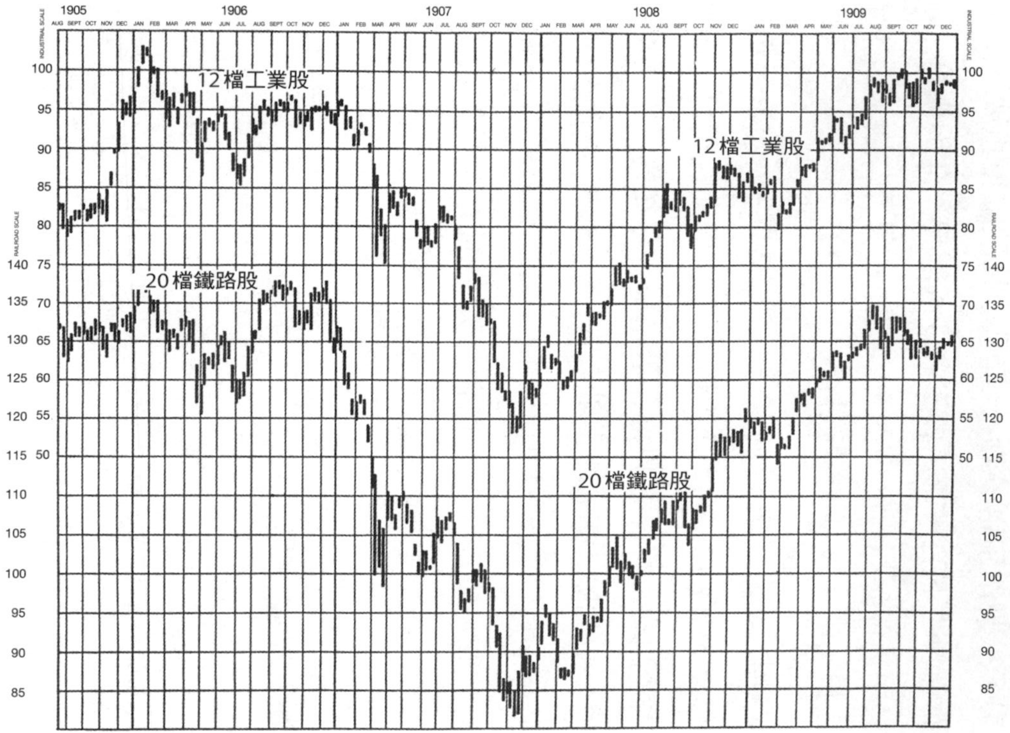

資料來源：Philip L. Carret, "The Art of Speculation," *Barron's*, 1927.

圖表33 「富人恐慌」中的股債金律

　　這張圖表跟前一張很類似，都描述了 1907 年的恐慌，但它包含了另外三個重要的特徵：債券價格、1903 年的「富人恐慌」（Rich Man's Panic），以及一個重要的教訓——當主要股市見頂之前，債券價格通常會下跌至少幾個月。

　　在這張圖表中，債券用單線來表示。請先看看 1905 年。債券價格自 1903 年中期開始上漲，但隨後達到頂峰，並在 1905 年初開始下跌；股票則持續上漲，直到 1906 年初。隨後，股市下跌，最終導致 1907 年的恐慌。在整個 1907 年，債券價格與股票價格同步下跌，然後兩者一起上漲，直到 1908 年底。但 1909 年初的債券價格下跌再次預示了股市會急劇下跌。

　　由於債券和利率之間的關係，債券會先於股價下跌。債券價格與利率呈反向波動。隨著利率下降，債券價格上漲；隨著利率上升，債券價格下跌。為什麼呢？因為債券價格會隨著利率而調整，而不是利率隨著債券價格而調

整。債券的利息支付是每年固定配息。當利率隨著時間的推移而不斷反彈時，現有債券的價格必須向相反的方向去變動，使固定年息的收益率能夠與新債券的新利率保持競爭態勢。

但股票也會與利率相互競爭。如【圖表04】所示，股票的收益率（收益除以股價）必須與利率競爭。因此，當債券價格下跌時，利率就是在上升；當利率上升時，股市必須有更高的收益才能避免下挫。如果不能迅速實現更高的收益，股市就會暴跌。

情況一直是如此嗎？不盡然，但通常都是如此。大多數股市在大幅下跌之前，債券價格至少會先下跌幾個月（亦即利率上升）。這張圖表顯示了少數的例外之一。鐵路股（深色方塊）總是符合此一規律，但1899和1901年的工業股（淺色方塊）卻是例外——工業股在這兩年都出現了跌勢，但在此之前，債券價格卻並未下跌過。每條規則都有例外，儘管這次看起來不甚起眼，但它還是下跌了整整20％。隨後，在沒有絲毫牛氣的情況下，工業股在1903年再次下跌37％，這被稱為「富人恐慌」，因為在1902年債券價格下跌時，據說只有富人沒有被嚇跑。

儘管有這個例外，但如果你能記住這件富人「忘記的事」，你就能享受鐵路股和工業股大部分的牛市榮景，同

時躲過大部分股價下殺的時期。記住，由於股票很少會在債券市場沒有出現暴跌的情況就大幅下跌，所以除非債券價格先下跌，否則最好不要期待股票會下跌。1986年，隨著債券價格穩步上揚，這條規則是少數幾個通過時間考驗、對股票買家來說真正看漲的指標之一。

我第一次看到這張美麗的古老圖表，是在史丹佛商學研究所的傑克遜圖書館。它足足有 3 英尺長、18 英寸寬，它被藏在書架裡，是屬於老式綁定訂閱服務的一部分，該服務準備了幾十張圖表，並定期向訂閱用戶發送更新資料，來替換過時的圖表。

圖表 33 ● 債市與股市之間的關係：1896—1912 年

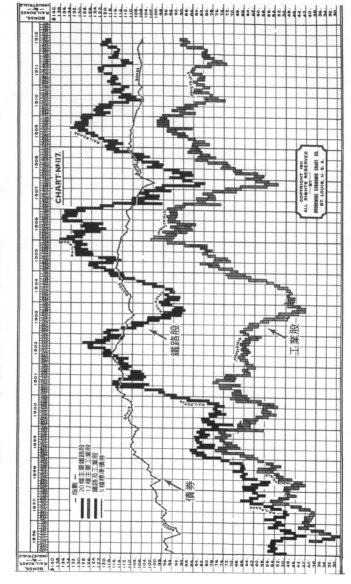

鐵路股給投資人上的一堂課

想學習怎麼避開一個很嚴重的問題嗎？這個問題可能已經讓你交了很多的學費。最近在電腦類股下跌中損失慘重的人，本來可以從十九世紀的鐵路股學到兩個教訓：一個可以讓你節省資金，另一個則是當前股市的關鍵。

鐵路股是當時成長最快速的股票，其長期前景不容置疑，就如同今天的電子股。但這並未能阻止它暴跌。投機性的熱潮過後（就像當時的鐵路或1980年代初的電子業一樣），緊跟在後的通常是嚴重的長期衰退問題。

背景：1843年，美國正從長達七年的大蕭條中復甦。在1830年代，不健全的銀行業務、過於雄心勃勃的基礎建設投資（鐵路、運河等）和猖獗的房地產投機，都為1837年的恐慌鋪好路。隨之而來的是大規模的經濟危機。股市崩潰了、城市爆發糧食騷動、商店和倉庫被洗劫一空、銀行不再承兌票據。許多鐵路都廢棄了。大家都說這是有史以來最糟糕的時期之一，堪比1870和1930年代。

繁榮：到了1843年，經濟開始復甦，大家對股票重

新燃起興趣，加上1843至1844年間，股價出現驚人的上漲（圖表中A點到B點的漲勢），這是因為這些股票之前被打壓得太低了。到了1850年，鐵路建設蓬勃發展。隨著墨西哥戰爭後的繁榮和新土地的收購，以及加州金礦的發現，美國的鐵路建設已能媲美其他所有國家的加總——從1843到1853年，股市上漲了3倍以上，似乎是全世界唯一能賺錢的市場。買方對這些成長型股票深具信心，並持續加碼。但很多人沒有意識到，鐵路產業並不總是有利可圖，它既不是一蹴可及，也無法快速致富。

蕭條期：由於供過於求，運費大幅降低，庫存開始減少，最終比1853年的頂峰暴跌了近70％。漲了十年的市場在五年內就全部打回原形。在長達五年的時間裡（圖表中的C點到D點），鐵路股都在下跌，沒有一次的漲勢能超過20％。這段艱困期削弱了它們用來擔保銀行借貸的資產價值，進而導致1857年的恐慌，當時銀行宣布全面暫停支付，就連績優股中最優秀的股票也未能倖免。

經驗教訓：大繁榮之後就是大蕭條。那些聽起來很有把握的事情往往會事與願違。但同樣重要的是，繁榮的時間越長，衰退的時間也越長。因此，對於那些目睹漫長繁榮時期的電子產品愛好者來說，請記住1850年代的鐵路股發生了什麼事：熊市可能會驚人地延續五到七年。

圖表 34 ● 鐵路股價格指數與綜合指數：1843—1862 年

（基數：1853 年對數垂直刻度）

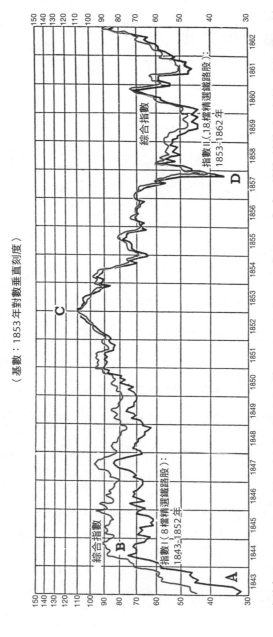

資料來源：Walter B. Smith and Arthur H. Cole, *Fluctuations in American Business Cycles, 1790–1860*, Cambridge, MA: Harvard University Press, 1935.

觀察金融市場的變與不變

在紐約證交所誕生之前的時代，金融市場曾經歷劇烈的波動嗎？當然有！但當時的歷史紀錄很模糊。倫敦是金融世界的中心，當時還沒有像道瓊這樣的指數。投資者持有的是個股，一週有六個交易日（在1950年代之前，美股在週六也會交易）。當時股票的投機性很高，很容易受到公司謠言的影響而劇烈波動。

英格蘭銀行的股價（通常只被稱為「英銀股」）是衡量時間和波動幅度的一個有用指標。它是英國的中央銀行，其功能和美國聯邦儲備系統類似，但它也會與其他規模較小的銀行直接競爭，從中創造盈利機會。雖然我們不能購買美聯儲的股票，但在當時，你卻可以購買英格蘭銀行的股票。人們購買英銀股是為了獲得安全收益和升值潛力——還有什麼比這更安全的呢？這種心態就像美國人購買拆分前的AT&T特別股，當時一家受到監管的壟斷型公用事業公司的股票似乎是世界上最安全的股票。

只不過，它還是會有劇烈的波動。這張圖表是根據

十九世紀約瑟夫‧法蘭西斯（Joseph Francis）的著作《英格蘭銀行史》（*History of the Bank of England*）繪製的。它顯示了從1732到1846年英銀股的年度高低價格。請看看1769年的紀錄：在不到兩年的時間裡，英銀股就從175英鎊的高點暴跌至105英鎊，跌幅高達40％；隔年又再上漲了47％。接著股價繼續走低，直到1781年再次以105英鎊觸底。但在接下來的十年裡，它的股價翻升了1倍以上，達到219英鎊。

你覺得這像是一場平靜祥和的金融市場野餐嗎？當然不像！我們再來看看1770年代早期的情況。當一些殖民地居民在波士頓忙著做正事的時候，另一些人則在國王陛下的船上從事恐怖主義活動，將此稱之為「茶黨」。1770年代的長期熊市反映了英國經由殖民囤積天然資源的能力已告終結。當英國失去美國時，喬治三世國王也失去了他王冠上的明珠。這顯然會招來一場大熊市。

諷刺的是，在拿破崙戰爭期間（1804至1815年），雖然市場多次反彈，但股價並沒有暴跌。有一個古老的傳說指出，1815年拿破崙在滑鐵盧戰敗之前，納坦‧羅斯柴爾德（Nathan Rothschild）透過信鴿，比其他人更早知道這個消息。隨著股價暴跌，羅斯柴爾德因此大賺一筆。但這些數據指出，這場股價崩盤和財富可能都不如羅斯柴爾

德的公關手腕那樣厲害。

　　上述種種的涵義是什麼呢？雖然電腦和金融工具之類的科技不斷演化，但在過去兩百年裡，金融市場並沒有發生真正重要的變化。瘋狂的波動、牛市、熊市、謠言和內線交易一直伴隨著我們。市場熱潮只不過是大眾心理隨著時間（或更長時間）的推移而持續著。1986年，人們普遍認為，新出現的「程式交易」將使得金融市場更加動蕩。但每當我聽到這樣的廢話時，這張圖表就會提醒我，在金融的陽光下，沒有什麼真正的新東西，只有老面孔上平添的新皺紋。

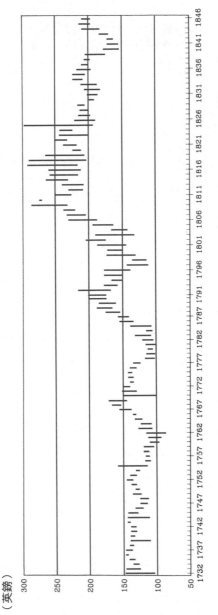

圖表 35 ▶ 英格蘭銀行的股價：1732—1846 年

（英鎊）

資料來源：Joseph H. Francis, *History of the Bank of England*, Chicago: Euclid Publishing Company, 1888.

幾個世紀以來，金融市場幾乎沒有什麼重要的消息。新的變化呢？當然有！但是賺錢和留住財富的祕訣並沒有改變。例如，你得避開那些金融狂熱現象——它幾乎如影隨形地跟著我們。

從1841年查爾斯・麥凱（Charles Mackay）的經典著作《異常流行幻象與群眾瘋狂》中，我第一次看到這種現象。它涵蓋了諸如1636年荷蘭的鬱金香狂熱、1720年法國的密西西比騙局，以及1720年英國的南海泡沫事件等諸如此類的漩渦。

有人說1720年是康德拉季耶夫「周期理論」（Kondratieff wave）的第一個高峰（請見圖表84）。本節這張從未出版過的圖表，記錄了始於1711年的南海狂熱，當時英國的財政大臣羅伯特・哈利（Robert Harley）特許成立了南海公司，任命自己為該公司的總督，並授予該公司南海貿易（基本上是太平洋）的獨家權利。沒有人能真正評估它的商業潛力。狂熱往往涉及很多無法精確描述的

現象——這就是它們具有投機性的原因。

　　南海公司是由金融人士所策劃的，相較於南海貿易，他們更喜歡股票交易。1719年，隨著股市的飆升，他們制定了一項計畫，用整個英國的國債來換取南海公司的股票——再加上更多他們想從「南海白日夢」中賺取的未來收益。議會喜歡這種不勞而獲的作法。

　　隨著騙局展開，有越來越多的人，尤其是當時普遍很富有的政界人士，購買了南海公司的股票。其他像是英格蘭銀行那檔老掉牙的股票也同步上漲（請見圖表35）。如這張圖表所示，截至五月份，英格蘭銀行的股價上漲了33％。但與此同時，南海公司的股價則飆漲了225％，從123英鎊漲到400英鎊，股票也公開發行上市。

　　隨著政界人士買進更多股票，南海公司的影響力也隨之上升，進而提升其融資規模。同時，它還獲得議會支持，允許投資者用借來的錢購買股票，進行投機操作。南海公司就像是一座金字塔，它建立在貪婪的公眾以更高的價格競逐更大規模的股票發行上。在這種群情沸騰的環境下，其他「白日夢股份公司」也應運而生，它們利用公眾的貪婪狂潮來吸金，大多數公司都缺乏健全的計畫和合格的經營管理。但在狂歡聲中，又有誰會在乎呢？

　　到了夏天，一群心懷南海夢的退休勞工，把他們的畢

生積蓄投入南海公司的股票，使得該公司的股價穩定上漲至1,000英鎊的價位。為了不讓其他新上市的公司分一杯羹，貪得無厭的南海公司說服國會，把那些未獲得皇家特許權的公司都視為是非法經營，這導致市場其他公司的股價暴跌，因為就連英國王室都不確定究竟是誰有獲得特許。

擁有特許權的南海公司一開始還老神在在，只不過，那些損失慘重的投資人（尤其是舉債投資的人），很快就發現自己必須出清大公司的股票來變現，比如南海公司和英格蘭銀行的股票。然而，南海公司本身並沒有任何真正可賺錢的業務。

到了十月，南海公司的股價跌到200英鎊；到了年底，這家曾經渴望承擔英國債務的「偉大」公司破產了，同時也拉著其他公司一起陪葬。當然，英格蘭銀行是個例外，它一直存活到現在。

這個故事告訴我們什麼呢？當你看到大家正在爭搶某種新推出的靈丹妙藥時，一定要提防市場湧現的狂熱現象。金融市場已變不出新把戲，就算有，也只是這首華爾滋的變體罷了。

圖表 36 ▶ 南海泡沫：1719 年 12 月─1720 年 10 月

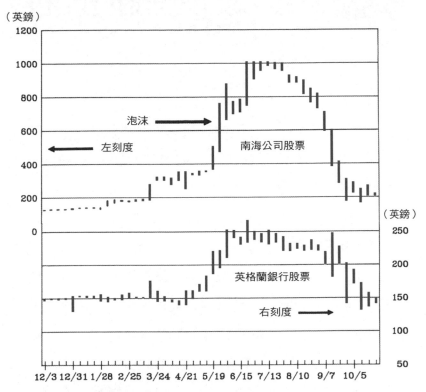

資料來源：James E. Rogers, *A History of Agriculture and Prices in England, 1703–1793*, New York: Clarendon Press, 1902.

這張圖表本身可能不像其他圖表那麼有趣，但任何研究市場的人都應該要熟悉它。它準確地指出市場從1790到1980年的主要漲跌。這張圖表來自《周期》（*Cycles*）雜誌，是由周期研究基金會（FSC）出版。

　　這張圖表最能告訴你市場何時上漲／下跌，以及哪些是最大的波動。你可以看到，從1880到1910年的很長一段時間裡，股市幾乎沒有任何方向的波動。如果你相信這張圖表的話，那麼在此期間，股市每年只上漲了2.3%。

　　另一方面，康德拉季耶夫「周期理論」的支持者（請見圖表84）喜歡指出發生在1830、1870和1920年代的三次大牛市——他們將這些具投機性的超級牛市，視為會出現在一個長達五十五年的超長經濟周期的某個特定階段之中。許多觀察人士認為，「我們現在就處於這樣的階段」。但問題是，這三個超級牛市並非唯一的大漲走勢。如【圖表34】所示，1840到1853年可能是有史以來最沒有預兆的大牛市；當然，二戰後的漲勢也讓其他所有走勢

都相形見絀。

請留意我方才說的，「如果你相信這張圖表的話……」因為我不相信。因為有很多其他的紀錄可以確認股票的漲跌時間，所以我們可以對這張圖表所顯示的漲跌時間抱以相當的信心。但我不相信這張圖表中「前一百年市場漲跌幅度」的準確性——早期保存的紀錄不足以建構真正有用的股市指數。

周期研究基金會是一個受人尊敬的專業組織，它盡了最大的努力，把五個不同、在某些方面還不夠充分的指數拼接在一起，製作出這張圖表。第一個指數是 1790 和 1831 年的銀行和保險指數。顯然，這個指數還沒有涵蓋其他類型的股票；克里夫蘭鐵路信託股票指數（Cleveland Trust Rail Stock Index）也是如此，該指數在 1831 至 1854 年被採用；1854 到 1871 年是採用克萊門特·伯吉斯綜合指數（Clement Burgess Composite Index）；至於 1871 到 1897 年是採用考爾斯工業股票指數（Cowles Index of Industrial stocks）。

就正確衡量重大波動幅度的能力而言，除了最後一個指數，其他所有指標都多少會令人懷疑。直到 1897 年之後，從道瓊指數開始，這張圖表才完全能與我們現在所看到的市場相媲美。

因此，如果你相信這張圖表的變動幅度，那麼在整個一百九十年中，股票每年僅增長3％。當然，這並沒有考慮到股息和各種指數的不精確性。相比之下，道瓊指數自1920年代中期以來，每年僅增長約3.5％，遠低於伊伯森和辛奎菲德（Ibbotson/Sinquefield）及費雪和羅利（Fisher/Lorie）等學者研究紀錄的9.5％回報率（請見圖表12），其中包括股息和紐約證交所的所有股票。

現在我想說的是

　費雪和羅利已充分說明了「為什麼道瓊指數的長期數據並不準確」。

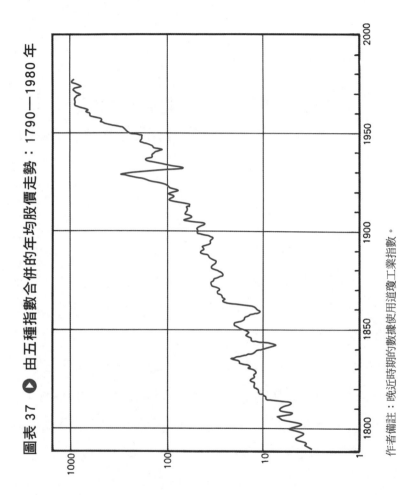

圖表 37 ● 由五種指數合併的年均股價走勢：1790—1980 年

作者備註：晚近時期的數據使用道瓊工業指數。

資料來源：Copyright © 1978 Foundation for the Sudy of Cycles, 124 S. Highland Ave., Pittsburgh, PA 15206.

你的投資績效勝過大盤嗎？

　　請思考以下這個案例：莫里斯叔叔在1949年12月去世時，留下了一筆25萬英鎊的免稅信託基金給你，並由你的父親擔任受託人。

　　1975年，你年滿三十五歲，根據信託的規定，這筆錢就是你的了。只不過，在爸爸受託這筆錢的那幾年，他把錢交給了一家資產管理公司，你想知道那家公司是否真的有幫你好好管理這筆錢，具體來說，就是在這二十六年的時間裡，你的信託基金績效究竟有沒有跑贏市場？要怎麼才能知道呢？

　　計算信託基金的回報率是很容易的。只要拿起財務計算機，將其設定成複利模式。輸入25萬元的起始值作為「現值」（present value），再輸入你實際收到的金額作為「終值」（future value）。最後輸入「26」作為年數的N，然後按下「ans」和「i」，就會出現「複合年收益率」（不同的計算機，按鍵標記會略有不同）。

　　比較難弄清楚的部分，是確切計算出市場的平均回

報——你必須根據市場這段時間的回報率來跟你的信託基金績效做比較。或許你已經看過許多近年來的統計數據，但仍然無法精確地抓出一段特定、歷史久遠的市場回報率。此時該怎麼做呢？

本節的圖表來自芝加哥大學的勞倫斯・費雪（Lawrence Fisher）和他的助手詹姆斯・羅利（James Lorie）的一本書。他們研究了紐約證交所自1926年以來的年均回報率，包括股息和股價增值，並用一種簡明易懂的表格形式列出了結果。

這張圖表的呈現方式類似於一組台階，隨著頁面右移而下降。在第五階的最右側，你會看到「12/49」，它代表的是「1949年12月」——也就是這個案例中，你父親把錢交給資產管理公司的那個月（你也可以在圖表左側的縱軸找到這組數字）。

接著再往下走，在最底部的台階上你可以看到「12/75」，它代表的是「1975年12月」——如果你找到「12/75這一行」和「12/49這一列」的交會點，你會看到「11.2」這個數字，這意味著從1949年12月到1975年12月，紐約證交所提供的年均回報率為11.2％。這就是你需要的數字——如果你父親找的資產管理公司，在扣除管理費用後的績效比這個數字更好，那就代表他們確實幫你賺

到夠多的錢。

很多人都需要這張圖表。你可以在各大圖書館中找到費雪和羅利的書《股票和債券半世紀來的回報》（*A Half Century of Returns on Stocks and Bonds*）。它還收錄了其他好用的圖表，比如展示長、短期國庫券特定期別回報率的系列。

費雪和羅利的書能讓你看到基於不同稅率假設的股票或國庫券的回報，你可以根據自己的稅務狀況去選擇特定期別的投資工具。或者，如果你想靠股息或利息來生活，它也可以假設收入沒有再投資，讓你看到價格上漲後的回報。希望不久就有人更新這張圖表的資料，將數據擴展至當前的年份。

圖表 38 ● 紐約證交所的年均回報率：1925—1976 年

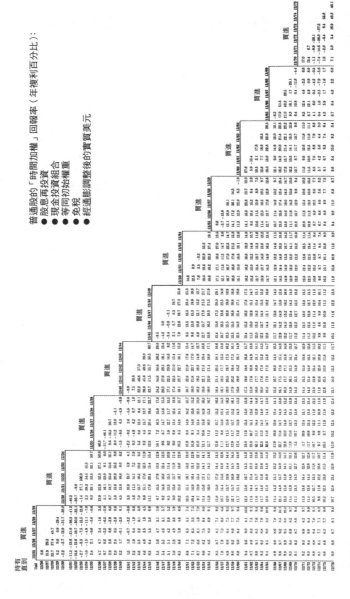

普通股的「時間加權」回報率（年複利百分比）：
● 股息再投資
● 現金投資組合
● 等同初始權重
● 免稅
● 經通膨調整後的實質美元

資料來源：Lawrence Fisher and James H. Lorie, *A Half Century of Return on Stocks and Bonds*, Chicago: University of Chicago Press, 1977.

賺到100萬美元的兩種方法

　　你真的想變得富有嗎？你並不孤單。雖然「美國夢」對大多數人來說就像是中彩票一樣的幻覺，但事實並非如此。有一種方法（非一夜暴富）——只要利用複利的力量，幾乎任何人都能在退休時累積100萬美元的財富。但前提是，你必須做適度的儲蓄與合理的投資。

　　本節的圖表展示了兩種累積100萬美元的方法。一種是一次性的，另一種則是定期性的。第一個例子假設你今年三十歲，個人免稅的退休帳戶上有1萬美元。如果你能讓你的投資以每年平均15％的速度增長（令人側目，但並非不可能），那麼當你六十五歲時，你將會擁有130萬美元。驚訝嗎？這就是複利令人敬畏的力量。

　　但如果你沒有1萬美元怎麼辦？第二張圖表假設你今年三十歲，此後每年在個人退休帳戶裡存入1,000美元。這筆錢每年也都以15％的速度增長。那麼到了六十五歲時，你將擁有100多萬美元。這真的可以辦到嗎？我認為可以，但這也牽設到一些假設。15％並不是不可能——標

普500指數過去十年的報酬率就高於這個數字。只不過，這個例子並未計入通貨膨脹。如果通膨率平均每年為4％，那麼你就需要每年19％（15＋4）才能累積百萬美元的實際購買力。這樣門檻又變得更高了，但同樣並非不可能——過去十年，有多達三十檔共同基金的增長速度都超過這個數字。

就算你認為這不可能辦到，你也不妨再想想，還有另一種更明顯（但圖表沒有告訴你）的做法：你可以試著結合前述兩種方法，並提前幾年開始進行。如果你從二十五歲開始，每年都在個人退休帳戶裡存進2,000美元（很多人都這麼做），到你三十歲的時候，你就已經攢了1萬美元。如果你持續每年都再存入2,000美元，而且所有投入的錢都以每年15％的速度增長，那麼到了六十五歲的時候，你就能攢下驚人的400萬美元。換句話說，想賺到區區100萬美元，你只需要獲得10％的年回報率，這可不算是太犯規的目標——在過去六十年裡，紐約證交所的股票平均表現就已達到了這個水準（請見圖表12）。

所以，幾乎每個美國人都可以成為百萬富翁。如果我們都能為自己的未來做個別的規劃，年輕的一代就不必擔心社會保險制度破產了。當然，這個結論是假設稅法會繼續允許我們在個人退休帳戶和其他稅務遞延退休／養老

金計畫中，進行免稅投資。讓我們祈禱政客們不要把這種「避稅」手法從我們身上剝奪掉，因為如果他們這樣做了，成為百萬富翁的美國夢，就會被打回原形，庸庸碌碌的人們只能每天做著白日夢。

現在我想說的是

　　如今，由於美國個人退休帳戶（IRA）的提撥限額提高了，要賺到 100 萬美元也變得更容易。所以你更應該把錢存進去，讓它發揮複利作用！那些沒有成為百萬富翁的退休人士，都是在本書二十年前剛出版時錯過了它。我想說的另一件事是，現在的 100 萬並不像二十年前那麼多了，但同樣的原則至今仍完全適用。

圖表 39 ▶ 複利力量的兩個例子

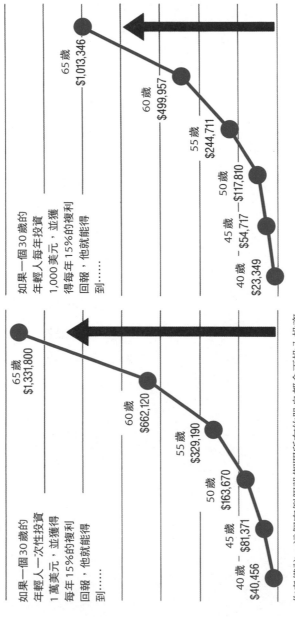

如果一個30歲的
年輕人一次性投資
1萬美元，並獲得
每年15%的複利
回報，他就能得
到……

65歲
$1,331,800

60歲
$662,120

55歲
$329,190

50歲
$163,670

45歲 $81,371

40歲 $40,456

如果一個30歲的
年輕人每年投資
1,000美元，並獲
得每年15%的複利
回報，他就能得
到……

65歲
$1,013,346

60歲
$499,957

55歲
$244,711

50歲 $117,810

45歲 $54,717

40歲
$23,349

資料來源：Reprinted from *U.S. News & World Report*, Copyright © 1968, U.S. News & World Report, Inc.

作者備註：這個案例假設期間所有的股息都會再投入投資。

全面理解：利率、商品價格、房地產和通貨膨脹

即便我是經濟學的本科生，我也很難掌握利率。它總是顯得神祕莫測。利率究竟是因？還是果？經濟學教授們似乎合謀著把這門課弄得很複雜。但是，利率只不過是你「租用金錢」所支付的費用，也就是貨幣的價格——如果你這麼想的話，它與其它任何東西的價格並沒有太大的區別。推動其他價格上漲的同一種現象，也會推動利率上漲。在本書的第二部分中，你不僅會學到利率，還會學到許多其他價格，比如商品價格、批發價格、房地產價格和通貨膨脹等。

利率變動 ✍

　　將資訊圖像化的好處之一，就是能讓你一眼看出別人花好幾年才學會的東西。首先，你會看到長期和短期利率傾向於同時上升和下降，但幅度卻不一樣。短期利率，比如90天期國庫券的利率，往往比30年期國庫券的利率波動更大。當你理解金融市場的情緒化程度時，這就說得通了。華爾街有一種獨特的、歇斯底里的思維方式——它認為世界明天就會毀滅，但從長遠來看則會完全復甦；幾年後，它又相信不久的將來會很美好，但從長遠來看，情況仍然很糟糕。

　　此外，你會看到短期利率通常比長期利率低，因為長期的基本面風險更大。然後你會發現，長期和短期利率之間的利差是經濟活力的晴雨表。當短期利率遠低於長期利率時，經濟是相當健康的；而當兩種利率接近時，就代表風險已然增大。其美妙之處在於，你可以透過一張圖表和一個簡單的故事快速瞭解所有這些事。

　　這些圖表還會說明更多事。你會學到重要的一課：利率在整個西方世界都是一起上下波動的，大宗商品價格和通膨也是如此，包括法國、德國、瑞士、英國、比利時、荷蘭，還有美國都是如此。你會看到所有這些國家的利率

無不一起上下波動。這是因為自從資本主義誕生以來，我們便一直生活在一個相互交織影響的經濟世界，這與經濟學教我們的剛好相反。

　　諷刺的是，經濟理論在很大程度上是由凱因斯主義（Keynesian）和貨幣主義經濟學家們所主導的，他們都相信，「我們可以改變自身的經濟，並獲得比世界各地正在發生的情況要好得多的結果」。你在前面的章節看到了，這對股票來說是不正確的。在本書的第二部分，你會看到這些論調對一般的利率或商品價格來說也是不正確的。

關於利率的其他教訓 ✍

　　除此之外，你還會瞭解到利率與經濟成長、企業獲利能力之間的密切關係及原因。你會發現它們是如此緊密地聯繫在一起，你可以透過觀察利率的趨勢來看清大多數經濟學家對收益的預測。雖然批評者說，只要使用「通靈板」就能猜中大部分的經濟學家在想什麼，但這並不能否定利率和收益之間聯繫的有效性。例如，假設你想預測石油價格——專業人士在這方面做得很糟糕，平均而言，他們都未能準確預測所有大幅的油價漲跌。正如你將在【圖表44】中看到的，油價與利率變動密切相關，只要關注利率

走向，你就能正確地掌握油價的主要趨勢。

另外，你還會瞭解到，高利率並不是什麼新現象（這與你一直以來的想法相反）。多數人都認為，在二戰之前，利率一直很低，但隨著經濟管理不善，利率開始穩步上升。在一項我對投資者進行的調查中，95％以上的投資者似乎相信，十九世紀美國的利率平均為每年1％到3％之間，但事實遠非如此。正如你將在【圖表45】中看到的，短期利率很少會低於5％，經常是高達10％。有幾次（當國家處於和平狀態時），利率還曾高達20％和25％。為什麼呢？因為在那個時代，美國是一個類似於第三世界的國家，由於風險很高，它需要極高的利率來吸引歐洲的資本。

相較之下，當時的英國就像現在的美國一樣，是世界經濟穩定的堡壘。所以英國人借錢的成本比其他國家的人都低。但是，在【圖表46】中，你可以看到一個有趣的圖表，它把這些經驗教訓串聯在一起。那張圖表顯示，從1860年以來，英國和美國的利率就已相互掛勾，隨著英國經濟這艘大船在整個世紀逐漸搖搖欲墜，相對於美國經濟這艘大船的崛起，英國的借貸成本就越來越高了。

事實上，如果不瞭解英格蘭在十八、十九世紀是如何主導經濟世界的，就不可能縝密地理解今天的經濟學。在看到美國利率的波動之後，你可以從【圖表47】中瞭解到

英國有多麼強大——在經歷革命、拿破崙戰爭、大規模工業化、第一次世界大戰等各種災難中，英國的統治力和穩定的資金成本皆占據主導地位。

通貨膨脹的作用 ✍

　　利率並非於真空狀態中存在。如果「利率」是主導華爾街之舞的一項因素，那麼另一項能影響市場漲跌的因素，便是「通貨膨脹」和「大宗商品價格」。利率的上升和下降往往會與通膨的上升和下降一致。

　　大多數人對通膨歷史的瞭解，就像他們對利率的瞭解一樣少。他們通常認為通膨是一個現代事件，通膨下的價格只會上漲，不會再次陷入通貨緊縮。但事實上，通膨已經來來去去很多回了。在【圖表51】中，你會看到批發價格（賣給生產者的商品）在截至1950年的兩百年裡，已經歷過五個主要階段的起伏。然後，在【圖表49】和【圖表54】中，你會看到這些起伏只不過是通膨在全球持續發威的一部分罷了。

　　通膨的歷史可追溯得更久遠。【圖表50】將讓你看到英國自1300年以來的通膨起伏，這是唯一一個有如此長的歷史紀錄可以讓我們研究的國家。在五十年到一百年的

時間裡，通膨持續飆升，隨後逐漸減弱、消退。這些劇烈的波動掩蓋了通膨真正的長期趨勢，在美國和世界各地，實際的通膨率可能低得超出你的想像，但過程中卻出現許多跟劇烈通膨有關的問題。

探索我們自己的通膨歷史是很有趣的（請見圖表52）。從圖像上看，自1900年以來似乎出現了許多次的通膨，但你的財務計算機能幫助你正確看待這一點。因為自1790年以來，通膨率平均每年僅為1％；自1900年以來平均每年僅為3％。可怕的是，3％的通膨在八十年內產生了超過10倍的增長。如果這個速度再持續八年，現在一輛1萬美元的車可能要花你的孫子12萬美元，一般的房子都要花數百萬美元才買得到。天哪！

嚴格看待房地產和大宗商品 ✍

在人們心目中，房地產和通貨膨脹是息息相關的，情況的確可能是如此，正如你會在這些圖表中看到的，房地產充其量是一種用來抗通膨的工具（也許還能避稅）。在最壞的情況下，房地產也是一種欺騙自己投資的好方法。但與主流觀點相反的是，房地產一直是一種糟糕的投資，因為從長期來看，房地產幾乎跟不上通膨的速度，有時甚

至會落後通膨幾十年。

如果將房地產的長期收益與股票進行比較，你就會發現房地產的表現非常差。如果你購買的是未經開發的土地，情況還會更糟，因為它會遠遠落後給通膨；購買成屋的表現會比土地好，但同樣無法追上通膨。事實上，直到最近幾十年，房地產才被視為是一種「投資」。在此之前，房地產被視為是一種最長期的消費支出形式。

那麼，為什麼每個人都認為房地產會這麼賺錢呢？因為人們忘記了，他們投資房地產的大部分收益，都來自少數幾個房價快速上漲的時期，加上最大化槓桿的結果。當你買房時，通常你每拿出1美元，就得借入4美元。因此，如果房價上漲10％，就相當於賺了50％。雖然你可以透過借貸來增加你的潛在利潤，但同時也會增加自己的風險。人們已經忘了房地產的風險，這要歸咎於二戰結束後，通膨所帶動的經濟繁榮。而這些圖表將帶你回顧那些房地產價格低迷的時期，讓你對未來的現實預期做好準備。

接著，請再看看大宗商品的價格，因為當大宗商品的價格疲軟時，通膨和房地產價格很少會上揚。在【圖表56】中，你將瞭解到商品價格有多麼疲軟。所以，如果你想購買房地產，你可能得等到大宗商品走強了再出手，因

為就像房地產是對沖通膨的工具一樣，大宗商品的價格也是如此。

對大多數人來說，黃金是終極的通膨對沖工具。但你將從【圖表57】中瞭解到，黃金對沖通膨的優勢時有時無，這讓那些長期持有黃金的人都失望了。除了少數幾年的某些時期之外，黃金並沒有跟上通膨或其他因素的步伐。多數的主要商品都是如此。在沒有大量通膨推動它們走高的情況下，你最好要避開這些所謂的通膨對沖工具。

從長期來看，通膨只是反映出各國政府過度印鈔票的程度。大宗商品、房地產和貨幣的本質都一樣（藉由通膨和利率的作用），它們在定價上大致是連動的。

歷史上，通膨往往出現在戰爭期間。有些人認為戰爭對經濟有好處。戰爭可能對投機者有利，他們可以從【圖表55】中瞭解到，商品價格在戰爭前和戰爭期間是如何飆升的，以及在戰爭結束後的幾年是如何下跌的。只不過，戰爭對經濟並非有利無弊——沒有確切的證據指出戰爭有益於經濟，但卻有很多證據指出戰爭是有害的。戰爭會造成短期的物資短缺和混亂，從而推高物價，造成經濟亂流。

因此，若想避免通膨、高利率和大宗商品價格的波動，第一步就是要避免戰爭。至於第二步，則是要從政府

手中奪走印鈔票的權力。當你讀完這個部分，你不需要任何提示，就能理解嚴格的金本位制的優點，它可以避免通膨引發的繁榮及蕭條周期，就像英國長期引領全球經濟期間所成功做到的那樣。

作者備註：2007 年 ✍

　　這裡我要提出的新想法，主要與觀點有關。在 1987年，高利率似乎已成為無可避免的局勢。我成年之後的利率都很高——為什麼這不會成為這個世界的常態呢？

　　從更長遠的角度看，我可以看出現今的利率並不是異常地低（儘管現在的利率處於史上低點）。由於全球糟糕的貨幣政策，使得 1970 和 1980 年代的利率高得驚人。但現今的央行官員們擁有巨大的、即時可得的資訊優勢，而這在過去是很缺乏的，加上經驗也豐富得多。他們可以用前輩們無法做到的方式來學習和檢驗理論，而且當他們犯錯時，他們可以更快地做出反應，因此，與過去的錯誤政策相比，他們所犯最糟糕的錯誤也不算太嚴重。但在1987 年，我無法想像科技的演進能夠讓世界各國的央行官員間達到更好的溝通與合作。

　　在某種意義上，這個新觀點也可以套用在過去我對戰

爭與通膨之間的評論上。在過去幾十年裡，戰爭與通膨有極大的關聯。但現在的情勢已非如此。有三個因素大幅消除了這種關聯性。

　　首先，主要國家之間的通膨已成為全球相關的問題。因此，一個主要國家的通膨率會隨著其他國家的通膨而上下起伏，其通膨成本在一定程度上也會受到其他貿易國家的補貼。這一點在歐元區表現得最明顯——每個歐元國的通膨都與其他成員國直接相關；第二，蘇聯的解體終結了冷戰，也終結了爆發戰爭的潛在規模。相對於 GDP 和全球股市的規模，今天的戰爭比過去的戰爭要小得多。

　　第三，隨著更快、更便宜的半導體、雷射、光學，以及無線通訊等科技的發展，戰爭的範圍改變了。我們不再需要投入大量的時間、人力與彈藥裝備去參與戰鬥。今天，我們擁有精準的雷射導引炸彈、夜視裝備等，這使得美國有能力在幾周內以極低的傷亡率推翻阿富汗，甚至是伊拉克（當時它號稱擁有世界第四強的軍隊）這樣的國家。而且與過去的戰爭相比，花費也不大。隨著戰爭的整體範圍轉移到科技和速度上，相對於經濟和市場而言，成本已經下降。例如，以「伊拉克戰爭」這項持續性開支來說，在 2006 年估算為 870 億美元，但這只占美國 GDP 的 0.7%。而且，由於今天的通膨比過去更具全球性，我們

必須記住，2006年的870億美元僅是全球GDP 1%的十分之二——幾乎微乎其微，因此毫無潛在的壓力去印更多的鈔票而引發通膨。

除此之外，我二十年前的許多觀點，都受到了自身經驗和預期的影響，亦即「利率和通膨會維持在相對較高的水平」。由於通膨一直都很溫和，短期和長期的利率也是如此——但這是否意味著美聯儲或其他國家的央行今後不會犯下愚蠢的錯誤呢？錯！新興市場的央行官員們仍然會犯錯，但平均而言，隨著時間的推移，央行官員們會不斷變得更好，就像我第一次寫這本書時一樣，也像他們在過去二十年所做的事一樣。

還有一點：考量到過去幾年的房地產熱潮，本書所收錄的房地產相關圖表可謂恰逢其時。人們普遍認為，2007年是房地產泡沫時期。但我並不這麼認為。因為只有破裂很久之後的泡沫，才會被稱為「泡沫」，然而此時的經濟崩潰已在進行中。

最重要的是，泡沫往往被人們稱作是「新典範」，而且「這次不一樣」，人們因此會異常興奮，而這顯然不是我們在2006和2007年所經歷的事——恐懼一直都在。此外，房地產是非常在地化的產物。當邁阿密的房價下跌時，舊金山的房價可能正在飆升。而且你很難想像，當利

率以任何歷史標準去衡量都還算是溫和時，房地產市場會出現真正的下滑。就像今天的人們已忘記過去幾年的借貸狀況有多熱絡，並假定只要流動性有所下降，都會導致「泡沫破裂」。拋開泡沫不談，與股票相比，房地產仍然是一項糟糕的長期投資，若缺乏流動性的話更是如此！槓桿會製造出「超額回報」的假象。

　　現在，就讓我們一起看下去吧！

圖表40 利率大洗牌教會我們的事

　　這張圖表涵蓋了美國二十五年的短期和長期利率，1974年它就放在我的辦公桌上，那一年是美國戰後迄今為止最嚴重的經濟衰退。

　　從圖表中我們可以得到幾個簡單的教訓。首先，短期和長期利率通常會在同一時間朝同一方向移動。請看看1953或1957年，它們幾乎同時達到頂峰。1970年，短期利率則比長期利率早幾個月達到頂峰。在這種情況下，短期利率向投資者發出了長期利率未來可能走向的警告（請見圖表42）。但是1973年呢？短期利率見頂，然後下降，接著再次上升，到了1974年底，利率仍在攀升。

　　沒有什麼是完美的，但這張圖表的不完美也顯示了另一個不完美的規則——當利率連續數月大幅下降時，經濟往往會非常疲弱。圖表中的陰影區域代表美國全國經濟研究所（NBER，美國官方負責記錄經濟衰退的機構）衡量的經濟衰退時期。你可以看到，除了1966年，每次當利率暴跌時，經濟都剛剛開始衰退。

1974年底，面對經濟懸崖，福特（Gerald Ford）總統及他的團隊主張緊縮銀根，以「立即遏制通膨」——還記得W.I.N（Whip Inflation Now，福特打擊通膨的競選口號）的按鈕嗎？福特還讓我們在已經搖搖欲墜的經濟周期中進一步下墜。1973年，當短期利率攀升到「頂峰」時，他本來可以注意到這個明確的警訊，但他並沒有。如果福特當時知道自己在做什麼，而不是採用錯誤的政策，那麼1974年的情況可能就不會那麼糟糕了。

　　事實證明，1973年底實際上是經濟衰退的開始（NBER並未在這張圖表上標註）。從1974年底開始，利率就像在經濟衰退期間會發生的那樣下降。在這種情況下，如果你遵循「短期利率見頂會導致經濟衰退」的規則，就能正確地指引自己——在經歷短暫的波折之後，利率就會回落。

　　從這張圖表中可以學到的其他教訓是：短期利率的波動往往比長期利率來得更大，同時會保持在比長期利率低的水準。這是因為貸款的期限越長，風險就越高，因此貸款機構會對較長期的貸款收取更高的利率。因此，另一個多年來被證明有效的警訊就是，「當波動性更大的短期利率接近或超過長期利率時，你就要當心了。」

　　這些教訓跟1986年底的環境有什麼關係呢？從1985

到1986年的利率下降會告訴你「經濟比政府公布的數據還要弱」，但由於6%的短期利率比長期利率低2到3個百分點，這些指標也告訴你「沒有什麼好擔心的」。

現在我想說的是

1980 年代末，我們剛剛從歷史高點的利率中恢復過來。我們不太可能看到利率像 1970 到 1980 年代中期那樣高，因為擁有更多經驗和更多即時資訊的各國央行，不太可能像過去一樣犯下重大的政策錯誤。我對短期和長期利率的看法，在《投資最重要的 3 個問題》一書的第二和第六章中有大量更新。失控的通膨源自於央行採取了糟糕的政策，而聯準會最近三任主席在管理貨幣供給和通膨方面都比他們的前任做得更好了。

圖表 40 ◉ 美國長期利率與短期利率：1950—1975 年

每日數字的月平均值

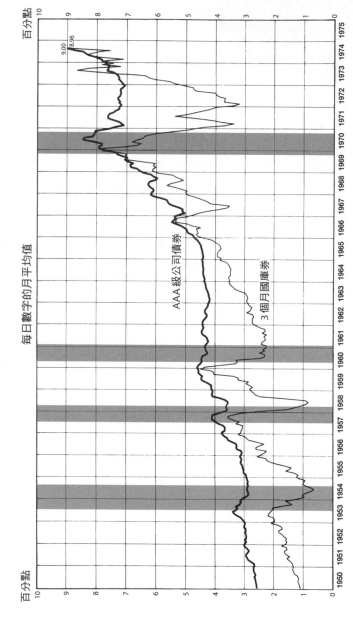

百分點

AAA級公司債券

3個月國庫券

*陰影區域代表「美國全國經濟研究所」定義的商業衰退時期。

資料來源：Federal Reserve Bank of St. Louis.

這張圖表揭示了一個大多數經濟學家都拒絕承認的祕密：我們生活在全球經濟體系之中，無法逃避國界之外正在發生的事情。

　　圖表中顯示四個西方國家二十年來的長期利率。請注意，沒有一個國家能避開主要的利率高峰，例如1970或1974年。主要波谷也幾乎在同一時間發生。當一個國家的利率上升時，其他國家的利率也會上升；當利率下降時，所有國家的利率也會隨之下降。

　　雖然有人會認為，某個國家可以逆勢而行，但這種情況很罕見，通常只能隨波逐流。經濟學家被其政治思維嚴重誤導，因此傾向認為「我們可以控制自己的命運，而不是追隨其他國家的命運」。政客們則大談經濟孤立主義和他們自己的處方。畢竟，無論潮流如何蜿蜒曲折，誰會把票投給一個不承認自己有能力駕馭船隻的船長呢？

　　但在經濟問題上，歷史的宿命顯示，「其實我們都在同一條船上」。雖然雷根（Ronald Reagan）總統因控制最

近的通膨和高利率而受到讚揚，但這些成果並不是因為他的主導而產生的──他也是在隨波逐流。與此同時，幾乎沒有人把目光投向海外，看出這些發展其實正在全球各地發生。

情況永遠都是如此。請注意【圖表51】和【圖表57】中，1920年代和十九世紀的商品及批發價格圖表。即使美國的GDP中只有一小部分是由對外貿易所貢獻，我們也無法置身事外。

我們能從中得到的教訓是：你必須經常關注那些海外正在發生的事情，並據此對你認為會發生在本國的事情進行交叉檢驗。

1986年，隨著大多數西方國家的利率下降，美國升息的壓力可能很小，而降息的空間卻很大，這就是為什麼股票和債券市場持續繁榮的原因。

這張圖表來自1981年10月聖路易斯聯邦準備銀行的月報。該機構是經濟數據的最佳來源之一。愛好圖表的人也會喜歡他們的《國際金融統計》(*International Financial Statistics*)和《美國金融數據》(*U.S. Financial Data*)，這些資訊都可以透過書面申請來免費訂閱。

現在我想說的是

　　現在依然是如此！這個世界遠比人們想像的更為相關，而且一直是如此，事實上，它仍在變得更加相關。

圖表 41 ▶ 美國與英國、德國、瑞士的長期利率：
1960—1980 年

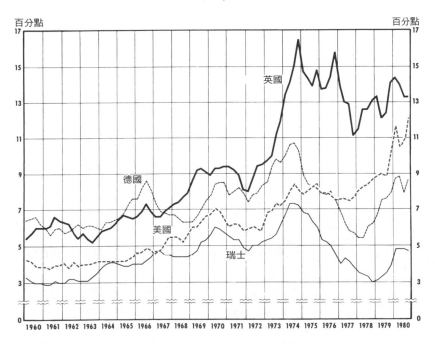

資料來源：Federal Reserve Bank of St. Louis, October 1981.

與前一張圖表一樣，你可以從這張圖表上看到不同國家在金融事件發生後的同步變化。這次你看到的是利率和現金殖利率（股利率），以及它們在四個歐洲國家是如何聯繫在一起的。

　　我們先來看利率（下圖）。圖表中的債券是這些國家中品質最高的長期政府債券。不同國家的利率會同時上下移動。它們之間似乎有某種聯繫。1957年，除了英國之外，所有國家的利率都達到了頂峰。在此之後，英國的利率幾乎沒有上升過。隨後利率開始下降，直到1959年，這四個國家的利率都同時觸底。

　　然而，也有一些變化發生。1960到1962年期間出現了一些波動。德國和英國的利率出現類似的走勢，但與比利時和荷蘭又有些不同。只不過，從1963年開始，它們的步調又趨於一致了。

　　如果這還不能說服你，那麼就再看看股票的股息收益率吧（上圖）。除了德國的股息收益率比其他三個國家早

一年於1958年達到最高峰、荷蘭（1960年）和比利時（1961年）沒有跟著上升外，這些國家的股息收益率幾乎每一年都同進同退。

這裡要傳遞的訊息，與前述大多數主要經濟體具有相互交織的本質並無二致。但你可以在這些圖表中看到一些簡單的教訓——它們都是跟這個主題有關的案例研究，可以磨練你在華爾街生存的智慧。

首先最明顯的是，這種經濟體的連動性會牽涉到許多事件。如果一個國家做出政策上的改變，它將不得不與其他各國競爭，無論這種改變是否涉及到利率、股利率、股價、貨幣、大宗商品、房地產等等，事情會沒完沒了。

再者，這張圖表是「走勢分歧」的經典案例。請看看1957年的股息收益率（上圖）。德國的走勢顯示，當其他三個國家的收益率仍在上升，而德國的收益率卻在下降時，它就是值得你觀察的關鍵國家——要麼德國的收益率會回升，要麼其他國家的收益率很快就會下降。德國與其他國家步調不一致的時間越長，其他國家就越有可能向下移動。事情就是這樣發生的。

同樣的現象也發生在1961年，當時比利時的股息收益率下降，而其他國家收益率卻在上升。要麼其他國家的收益率很快就會下降，或者比利時的收益率會反轉回升。

在這個地方，比利時也是一個警訊──透過打破既有趨勢並持續下去，它能警告你未來可能的方向。

當然，分歧並不總是有意義的。通常，一個國家的走勢會在短期內與其他國家背離，然侯又恢復到一致的方向。也有的時候，一個國家會在很長一段時間中偏離正軌，特別是當該國的情勢陷入混亂時。因此，請記住，分歧並不一定會發生，但它卻是一個強而有力的警告。

你可以在倫敦的《金融時報》上看到歐洲利率，也可以在《華爾街日報》和《巴倫周刊》上看到部分的資訊。你得關注這些資訊，並且小心謹慎。

圖表 42 ▶ 歐洲四國的股息收益率和債券利率：1955—1965 年

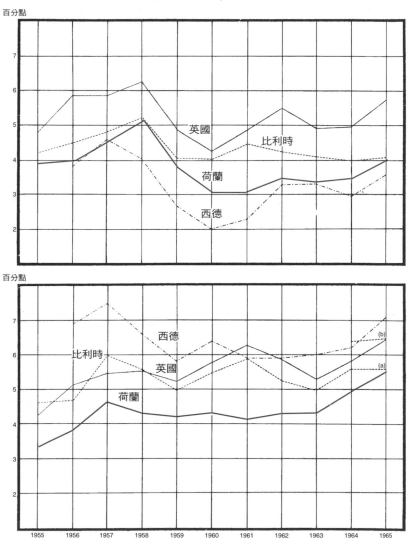

資料來源：*Capital Markets in Europe*. Economic Research Group, Midland Bank, London.

圖表43 收益、利率和股市裡的蛇

　　這條「蛇」（編按：意指圖表中的線型）描繪了未來幾年股票和債券的一個基本權衡——這張圖表顯示了優質公司債券的平均利率與標普400指數所代表的公司收益成長率的對比。這是企業透過利潤增長獲得資金的能力和透過貸款獲得資金的成本之間的權衡。

　　圖表中的利率刻度在左側；右側則是收益增長規模。正如你看到的，利率和收益增長率是緊密相關的。當收益增長迅速時，通常是在經濟快速擴張的後期，利率就會很高；隨著利率的下降，收益的增長率也在下降。

　　這意味著，如果這種歷史關係持續下去，利率持續下降，那麼收益增長率可能也會下降。如果收益無法快速增長，那麼股市就會出現問題了。為什麼呢？截至我撰寫本文時，道瓊指數約為2,100點，隱含收益約為115美元。這意味著本益比為18倍。根據【圖表01】的本益比顯示，18倍的本益比正好是處於歷史高點。

　　你要怎麼證明高本益比是合理的呢？讓我們把問題簡

化：假設本益比（P/E）為20倍，將其倒置得到E/P，即收益除以價格，則為1/20或5％。你可以把它想成是擁有一家企業或一檔股票的收益率，直接相當於債券的利息收益率（請見圖表04）。如果股票收益率低於債券收益率，那麼購買股票就沒有什麼意義，除非盈利增長足以使未來幾年的平均收益率高於債券收益率。畢竟，債券是預先支付的，而股票的大部分收益會被再投資到企業中，而且債券的基本面風險比股票還要小。

因此，道瓊指數18倍的本益比是1/18，即5.6％收益率，而債券目前的利息收益率為8.5％。除非股票的收益飆升，否則債券利率必須下降3個百分點或更多，投資股票才算是一筆好交易。如果債券利率下降，但只是小幅下降，那麼股票收益仍必須上升，才能證明道瓊指數達到2,100點是合理的。

但這條「蛇」說，隨著債券利率下降，股票收益增長的前景也會下降。這條蛇預測，8％的債券收益率將帶來5.5％的股票收益增長，這意味著道瓊指數的收益可能在三年內從115美元上升到121美元。在2,100點時，道瓊指數的本益比將達到17.3倍（2,100除以121）——這意味著收益率僅為5.8％（1除以17.3），相對於收益率為8.5％的債券而言，這還是太低了。

因此，根據那條蛇的理論，債券利率必須一路降至6%以下，這是一個很大的跌幅，然後才會轉向股市。如果債券收益率達到5.5%，將是一個與股市收益率相對等的誘因。然後，這條蛇預測了4%的年收益增長，這使得道瓊指數在三年後的收益僅為129美元，屆時其收益率將開始上升，但6.1%的收益僅略高於債券。

　　這就是未來幾年收益、利率和股市之間的權衡：一條真正潛伏在草叢中的蛇。

現在我想說的是

　　2007年，我們經歷了歷史上絕無僅有的事──從2002年開始，全球收益率（E/P，或本益比的倒數）就一直高於債券收益率。這種情況已經持續了很長一段時間，公司的執行長們已經學會藉由低成本的借貸、回購自家公司的股票或透過收購競爭對手來提高收益、提振股票表現（請參見我對圖表04和30的新評論）。

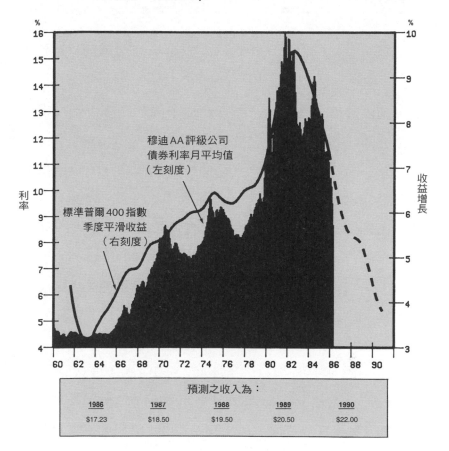

図表 43 ▶ 標普 400 指數收益與 AA 評級債券利率的比較：
1960—1986 年

預測之收入為：				
1986	1987	1988	1989	1990
$17.23	$18.50	$19.50	$20.50	$22.00

資料來源：The above chart is reprinted from "Investment Strategy
Quarterly" by permission of Merrill Lynch, Pierce, Fenner
& Smith Incorporated. Copyright © 1986 Merrill Lynch,
Pierce, Fenner & Smith Incorporated.

圖表44 油價、利率與通膨的關係

油價會持續暴跌嗎？利率會再下降嗎？要找到答案，請密切關注利率和石油之間的關係。

到目前為止，它們一直都保持著緊密的關係。這張圖表在結構上很像「那條蛇」（請見圖表43）。它記錄了自石油輸出國組織（OPEC）引發石油危機以來，驚人的油價和利率關係。正如其他圖表（請見圖表40和45）所示，任何主要利率的變化，比如這裡使用的20年期美國國債，往往會反映其他債務證券的趨勢。在這張圖表中，利率標示在左側的縱軸上，油價則標示在右側的縱軸上。

從1973到1986年，油價和美國國債的主要波動在12個月內彼此吻合。這種趨勢只有在1983到1984年出現了短暫的背離。在1975至1978年間，油價和利率保持平穩。然後由利率帶頭，兩者開始向上漲升。但油價在1980年率先見頂，緊接著是1981年的國債利率。從那時起，走勢就開始一路向下，只有在1983到1984年發生過一次利率的小幅波動。

有趣的是，這種連動關係在1983至1984年就警告過你，要麼油價會回升（但其實沒有），要麼利率會反轉向下，結果確實是如此。在那之後，隨著利率在1984至1985年的急劇下降，它們的重挫警告你：1985年底的油價上漲，可能會演變成隨後12個月出現自由落體式的下跌。

　　為什麼油價與利率的關係多年來一直保持不變呢？對於工業化的經濟體來說，石油或許是最基本的商品；而另一個關鍵商品則是貨幣，其價格是由利率來衡量。使經濟擴張或收縮的力量會影響經濟體中大多數主要商品的總需求，包括石油和貨幣——它們在整個「派餅」中所占的比重非常大，因此會長期相關。此外，和其他商品一樣，石油和貨幣都對通膨的趨勢很敏感，甚至會反映其短期的擔憂。

　　這兩者的關係能讓我們預先見到哪些事呢？

　　1986年中期，油價開始上漲，而利率持續走低。歷史經驗告訴我們，這兩者的分歧不太可能持續下去，這意味著要麼油價不久便會下跌，要麼利率會反轉上升。哪一種情況會發生呢？在未來的幾個月和幾年裡，有一條值得密切關注的線索——當其中一方像1982年美國國債利率那樣，在任何方向出現真正的大幅波動時，就非常可能是

油價或利率出現長期趨勢的一個指標。在這個過程中，你可能會時不時地受到多空拉扯的打擊，但情況並不會太嚴重（請見圖表23）。

現在我想說的是

今天，你不能再像前文所述，貿然地把石油和利率連結起來，反之亦然。因為當時導致通膨飆升的主要原因之一，是全球各央行採取的可怕政策，而油價飆漲主要是因為市場供需出現問題。此外，如今美國經濟的效率更高，每美元 GDP 對能源的依賴更少，而不是反過來。還有，由於當時還未出現像現在這麼完善的風險對沖工具，人們是用大宗商品來對沖通膨。但如今，你可以更精確地使用各種衍生性金融商品和對沖工具來控制風險，大宗商品已不再是一種獨有的對沖機制了。

圖表 44 ▶ 20 年期國債收益率和原油價格：1973－1986 年

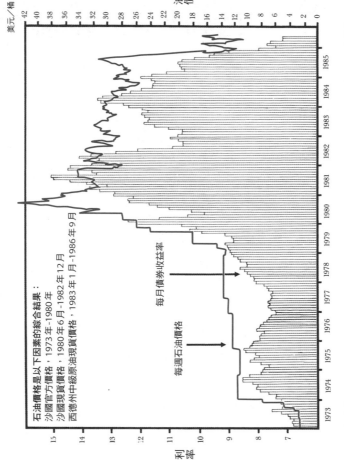

石油價格是以下因素的綜合結果：
沙國官方價格，1973 年 -1980 年
沙國現貨價格，1980 年 6 月 -1982 年 12 月
西德州中級原油現貨價格，1983 年 1 月 -1986 年 9 月

每月債券收益率

每週石油價格

利率

美元／桶

油價

高利率時代會再次來臨嗎？

「哦，好懷念過去的美好時光……」我們經常會聽到這句話。或許你認為美國的高利率是後越戰時代特有的現象。但不是這樣的。雖然很多人認為利率在二戰之前從未超過10％，但這張圖表能讓你快速瞭解一個幾乎無人能想像的金融美國——它可能會讓你相信，十九世紀的短期利率經常如此之高，高利率再正常也不過，這或許能讓你為重返高利率時代做好準備。

這張圖表顯示了1841到1918年間短期商業票據的利率。這些商業票據來自規模最大、資金狀況最好的公司，在一般情況下具有很強的競爭力，是短期利率的良好代表。

圖表中的「箭頭A」顯示了短期內（比如美國內戰前和1870年代），短期年利率高達25％到35％。更有趣的是，從1845到1875年，每一年的短期利率幾乎都在10％以上。

請看看「括號B」覆蓋的時間長度。為什麼這段時間

的利率會如此高呢？有部分原因是因為這是一個非常危險的世界——戰爭、繁榮和蕭條、缺乏溝通管道、致命疾病蔓延，以及缺乏監管和保險的機制。在高風險的環境下，放款機構會希望能獲得高回報。但究其主要原因，可能是對貨幣的高度需求。當時的美國，是一個正在進行工業革命的二流國家——美國需要相對於其他國家的高利率來吸引歐洲資本進入美國，為工業化提供資金。

這張圖表給出了三個結論。首先，高利率並不是什麼新鮮事。它們在美國歷史上反覆出現（另一個例子請見圖表46）。其次，1979至1983年期間的高利率只是以近期（而非長期）歷史標準來衡量所出現的極高水準。第三，由於高利率曾經來過又走了，因此它們很可能會再次重來。

「箭頭C」顯示了截至1986年愚人節時30天的商業票據利率的當前水平。現在利率很低。但就像「過去的美好時光」一樣，高利率時代往往會捲土重來。當你聽到人們開始懷念過去時，請記住，漢堡很便宜，但金錢很貴重。

這張圖表被認為是1870年以前第一個彙整貨幣利率的真實紀錄——它來自三到六個月商業票據掛牌的報紙資料。該位作者曾試圖繪製1837年大恐慌之前的圖表（那次崩盤的規模堪比1930和1870年代），可惜他並未找到

足夠的歷史資料。因此這張圖表格外經典。

　　作者備註：貨幣利率——這張圖表被認為是1870年以前貨幣利率的第一個真實紀錄。它是根據當時報紙的每日報導編製而成的，這項研究在當時耗費了很大的功夫。它選擇優質的三至六個月商業票據，是因為這些比拆款市場的利率更能反映實際情況，而且它具有更早報價的額外優勢。雖然該作者在製表時試圖追溯至1837年的恐慌時期，但在1841年之前沒有找到足夠的紀錄。可以確定的是，在1930年代後期的一段時間內，無論是何種利率，人們都無法借到錢。1873年以前明顯的資本稀缺和高利率現象，能為我們提供一個有趣的金融史視角。

現在我想說的是

　　由於全球貨幣政策失誤，1970和1980年代的利率高得出奇。科技進步、經驗更豐富的央行官員，以及如今無所不在的數據，應該意味著未來全球央行的重大失誤會減少，從而使平均利率更加平緩。儘管仍然會有很大的政策動搖和錯誤，但已經比過去減少了。

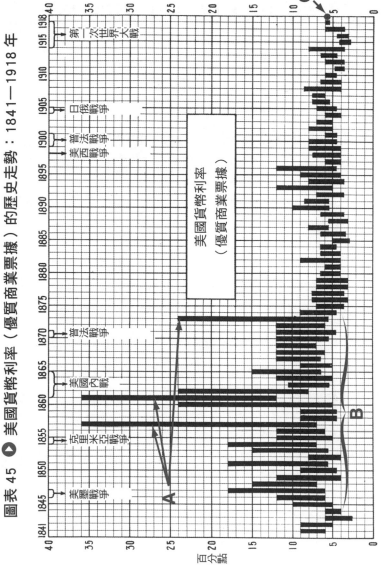

圖表 45 ◉ 美國貨幣利率（優質商業票據）的歷史走勢：1841—1918 年

資料來源：Burton, "A Century of Prices," *Magazine of Wall Street*, New York, NY, 1919.

英國公債125年來的忠告

信奉康德拉季耶夫「周期理論」的人（請見圖表84）會很喜歡這張圖表，因為它有助於證明他們的觀點。

而我之所以喜歡這張圖表，是因為它與本書的其他論述一致，它展現了西方主要經濟體的金融脈絡是如何交織在一起的。

這張圖表顯示了1855至1980年美國鐵路債券收益率與英國統一公債（English consols）收益率的對比。從1860到1929年的大蕭條，鐵路股是美國主要的藍籌股。它們在十九世紀中期擄獲了美國人的心，鐵路對美國金融市場的影響，就像汽車在二十世紀上半葉一樣，是一種改變基礎設施的新科技（請見圖表34）。相比之下，英國的公債是英格蘭王國的長期債務，是整個十七和十八世紀英國全盛時期時，世界上最保守的投資選擇（請見圖表35）。在二戰發生前，統一公債就像今天的美國國庫券一樣，是資金終極的流動性安全避風港。

請注意，在整個一百二十五年的時間裡，這兩種收益

率呈現和諧的上下波動。早期，鐵路的收益要高得多，但它們本來應該會更高。鐵路債券的安全程度取決於企業自身的安全程度，當然比不上英國（當時世界上最強大的國家）的全面徵稅能力。更糟糕的是，當時美國的鐵路不只是為文明地區的人們服務，而且還要深入內陸，接觸包括印第安人的戰鬥、野牛和貧瘠的荒野。因此，投資鐵路的風險比投資英王喬治三世的公債更大。

直到1900年，這兩者的利率都穩定地下降，然後同樣穩定地上升到1920年。這種利率波動被康德拉季耶夫的「周期理論」視為其最長經濟周期的主要下降階段和上升階段的標誌。

1920年後，利率下降，導致1929年全球經濟大崩潰（請見圖表29）。鐵路的收益率在崩盤期間飆升，但統一公債卻沒有。區別是什麼呢？在大蕭條時期，鐵路公司可能無法償還債務的風險是確實存在的，但有稅收支持的英國公債卻沒有償付風險。

請注意，收益率是如何在1940年代末之前一路走低，然後在1980年前後一路上揚的。有趣的是，在第二次世界大戰期間，利率下降了，正好與第一次世界大戰期間相反。這使得周期理論派認為他們的周期力量甚至比世界大戰還要強大。在戰後的上升期中，統一公債的收益率高於

鐵路收益率。為什麼呢？實際上，從1900年開始，隨著英國卓越的世界地位逐漸失色，它的公債也開始失去競爭優勢。二戰結束後，鐵路違約的風險似乎沒有英國的社會化和通貨膨脹那麼危險。

這告訴我們什麼呢？與國家經濟和股市一樣，美國的利率是全球經濟的一部分，很少會長期與其他國家脫節。因此，不要把國家的經濟問題歸咎給政客。只有在極少數與其他國家經濟不同步的情況下，才是政客的錯。透過觀察其他國家的情況，我們才能瞭解自己國家正在發生的事，就像尋找自家地毯下的汙垢一樣。

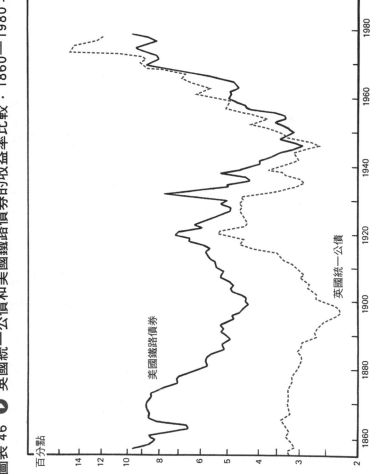

圖表 46 ◐ 英國統一公債和美國鐵路債券的收益率比較：1860—1980 年

百分點

美國鐵路債券

英國統一公債

資料來源：Copyright © 1980 by the Foundation for the Study of Cycles, 124 South Highland Avenue, Pittsburgh, PA 15206.

金本位制與堅如磐石的利率

每當有人指出利率會波動、永遠會波動、而且必須波動時，我都會建議他們思考一下英國的經歷。這或許也能促使你支持金本位制。

只要看看這張橫跨兩百四十年的英國利率圖表，你就明白那些黃金投資者為什麼都對它瞪大了眼睛。兩百多年來，英國透過嚴格的金本位制維持了穩定的長期利率──長期利率從未超過6％，也從未低於3％，而且在大多數的年份裡幾乎毫無波動。此外，英國很少遭受像其他國家會周期性發生的通貨膨脹。他們在經歷飢荒、瘟疫、重大戰爭（拿破崙戰爭、第一次和第二次世界大戰等），以及近代最大的動盪──工業革命時都是如此。

如果把這張圖表與十九世紀美國動盪的經歷做比較（請見圖表45）的話，你就能明白黃金愛好者為什麼希望採用金本位制來取代現行美國的貨幣體系，藉此產生類似的結果。在英國，黃金價格簡直堅如磐石。

從這張圖表中可以清楚地看出，一個經濟體可以在沒

有劇烈利率波動的情況下運作。但這需要什麼條件呢？

　　首要的條件是對自己貨幣的價值有絕對的信心。在第二次世界大戰前的兩百年裡，英國扮演的角色和今天的美國差不多——他們都是世界經濟的中心，而其他國家的經濟則與英國緊密相連。其他國家在進行貿易時，往往會指定要以英鎊來支付，因為他們相信英鎊的價值。正是因為每個人都對英國貨幣的穩定性抱有極大的信心，他們的貨幣體系才得以完好無缺地度過這麼長的時間。而這一制度之所以得以保留，是因為英國保留了從紙幣到黃金的持續轉換權，確保了貨幣的價值。

　　自1930年代以來，美國已建立了一個以紙幣為基礎的系統，同時也證明了這個由中央銀行控制的系統，並不是避免通膨或利率劇烈波動的好方法。另一方面，在布雷頓森林協定（Bretton Woods，以美元作為國際貨幣中心的貨幣制度）之後的十年裡，英國利率的穩定性消失了，因為他們把經濟的馬車綁在了以紙幣為基礎的美元上。

　　憲法對政府支出增長的限制是不可避免的（請見圖表80），再加上「接近金本位制」的標準，我們在最近幾十年來看到的那種混亂，很快就會過去（請注意，「接近金本位制」這個詞，意思是純粹的金本位制如今已行不通了，請見圖表69）。所以，如果你和多數人一樣，認為近

期的利率波動是不可避免的，請記住，這並不是由嚴重的經濟問題引起的，而是由事事控制的政府的政治問題引起的。

我們應該記住，幾百年來，英國人以堅定的態度克服了他們的經濟問題，而且他們所經歷經濟困頓的時期，比美國幾十年來面臨的難題都還要更艱辛。但他們透過紀律挺過來了——不是政治家的紀律，而是由嚴格的金本位制所賦予的紀律。

現在我想說的是

2007 年，已開發國家的長期利率在 1970 至 1980 年代達到高峰後，便一直處於歷史低點。為什麼呢？請參閱我對【圖表 45】的新評論。

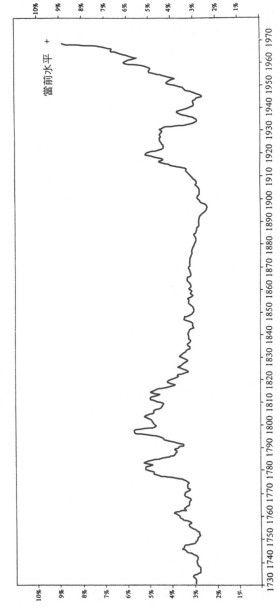

圖表 47 ▶ 英國的長期利率走勢：1731—1970 年

資料來源：Fifth International Investment Symposium, *Investment in the Seventies*, Bellagio, Lake Como, Italy. Published by P.N. Kemp-Gee & Co., The Stock Exchange, 1970. Courtesy of Scrimgeour Vickers & Co., London.

當前水平　＋

1980年代初期是一個利率處於歷史高點且通貨緊縮的時期——這是真的嗎？請試著回想，當時即便是最優惠的利率也要十幾個百分點，不僅商業低迷，失業率也居高不下。因此，大多數人都認為高利率會扼殺經濟發展。

但是，在根據通膨進行調整之後，當時的利率其實並非處於歷史高點。這張圖表顯示了一百九十年來，經通膨調整後的利率，能反映出每個時期的通膨或通縮。

這種經通膨調整後的利率稱為「實質利率」。相反的，如果不考慮通膨因素的利率，通常稱為「名目利率」。要注意的是，此一調整能允許把利率視為正數或負數。

但是，「實質利率」怎麼可能是負的呢？

假設30年期國庫券的平均長期收益率為5％，但如果同一時期的通膨率平均為8％，那麼實質利率就是-3％。從歷史上來看，1980年代初期的實質利率（圖表中的A點）與歷史平均水準的差異並不大。

在1950至1970年期間，實質利率沒有出現波動。但

長遠來看，圖表上那個短暫的持平時期是很獨特的。因為在1950年代以前，實質利率往往會在五年、十年，甚至二十年內劇烈波動（請注意圖表中B點附近的區域）。

此外，1970年代中期的實質利率也暗示：1980年代初期並非是貨幣緊縮時期。在1970年代中期，實質利率實際上是負的。也就是說，當時的通膨率比利率還要高──銀行不惜付錢來讓你借錢，這種情況相當罕見。

這張圖表顯示，在此之前，長期的實質利率為負的情況只出現過幾次，而且都發生在戰爭引發通膨的時期，包括1812年的第二次獨立戰爭、美國內戰（1860年代初），以及兩次世界大戰的期間和戰後。

諷刺的是，近期的名目利率已從1980年代早期的高點急劇下降至7%左右，但通膨率卻下降得更快，因此，經通膨調整後的實質利率反而上升了──由於通膨率在2%到4%之間，實質長期利率現在上升到3%到5%之間。

因此，雖然某些人對利率下降感到高興，但那些關注實質利率的人卻為此憂心。如果近期的通膨趨勢轉變成通貨緊縮，就像某些人擔心的那樣，並如同這張圖表所示，那麼實質利率就可能會像1930年代那樣直線飆升──對投資者來說，這可能是最糟糕的環境。從這一點來說，通膨可能很糟糕，但全面通縮則更可怕。

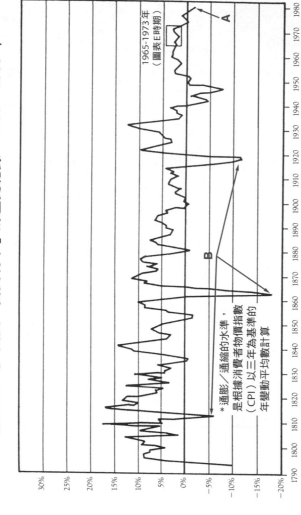

圖表 48 ▶ 美國「實質利率」的歷史紀錄：1790─1980 年

* 通膨／通縮的水準，
是根據消費者物價指數
（CPI）以三年為基準的
年變動平均數計算

1965-1973 年
（圖表 E 時期）

A

B

30%
25%
20%
15%
10%
5%
0%
-5%
-10%
-15%
-20%

1790 1800 1810 1820 1830 1840 1850 1860 1870 1880 1890 1900 1910 1920 1930 1940 1950 1960 1970 1980

資料來源：Steven C. Leuthold, *The Myths of Inflation and Investing*, The Leuthold Group, Crain Communications, Inc., © 1980, data from U.S. Department of Labor, U.S. Department of Commerce.

通貨膨脹不僅在美國歷史上出現過，在其他所有國家的歷史上也都曾出現過。

本節的圖表顯示了美國和英國從1793到1932年的躉售價格（wholesale prices，即批發價格），包括多次出現的廣泛上漲、下跌的真實價格水平，影響了所有資本主義經濟體。英國的物價歷史可說是全球最穩定的，而美國和英國的通膨之間，其相似性似乎也相當驚人。

其中，上圖顯示了美國一百四十年來的躉售價格（它與圖表51類似）。你可以清楚地看到，大約每隔五十年就會出現一輪又一輪的通膨及通縮循環。這個周期循環在美國歷史上極為規律。

要注意的是，在重大戰爭期間和戰爭結束後，價格是如何膨脹的？你可以看到，價格在1812年的第二次獨立戰爭、美國內戰和第一次世界大戰期間飆升（請見圖表55）。此一現象有助於解釋越戰結束後發生的通膨。

事實上，在大多數的西方國家，這種波動通常發生在

同一時間。俄羅斯經濟學家康德拉季耶夫在1920年代初發現了這個趨勢，並推測資本主義可能不會像馬克思預言的那樣自我毀滅，而是透過長期的自我淨化周期來清除自身的低效（請見圖表84）。

為了瞭解英、美兩國的價格波動有多相似，我們可以進一步比較下圖。當美國物價上漲時，英國物價也普遍會跟著上漲。有趣的是，英國的通膨在美國爆發內戰期間明顯上揚，但波動幅度要比美國低得多。雖然英國在十九世紀中期的表現比美國好，但比較結果也顯示，至少在現代通信技術出現之前的一百年裡，不同國家的事件往往會在大致相同的時間框架內出現同一方向的走勢

即使在英國1850至1870年出現溫和通膨期間，這種相似性也很強。請注意，這段期間所出現的兩次通膨，顯然都是在美國內戰之前就開始的，這顯示正如【圖表55】討論的那樣，戰爭可能是由全球性的通膨所導致的，而不是像一般所認為的那樣，是戰爭導致全球性的通膨。

這兩張圖表來自喬治・沃倫（George F. Warren）和法蘭克・皮爾森（Frank A. Pearson）合著的《價格》（*Prices*）一書。這兩位著名的康乃爾大學教授不斷尋求將一般商業條件與農業、商品和躉售價格聯繫起來（你可以在圖表53中看到另一張由他們製作的圖表）。

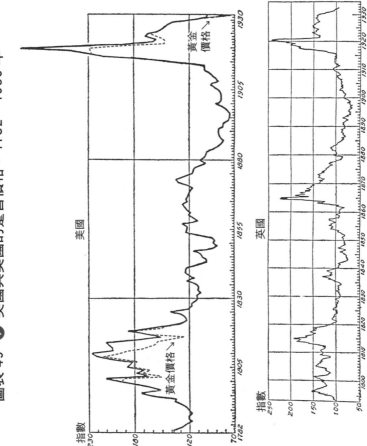

圖表 49 ● 英國與美國的躉售價格：1782─1930 年

資料來源：George F. Warren and Frank A. Pearson, *Prices*, New York: John Wiley & Sons, 1933.

通膨趨勢跟你想的不一樣

　　這個世界可能在幾百年內幾乎沒有通膨嗎？事實上，情況早已是如此。自1290年以來，長期的通膨率一直低於每年1％。這張圖表呈現的價格指數是現存最古老的連續價格圖表，也是我們唯一真正的長期通膨衡量指標。

　　這張圖表上有許多小波動，你可以藉此看出「追求短期，甚至中期趨勢」是一件令人困惑的事。同時，這段長達六百六十年的時間跨度提供了對未來有用的見解。

　　與短期通膨相比，長期通膨似乎不是那麼隨機出現。請注意圖表中的「趨勢線A」和「趨勢線B」。在1290到1500年的兩百一十年裡，價格保持相對穩定，以每年約0.5％的速度彈升（趨勢線A）。然後，在哥倫布發現西半球的八年後，價格開始急劇上升（趨勢線B）。這是由於探險家帶回歐洲的黃金（當時的貨幣）供應量增加，但這又反過來降低了黃金的價值。儘管如此，在接下來的四百五十年（1500至1950年），探險家和所有人的通膨率仍以每年平均0.5％左右彈升。

可以肯定的是，通膨的增長速度通常比平均水準要快得多（例如，注意1800年左右的大幅飆升，那是一段平均每年上升5％、共為期二十五年的飆升）。但重要的是，儘管有這些短期的大幅上升，但一段時間後，通膨總會回落到這個較低的平均水準——我們可以看到通膨的高峰在「趨勢線B」上方飛升，但它們總是能再次回歸趨勢線。自1290年以來，它已經完成三次這樣的周期性反彈，每次反彈後都會像皮球重回地面一樣。但隨著通膨，每一次的反彈幅度都會更高。第四次反彈則始於1910年，即箭頭（4）。

我們可以從這張圖表中學到什麼呢？第一，通膨率的短期劇烈波動往往會相互抵消。每一次大幅上漲，即使持續數十年，之後都會出現大幅下跌。因此，就算你累積的經驗告訴你「大通膨即將來臨，並會持續下去」，但實際上真正發生的機率並不高。

第二，你的孫子那一輩可能會看到比你兒女那一輩更高的通膨水準，但即便如此，它也不會像你目前對通膨的預期那麼高。

這張圖表來自《周期》雜誌，它說明了我們可能會回到低通膨甚至通縮的狀態，直到我們爬回那個似乎長期主宰我們的較低趨勢線為止。

圖表 50 ● 英格蘭南部物價指數：1290－1950 年

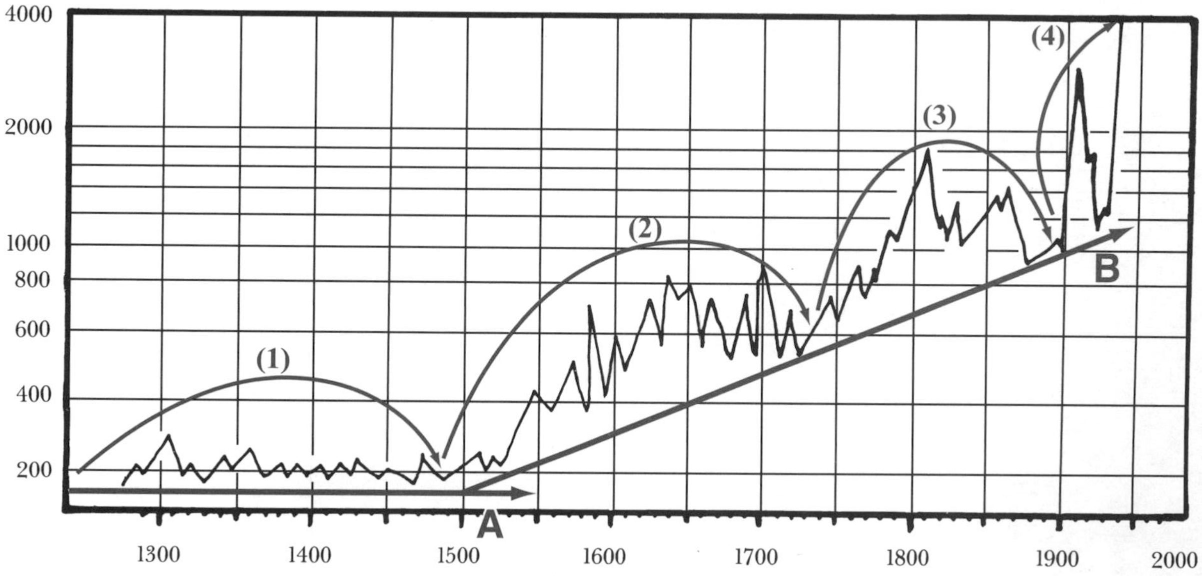

資料來源：Copyright © 1979 by the Foundation for the Study of Cycles, 124 South Highland Avenue, Pittsburgh, PA 15206.

你相信持續的高通膨是經濟生活中無法避免的事實嗎？如果答案是肯定的，那麼你最好鑽研一下這張美國從1749到1980年的批發價格圖表。

「批發」（wholesale）一詞指的是在製作成成品前所銷售的商品。該指數是以大宗商品（例如糖）和製成品（例如鐵絲或鞋底）為基礎。

觀察這張圖表有幾種很好的方法。首先，你可以比較那些價格上漲和價格下跌的年份。有趣的是，它們幾乎是相等的。從1779年的周期性上漲開始，在總共兩百零一年的時間裡，價格上漲了一百零三年。這或許並不令人意外，因為上漲往往會伴隨著下跌。

但是，在回顧五次顯著的通膨高峰時，你馬上會發現三個有趣的事實：首先，通膨的螺旋式上升往往都發生在重大戰爭期間或緊隨在戰爭之後；第二，它們不會經常出現；第三，通膨高峰大約每五十年會出現一次。

「垂直刻度80」代表這張圖表前兩百年的平均價格，

這是同一件事的另一種表現方式，即價格處於低位的時間比我們所懷疑的要長得多。

這一切意味著什麼呢？最近，大多數人都認為物價會一直漲下去，但若回顧歷史，並沒有任何證據指出「通膨會只朝著同一個方向發展下去」。儘管近年來通膨持續擴張的情況超乎尋常，但歷史告訴我們，它很可能會戛然而止。越戰、韓戰、阿拉伯石油禁運等助長近期通膨的事件已不再是影響因素。歷史證明，除非爆發新的戰爭或發生其他重大災難，否則我們很可能會進入一個物價長期溫和的時期，甚至可能出現可怕的通貨緊縮。

當然，也有人會說，近期的通膨跟以前不一樣，因為這五十年來的價格飆升是由赤字、印鈔票、螺旋上升的聯邦債務和普遍的社會衰退所推動的──這種說法可能是對的，但也可能是錯的。因為這些都是內部的症狀，或許我們可以加以控制。如果我們夠明智，就會想到「社會共識」有可能是錯的。現在，華爾街和華爾街外的多數人仍然預期通膨會永遠伴隨著我們，但我們要記住，我們所經歷的通膨時代，其規模或許會有數倍的差異，但在持續時間方面則沒有太大的不同。

《周期》雜誌根據美國勞動統計局的數據繪製了這張圖表。這是政府所保留最古老的資料之一，始於 1893 年

的參議院調查委員會。由於缺乏美國內戰之後發生嚴重通貨緊縮的確鑿數據，美國國會不得不收集了超過250種同等權重的商家和製造商的舊期刊和帳本，以此構建了這張圖表的指數。

現在我想說的是

自 1970 年代以來，通膨確實有所緩和！因為除了有更好的央行政策，進一步的經濟全球化也幫助馴服了通膨這頭野獸。隨著服務業穩定成長、在全球 GDP 中所占的比重越來越大，大宗商品、批發價格與通膨的聯繫已不像過去那麼緊密了。許多人仍然認為，1 美元的批發通膨應該直接轉化為 1 美元的消費通膨，但那樣的世界早在幾十年前就消失了。

圖表 51 ▶ 美國的歷史批發價格（所有商品的年均價格）：
1749—1980 年

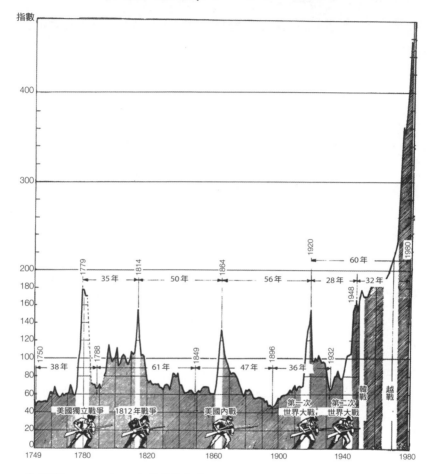

作者備註：1950至1980年的數據由戴維・沃廉姆斯（David Williams）提供。

資料來源： Copyright © 1981 by Foundation for the Study of Cycles, Inc., 124 Highland Ave., Pittsburgh, PA 15206.

通膨與消費者物價指數

　　你可能聽過你祖父母時代的物價有多便宜的故事，但你真的知道我們歷史上的通貨膨脹有多嚴重嗎？這張乾淨、簡單的圖表提供了一個很少有人見過或知道的視覺觀點。它的原始版本顯示了從 1790 到 1980 年，這一百九十年間美國的消費者物價指數（CPI），最終指數停在 252。到了 1986 年初，它又上升了 30.5％，指數來到了 329。因此，我用鉛筆把過去五年的數字也加上去了（圖表中的圓點處）。

　　有趣的是，從歷史上來看，低通膨率帶來了巨大的絕對利益。這是複利力量的另一種表現形式——同樣的現象也讓投入退休金計畫的小額貢獻在時間經過後變成一大筆錢（請見圖表 39）。近年來，最高的通膨率是 1980 年的 13.5％。但若從更長的時間框架來看，結果會更加平緩。我用財務計算機從這張圖表中算出了不同時期的複合年化通膨率。結果如下：

時間	指數變化	年通膨率
1970-1985	100 → 329	8.26%
1937-1985	41 → 329	4.43%
1900-1985	26 → 329	3.03%
1790-1985	34 → 329	1.17%

　　因此整體來說，自1970年以來，消費者物價指數每年增長8.26%，自1790年以來增長了10倍。但這10倍的增長，年增率卻低得驚人，只有1.17%——這是否與你對自從爺爺時代以來、物價飛漲的記憶相衝突呢？

　　之所以會這樣，部分原因是因為人們不會自然而然地以複利（或複合通膨）來思考。此外，從長期來看，某些產品的價格漲幅要比其他產品高出許多。

　　消費者物價指數代表的是一個平均值，當商品的品質變好或變差時、當商品不再生產時（例如馬車鞭），以及當市場出現無法與過去比較的新商品時（例如在1945年問世的電視），這個指數就會失真。

　　還要注意的是，就跟批發價格一樣（請見圖表51），過去幾次在通膨飆升之後，都會伴隨著價格下跌。就在最近，我們似乎回到了通膨放緩的時代。我們是否很快就會遇到像1820、1870、1920及1930年代那樣的價格下跌

呢？可能不會。輕微的通縮甚至會比嚴重的通膨更加痛苦，它會導致破產和蕭條。只不過，在印鈔票方面，山姆大叔比過去更有效率，為了避免通貨緊縮帶來的政治影響，他會竭盡全力避免這個災難，因此，你很難預測真正的通縮是否會發生。

但即使是自1984年以來3％的平均通膨率也太高了。以3％的速度計算，只需要再花六十三年，就能將消費者物價指數提高到2000——相當於現今兒童壽命的10倍！

現在我想說的是

這是歷史上另一個有趣的點。在過去的幾十年裡，通膨基本上已受到了控制，一直在3％左右的長期平均水準徘徊。目前沒有任何可能會改變的跡象。

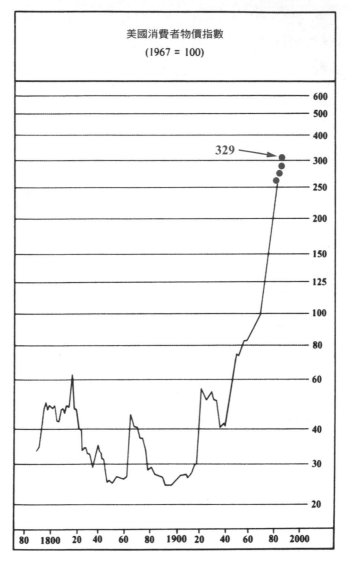

美國消費者物價指數
(1967 = 100)

329

資料來源：Thomas Blamer and Richard Schulman, *Dow 3000* , 1982.

圖表53 黃金：商品價格的試金石

　　美國與其他西方經濟體的商品價格關聯有多緊密呢？比大多數人想像的還要緊密，而且一直以來都是如此。這張圖表顯示了在第一次世界大戰期間及其前後，美國及其貿易夥伴的通貨膨脹情況有多麼相似。

　　記住「價格」這個關鍵詞，這張圖表顯示了從1913到1937年間，九個國家、四十種基本商品的價格，但這裡的價格是用黃金，而不是用美元或當地貨幣來表示，藉此把各國短期通膨差異的影響降到最低。

　　請注意，在這二十四年的時間裡，所有價格都趨向於幾乎完全一致的上漲和下跌——這九條線看起來幾乎像是一條線。雖然戰爭引發的通膨在西方國家肆虐的程度不一，但在扣除通膨因素後，各國商品的實際價格幾乎沒有變化。這九個國家的商品價格之所以能保持一致性的關鍵在於，在這個案例中是以「黃金」作為衡量價格的工具。

　　也許最有趣的一點是，這九個國家中沒有一個成功避開了第一次世界大戰後惡性循環的通膨。但是，為什麼

六十年前的世界會存在這麼多的一致性呢？就像股票和利率一樣，即使是在最初的幾十年裡，價格也傾向於同時波動。

　　儘管受到現代潮流的影響，人們普遍認為可以透過海外投資實現多元化，藉此分散風險，但這種觀點並不實際，因為全球物價的漲跌都是同步的。相信康德拉季耶夫「五十四年周期」的人會精神一振，因為它看起來非常像五十五年後，也就是越戰之後開始的全球惡性循環通膨。

　　這張圖表給我們的教訓，就如同你在本書中學到的一樣，「大多數主要國家的價格趨勢，或多或少都會彼此連動」。投資者可以持續關注那些正在海外形成、但國內尚未出現的趨勢。因為當一股力量在其它國家形成趨勢時，很少有一個國家能不受其影響。

現在我想說的是

　　現在的我不會花太多時間去關注黃金，因為它對預測股票或通膨的趨勢並沒有太大的幫助。股票和黃金之間的相關性現在已不復存在了（如果你是一個黃金迷，你可以閱讀《投資最重要的3個問題》的第六章）。但無論是過去還是現在，全球「可比資產」的價格相關性確實超出人們的想像。

圖表 53 ▶ 9 個國家、40 種基本商品的價格
（以貨幣和黃金來對比）：1913—1936 年

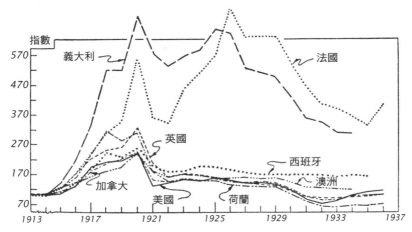

8 個國家、40 種基本商品的貨幣價格
1910-1914 ＝ 100

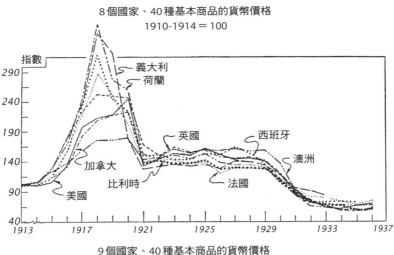

9 個國家、40 種基本商品的貨幣價格
1910-1914 ＝ 100

資料來源：Warren, George F., and Pearson, Frank A., *World Prices and The Building Industry*, London: John Wiley & Sons, 1937.

這張權威的舊圖表讓我們用另一個角度來觀察主要經濟體之間的關聯，而這種關係已存在很長一段時間。

　　這張圖表來自英國經濟學家亞瑟‧皮古（A. C. Pigou）的著作《工業波動》（*Industrial Fluctuations*，請見圖表67）。它顯示了1860至1910年間，英國、德國和美國的價格走勢，在很多方面與【圖表49】相似。

　　請注意，這三個國家的價格是如何緊密地一起變動的？例如，1873年開始的價格暴跌始於英國，但幾個月內，其他兩個國家的價格也開始跟著急劇下跌。事實上，在這五十年裡，唯一出現其中一個國家與其他國家明顯脫節的年份是1862年，當時英國的價格上漲，而美國和德國的價格則是走跌。

　　這張圖表用另一種視覺角度，證明在現代通訊系統出現之前，全球經濟就已經緊密聯繫在一起。如果在十九世紀，這三個主要經濟體的價格就已如此緊密地連結，那麼在通訊更快、貿易更頻繁的今天，它們的聯繫難道不會變

得更緊密嗎？

這種影響具有很強的政治性。每當我們的經濟進展順利時，總統會把功勞攬在身上；當經濟變糟時，他又會成為眾矢之的。同樣的事情在其他國家也會發生。這太以自我為中心了——沒有一個國家可以避開世界上正在發生的重大趨勢，就算是最好的情況，也只能讓糟糕的事情變得沒那麼糟。為什麼總統和政客們要這麼做呢？他們或許可以影響本地發生的事，但正如我們在本書看到的——他們無法扭轉全球趨勢。

最近，雷根總統聲稱所有傳來的經濟捷報都要歸功於他：失業率下降、利率下降、股市繁榮，以及持續四年的經濟擴張。幾乎每個人都認為這是他的功勞。但卻少有人會注意到，其實全球各地也都發生了類似的事，有些國家的進展比較快，有些則慢了一些，但這些事同樣都正在發生中。

當然，某些經濟體在一定程度上可能表現得比全球趨勢更好。近年來，日本人已經證明了這一點，但這與聯邦經濟的「自我調控」幾乎（或根本）沒有關係。相反的，這與國家運作的文化和倫理有關。一個會儲蓄、工作、再投資和建設的國家，將會產生高於平均的長期成長趨勢；而沒有這麼做的國家則會產生相反的結果。情況不會比這

更複雜了。

　　每當我聽到人們因為失業率、股市、利率及其他經濟問題而指責或讚揚總統時，我就會想到，這些人正表現出他們對全球經濟的無知。是的，政府可以管理得更好或更壞，但如果人們瞭解皮古所理解的事，他們就不會指望政府能把我們從世界的榮衰中拯救出來。

現在我想說的是

　　我認為 1980 年代快速成長的經濟和市場，大多可歸功於雷根總統的減稅和縮減政府支出等政策，這並非是基於意識形態或因為我喜歡他（我討厭所有的政客），而是因為我信仰資本主義，而政府卻是自由市場的大敵。雷根的減稅政策實際上導致聯邦政府的成長真正且持續地放緩，任何政府的減稅措施都是受歡迎的。除此之外，一切都沒有改變。

圖表 54 ● 英國、德國和美國的零售價格：1860—1910 年

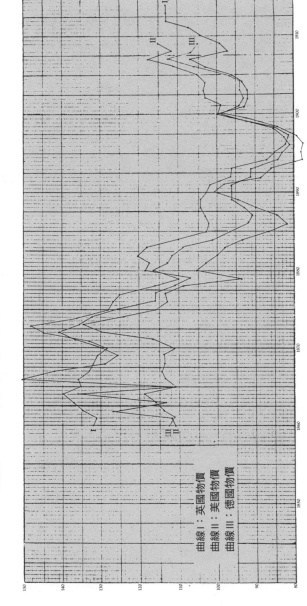

曲線 I：英國物價
曲線 II：美國物價
曲線 III：德國物價

資料來源：A. C. Pigou, *Industrial Fluctuations*, Second Edition, London: Macmillan & Co., Ltd., 1929.

圖表55 戰爭對經濟發展有何影響？

　　戰爭可以刺激經濟發展嗎？早在1960年代，大家都在抨擊詹森和尼克森政府是戰爭販子。當時的自由主義思想認為，「戰爭對經濟有利」，政治家和企業領導人非常願意為了利益而流點血。詹森和尼克森有很多缺點，但如果你真的相信他們認為戰爭對經濟有好處，那麼你也必須相信他們的主要缺點不是好戰，而是無知。

　　在這張圖表中，除了戰爭導致大宗商品價格的巨大通貨膨脹外，並沒有什麼值得注意的地方。這張圖表共顯示了五場戰爭，並描繪了在這五場戰爭中商品價格指數的表現。底部的刻度顯示了戰爭高峰前後的年份。乍看之下，商品價格從戰爭開始到高峰期，上漲了大約100％。後來當戰爭結束後，商品價格又回落到以前的水準。下跌的比例與上漲時相似，但下跌的速度顯得更為緩慢，大約是上漲速度的一半。此一下跌趨勢持續了大約十五年。唯一的例外是，二戰結束後的物價卻再次上漲，但這可能是因為韓戰緊接著爆發的緣故。

至於越戰早期的商品價格走勢與其他戰爭很相似，只是比較溫和。但話說回來，越戰的規模雖然較小，但持續時間卻比其他戰爭要長得許多。如果人們有看到這張圖表，他們就不會對近期商品價格下跌感到驚訝，他們應該要驚訝的是「越戰已結束了那麼久了價格才開始下跌」。如果你相信這張圖表不僅僅是巧合，那麼你就會傾向於認為「通膨不會這麼快就恢復」，我們仍處於越戰結束後的十五年時期，大宗商品價格仍然有可能會進一步下跌（請見圖表56）。

　　因此，戰爭會導致價格上漲，這是顯而易見的，但通常只是暫時的。戰爭還會對經濟造成巨大的混亂，並使作為主要經濟指標之一的大宗商品價格（請見圖表56）劇烈波動。在一般情況下，戰後的整體商業狀況並不會比戰前好。事實上，每一場戰爭，包括越戰，都伴隨著經濟衰退，在我看來，這是美國歷史上九次最嚴重的經濟衰退中的第六次。因此，詹森和尼克森不太可能故意在自己的政績上留下這樣的汙點。

　　這是唯一的教訓嗎？也許並不是。這張圖表也提出了一個問題。請注意，大宗商品價格通常會在戰爭爆發前就開始上漲。有一些分析認為，商品價格上漲並非是戰爭的徵兆，而是戰爭的原因。他們認為，為了避免戰爭，我們

需要避免導致通膨的社會狀況，因為通膨會導致社會生病，以及向海外尋找「代罪羔羊」的欲望。作為一個基本的逆向思維者，我自己也喜歡這種特立獨行的想法。

現在我想說的是

戰爭對通膨的影響已經不像以前那麼大了，也已經不會產生全球性的影響了。首先，感謝上帝，現在的戰爭規模已不再像以前的世界大戰那麼大了；其次，從海外以有競爭力的價格買到商品這件事，也變得太容易了。

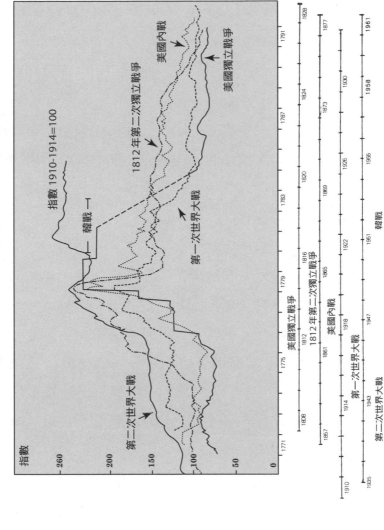

圖表 55 ▶ 戰爭對美國躉售物價的影響

資料來源：Copyright © 1981 by Foundation for the Study of Cycles, Inc., 124 South Highland Avenue, Pittsburgh, PA 15206.

投資人現在該怎麼辦才好呢？貨幣市場帳戶不再提供兩位數的誘人收益，股市也高得離譜，而房地產的現金流為負。那麼，還有哪些投資的價格是合理的呢？要找到答案，請先看看這張圖表。

　　正如同那些直線上升的走勢通常不會永遠持續下去一樣（請見圖表18），大多數廣泛的「自由落體市場」最終都會反轉，並提供投資者一個絕佳的逢低買進機會。

　　這張圖表顯示了截至1986年中期的五年間、共二十三種商品的現貨市場價格。這些價格相較於它們在1984年的高峰，下跌了大約26%。雖然這不是史上最大的跌幅，但若對二十三種不同的價格進行平均之後，就足以嚇到大家了。

　　為什麼呢？首先，它與一般人的想法截然不同（在人們的經驗中，通膨總是會不斷地墊高，因此總會預期未來的通膨現象會更嚴重）。如【圖表51】所示，通膨並不是一條單行道，大宗商品的價格是衡量通膨走勢的關鍵。在

發生重大通膨之前，大宗商品的價格通常會出現不斷攀升的現象。為什麼呢？

因為大宗商品的價格，會反映出推動經濟發展所需的基本材料需求。隨著商品的生產，通膨會分成幾個階段形成：首先是商品，逐漸添加的勞動力會創造出中間材料，最後再創造出成品。例如從鐵礦石到汽車或卷尺等成品，就是一個漫長的過程。

這張圖表反映了市場對大宗商品需求的疲軟。只要商品價格的表現持續低迷，就是經濟不振的明確訊號，此時就不可能採取緊縮政策去控制急速的通膨。因此，你可以預期，在未來幾個月裡不會出現重大的惡性通膨，除非大宗商品的價格先走強，然後一路上漲。

同樣的，許多人聲稱「兩位數的利率時代即將來臨」也是在胡言亂語！因為大宗商品價格的疲軟已經顯示，利率在近期內不會出現大幅走高的趨勢。但是利率會下降嗎？這點很難說，但除非你看到大宗商品價格出現上漲的預警，否則不要去賭利率會大幅上升。

那麼，回到本節一開始的問題，答案是什麼呢？嗯，你可以考慮投資黃金，因為它已經從最高點下跌一段時間了。但同樣的，由於黃金是一種對沖通膨的工具，在它真正發光之前，需要大宗商品價格先行上漲。也許答案就近

在眼前——基本大宗商品正處於多年來最便宜的價位，這也許正是逆向投資者的完美夢想。在經歷連續兩年的下跌之後，大宗商品的價格不太可能再繼續跌下去。當然，此時你幾乎不可能再買到一些價格爆跌的東西。許多交易員處理這種情況的方法，就是等待「相對強勢」，他們每天都會藉由計算過去40天的平均價格來確認這一點。當價格突破40天移動平均線時，他們就會轉為看多。

現在我要說的是

時至今日，我不會再依賴大宗商品價格，因為有更好的辦法來解決這個問題（你必須總是質疑你所知道的）。如今，能反映資金借貸成本的全球長期債券利率更能精確捕捉市場對通膨的預期。而且，我通常不建議投資黃金，除非你不在意糟糕的長期回報，或者你能準確地掌握黃金價格短期波動的最佳時機。

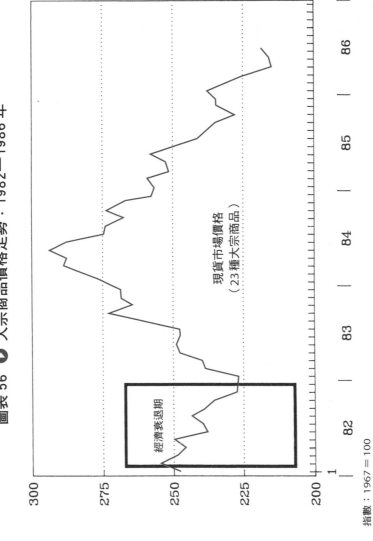

圖表 56 ● 大宗商品價格走勢：1982－1986 年

300
275
250
225
200

經濟衰退期

現貨市場價格
（23 種大宗商品）

82 | 83 | 84 | 85 | 86

1

指數：1967 = 100

資料來源：Data from Commodity Research Bureau, a Knight-Ridder business information service.

黃金長期持有者的眼淚

「如果你想對沖通貨膨脹，最好的投資選擇就是黃金。」這麼說對嗎？不盡然喔！請看看這張圖表，然後拿它對照本書的其他圖表，你很快就會有不同的看法。

乍看之下，黃金似乎是贏家。我們剛剛經歷了史上最嚴重的通膨周期之一。僅僅在 1970 到 1980 年的這十年中，消費者物價就翻漲了一倍多。然而與此同時，金價卻暴漲了 2400%（從每盎司 35 美元漲到 850 美元）──年均複合成長率為 37%，難怪驚恐的投資人一看到黃金就眼睛大亮。

只不過，如果從更廣泛的金價歷史來看，黃金就沒有那麼耀眼了。因為黃金價格大幅飆漲的情況相當罕見，在兩百年的時間裡，只出現三個主要的高峰：第一個出現在美國內戰期間；第二個出現在阿拉伯石油禁運之後；第三個則出現在 1980 年兩位數利率的通膨期間。

更糟糕的是，這三次黃金大牛市平均只持續了短短的 3.7 年，這意味著在過去的兩百年裡，想要利用黃金來對

沖通膨的人必須耐心等待一百九十年的時間，而且在這段期間內無利可圖。

重點是什麼呢？長期證據顯示，「黃金並不能為投資人帶來理想的回報」。請看看從1781到1981年的兩百年期間，黃金每年只升值了微不足道的1.58％。就算在1980年，黃金升值到頂峰時的幅度也僅為1.9％。你願意把你的退休金押在那上面嗎？

再看看一個比較近的時期，比如1926到1981年的五十五年。這是黃金的全盛時期，它每年上漲5.77％，高於平均3％的通膨率和3％的短期國庫券收益率（請見圖表12）。然而，這些行情全都發生在十年之內。也就是說，每五年中就會有四年的時間，你必須兩手空空地等待。與此同時，儘管這段期間曾發生1929年的大崩盤，但黃金的年收益率仍比紐約證交所的股票平均收益率低了4％。

因此，會閃閃發光的東西不一定全都是金子，而黃金也不是最閃亮的投資標的。即便近期黃金的表現不錯，但若把時間框架拉成兩百年來看，這也是一種極為短暫的現象——它過去幾十年的表現，會因其長期不佳的紀錄而打折。

所以，如果你想對沖通膨，買進並持有一個多元的股票組合策略似乎會更適合你。由於黃金已經度過了它為數

不多的輝煌歲月，而且大多都是近期才發生的事，因此不太可能這麼快就重現大行情。如果是我，會選擇其他投資工具。

這張圖表來自《周期》雜誌，它是所有類型圖表的重要來源。請注意，這張圖表近期的走勢會以更詳細的方式來呈現。圖表的右半部涵蓋了1955至1983年，而左半部則可追溯至1781年。

圖表 57 ▶ 黃金價格 200 年來的走勢：1781—1981 年

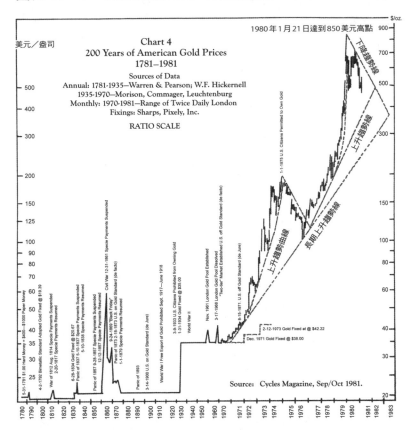

資料來源：Copyright © 1981 by the Foundation for the Study of Cycles, 124 S. Highland Avenue, Pittsburgh, PA 15206.

圖表58 掌握房地產市場的多空周期

　　房地產也有周期循環嗎？有的，而且它的周期非常明確。只不過，它們比大多數人記憶所及的時間還要長，而且更難看清楚。

　　股價和利率的即時性，使得金融市場波濤洶湧，短期波動非常明顯。股市就像一名沉默的合夥人，總是向你提出要買進或賣出你的持股，就像誘餌一樣，不斷引誘你進行愚蠢的交易。但房地產市場並不是這樣，它不會每天丟誘餌給你。相反的，房地產有一個長達十八年的「漫長周期」（Long cycle），這是以普林斯頓大學的克拉倫斯・朗（Clarence Long）命名，他在1940年首次提出這個概念。

　　這張圖表最久可追溯至1870年的長周期（請忽略圖表上方的部分，它包含了跟【圖表62】類似的內容）。在你的投資周期中，你可能最多只會看到兩到三個長周期，但你不會認為它們是周期。這些大滅絕就像你有生之年中，總會發生的那些獨一無二的災難。

　　雖然這張圖表沒有像股票那樣的每日價格和成交量來

幫助你想像這些周期，但你可以把它們看作是「疊加在其他周期之上」的周期。首先是康德拉季耶夫的「周期理論」（請見圖表84，這是最強大的潛在力量）。然後堆疊在該波動基礎之上擺動的，就是這張圖表所顯示的長周期。這些長周期是由康德拉季耶夫產生的利率波動和世代對住房需求的滿足相互作用造成的。最後，在這兩個周期之上，圍繞著長周期起伏的，則是我們經常看到三到四年的商業周期（通常被稱為「基欽周期」〔Kitchin cycles〕，以約瑟夫·基欽〔Joe Kitchin〕命名）。

我們往往只注意到基欽的周期，但是當康德拉季耶夫周期和長周期都在上升時（例如在1950年代末1960年代初），漲勢是最溫和的；當康德拉季耶夫周期和長周期都處於下降階段時（例如1928至1935年，或1873至1878年），跌勢都是最沈重的。

你不相信嗎？但你可以看看它的預測能力——這張圖表截止於1960年，它所顯示的上一次周期性高峰是在1945年，那麼下一個高峰會出現在什麼時候呢？若往後各加上十八年的時間，就是1963和1981年。

資深的房地產投資人都知道，房市從1963年開始就一路跌跌撞撞。自1981年以來，農業房地產已經崩潰（請見圖表59），而非住宅房地產則處於產能極度過剩的狀

態，就連住宅價格也不再像1970年代末那樣一路飆升。自1970年代初期以來，房市的價格為什麼會飆升這麼多呢？這是長周期嗎？在1954年的低谷之後，再加上十八年，下一個低谷會出現在1972年，而這張圖表顯示，在那之後，長周期的上升段應該已經開始了，這似乎也實際發生了。

這個周期對未來有何預測呢？下一個長周期低谷要到1990年才會出現，這意味著房市還會再糟糕個幾年，也許要持續到1992年——你不難看出這種趨勢，特別是考慮到目前可怕的稅法變化。但在那之後，長周期預測房市將迎來十年的繁榮期。所以，買點還沒到，現在先別急著出手，你得堅持到黃金的1990年代。

現在我想說的是

正如長周期所示，1990年代末和這十年的前半段確實是住宅房地產的大好時期，但主要原因是跟美國稅法的改變有關，新的稅法允許每兩年對房屋銷售免徵一次資本利得稅，而非一生只有一次免稅機會。

圖表 58 ▶ 理想的 18⅓ 年房地產周期：1870─1955 年

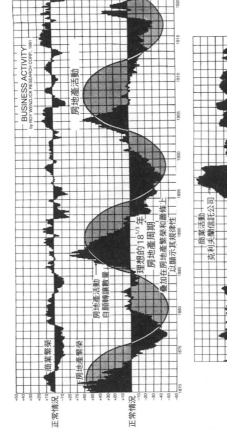

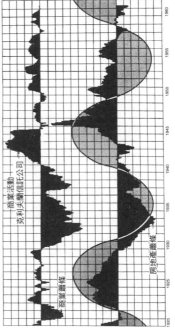

資料來源：Roy Wenzlick, Research Corp., St. Louis, MO.

圖表59 當所有人都勸你買房子時

我記得那個女人告訴我：「房地產的走勢只會朝同一個方向發展。」

那是在1980年，所有人都知道房地產是一種穩賺不賠的投資。她是個對經濟一竅不通的老寡婦，靠著買房地產賺了一大筆錢。她向我保證，「重點是你不會賠錢」；就連我隔壁的鄰居靠著購買高槓桿的土地，似乎一夜之間就賺進了數百萬美元。

當時，一位年約十九歲的員工還告訴我「哪裡可以買到特別的、但還未被人發現的土地」，他引述電影明星威爾・羅傑斯（Will Rogers）的話說：「買土地就對了！土地的供應量不會再增加了……」這些話給了我一個深刻的見解──他的喋喋不休讓我想起傳奇投資人伯納德・巴魯克（Bernard Baruch）的名言：「當乞丐、擦鞋童、理髮師、美容師都在教你該如何致富時，是時候提醒自己，沒有什麼比『相信不勞而獲』更危險的幻想了。」

雖然威爾・羅傑斯的妙語可能很有趣，但近年來投資

未開發土地的人應該要聽巴魯克的話。在1980年之前，受到尼克森、福特與卡特三位總統時期強勁的農產品價格和惡性通膨的刺激，農村房地產的價格多年來每年皆上漲約15％。但就在派對即將開始的時候，有人卻把酒水拿走了。

這張圖表顯示了1981至1985年美國每一個州（加上新英格蘭地區的總和）農業用地價值的百分比變化。

如你所見，農地的價值直線下降。這是一般農村土地的合理現象。被稱為「鏽帶」（Rust Belt）的中西部穀物地帶，雖然擁有美國最肥沃的土地，但其價值平均下跌了40％以上，愛荷華州更是跌了49％。其中，只有四個州的數據有所增長──德州的增幅最大，但即便它漲了45％，按年均複合成長來計算的話，它每年的增幅也不到10％。哇！

在我撰寫本文的時候，由於農產品價格持續疲軟，政府正致力於減少對農作物價格的支持和貸款項目，專家預測，農業房地產價格可能在幾十年內都不會回到1981年的峰值。但你為什麼要聽他們的呢？過去他們並沒有警告你1981年會發生的事，現在他們又憑什麼認為自己是對的呢？只有一件事是肯定的：我寧願在房地產價格暴跌後才買進，也不願在那之前就進場。

這張圖表完美驗證了巴魯克的真知灼見——當每個人都相信某件事能讓他們賺大錢時，事實往往並非如此。

為什麼呢？很簡單，如果每個人都相信，這意味著他們已經把錢花在這上面了（這種情況會發生得非常快），除非有更多懷疑論者轉而相信它並投入更多的錢，否則價格不會再走高。

現在我想說的是

某些經歷過 2007 年的人，可能會因為媒體對房地產泡沫故事的熱衷而覺得很辛酸。再過幾年，或許我們就不會看到災難發生了。但本篇傳達的訊息是正確的：無論是股票、房地產、黃金，或任何你能想到的投資標的，最糟糕的買進時機，就是在所有人都陷入狂熱的時候。

圖表 59 ● 美國農業房地產每英畝平均價值的變化：1981—1985 年

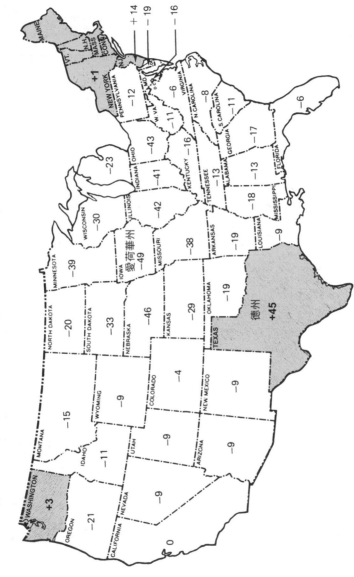

資料來源：U.S. Department of Agriculture, Economic Research Services, Agricultural Land Values, June 7, 1985.

投資房地產＝抗通膨的真相

在理解近年來的農業房地產是一場災難之後（請見圖表59），現在我們要來看看它的長期表現會是如何。

除了1965至1980年的超級通膨時期，農地投資在任何長期框架內都沒有超過平均水準。如果你不相信，請看看本節的圖表。它顯示了1912至1975年美國農業房地產價格的歷史，包括以名目美元（未考慮通膨因素）計算的價格，和經通膨調整後的價格。

這個指數從1965年的約82上升到1975年的約220。只要快速地用財務計算機算一下，你就會發現平均每年的增長率約為10.4％，這個數字似乎並不算太糟糕。只不過，實際上你並不會得到這麼好的成果。

首先，當你賣掉你的農地時，你必須支付一筆大約10％的房地產交易佣金。在扣掉這筆費用後，假設淨收益是220美元，會下降到只剩198美元，這會使得你的年收益率下降到9.2％。然後，在這段時間內，房地產稅平均每年會占房地產資產價值的1％左右，這又會使得你的年

收益率下降到8％左右。因此，以投資來說，即便是歷史上農業房地產最好的時期，也比過去六十年來股票的平均年收益率都還要糟糕（請見圖表12）。

如果從這張圖表的整體來看，情況又更糟了。如果你在1912年以25美元的價格買進，然後在1975年以220美元的價格賣出（圖表中的紅線），淨賺了198美元，那麼在繳納房地產稅之前，你這六十三年的平均年收益率只有3.3％——這大約相當於同一時期的通膨率或美國國債收益率（請見圖表10）。

另一個觀察方式，是檢視以1967年定值美元計算的農業房地產價格的趨勢線（圖表中的黑線），此處的價格已根據通膨進行調整。你可以發現，在扣除通膨因素之後，這項投資在整個生命周期內，幾乎沒有任何實際的升值，而且這還不包括必須繳納的房地產稅。

但這又怎麼樣呢？很多投資人想的無非就是要對沖通膨而已。但這張圖表也反駁了這個抗通膨的神話——作為一種長期的通膨對沖手段，農業房地產的表現欠佳。如果你在1912年買進、在1942年賣出，整整三十年後，你會損失超過40％的原始購買力，而且還不包括佣金和稅負的影響。

那麼，要等待多長的時間才足以達到對沖通膨的效果

呢？在這種情況下，似乎得等上五十六年，也就是直到1968年。

當然，如果把佣金和稅負也考慮進來，你可能永遠都無法回收這筆投資。最後一個問題是，為了獲得如此平庸的回報，你必須持續忍受流動性不足的問題。相對的，固定收益證券（短期國庫券和債券）的好處在於，過去幾十年的平均年收益率與房地產非常相似；股票的表現更好，而且你可以在任何你想要的時候兌現你的籌碼。

所以，我的結論是：如果你想獲得高於平均水準的回報，你必須從歷史中吸取教訓，不要試圖投資那些未開發的土地，因為你很有可能會獲得一筆不理想的交易。從長遠來看，農業房地產不會是你的最佳選擇，而且從來都不是。

圖表 60 ◐ 美國農業房地產的價格趨勢：1912—1976 年

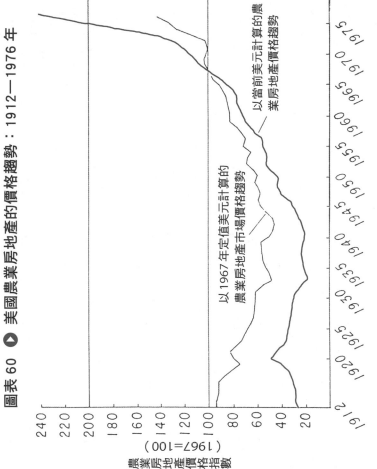

農業房地產價格指數（1967=100）

240
220
200
180
160
140
120
100
80
60
40
20

1912 1920 1925 1930 1935 1940 1945 1950 1955 1960 1965 1970 1975

以1967年定值美元計算的農業房地產市場價格趨勢

以當前美元計算的農業房地產價格趨勢

資料來源：Raleigh Barlowe, *Land Resource Economics: The Economics of Real Estate*, Englewood Cliffs, NJ: Prentice Hall, Inc., 1978.

「至少我知道我的房子買得很划算，對吧？」也許吧。但很少有人知道，他們買房子的大部分收益是來自借貸，而不是價格上漲。

這張圖表（採用美國商務部的數據）顯示了從1885到1980年美國房屋的平均價格。乍看之下表現很棒。該指數從1935年的60上升到1980年的1,000。但是外表是會騙人的，所以你應該學著運用你的財務計算機，計算一下自1935年以來的年均複合成長率。信不信由你，從60到1,000這看似巨大的波動，每年的複合回報率卻不到6.5％，跟你所想的高回報率完全不一樣。如果你把錢拿去買紐約證交所的股票，你的績效表現應該會比這個數字更好（請見圖表12）。

還記得嗎？你認為你的房子買得很划算、賺的錢肯定比這個數字還多。但你可能忘了，你的房子只花了20％的錢，其餘的錢都是透過抵押貸款借來的。所以在你看來，1935年的你並未支付60美元，而是只付了12美元。

別忘了很重要的一點，「貸款是必須要償還的」，這是上一代人在1930年代學到的事，但在那之後的人們基本上已經忘了──借錢買房子也許能取得更高的回報，但前提是你得承受相對更大的風險。如果你的房子因為任何原因貶值了，就像1925至1935年間的房價一樣，那麼你可能會陷入利息和巨額虧損的困境。

　　想像一下，在1925年買房子，圖表中的指數顯示，它的價格大約是100美元──你拿出20美元，借來80美元。你每年支付利息。但在最初幾年，你所繳的錢僅有一小部分是用來償還本金的。到了1930年代中期，你仍然還欠著80美元，但那時你房子的價值已經跌到了60美元。記住，你還欠了80美元，所以你的房屋淨值是負的20美元。你要到1940年代末才能損益兩平，這還不包括這些年你所支付的利息。

　　誰能想到，在利率普遍下降的二十年裡，房價居然會下跌呢？這真是一個了不起的投資啊！事實上，如果你的奶奶在1885年以60美元的價格買了一間房子，你的家人持有它九十五年，而你在1980年以1,000美元的價格賣掉它，若不考慮佣金或稅負的話，你這九十五年的年均回報率將只有3.0%。

　　這與今天的世界有什麼關聯呢？

現在的房價已然高漲。如果你將租金視為是相對於房市價值的收益率，那麼租金收益可說是微乎其微，遠遠低於把錢放在銀行。這與一些房地產專家的幻想恰恰相反（那些人不明白長期債券是如何定價的，請見圖表33）——租金並不會隨著房價的上漲而上漲，但房價卻會下跌以對應租金行情。

　　這就像債券一樣，房地產價格必須波動，才能讓租金收益率長時間的與其他投資選項競爭。由於房地產價值仍遠遠不及廉價的水準，加上很少有人知道，房貸有可能會像1930年代摧毀大批民眾那樣讓你一貧如洗，但現在你知道了。請記住，從1890到1935年，房地產價格並沒有升值，而這種情況可能會再次發生，甚至可能會更糟。

現在我想說的是

有一個重要結論是：擔心房價「太高」，並不是什麼新鮮事。

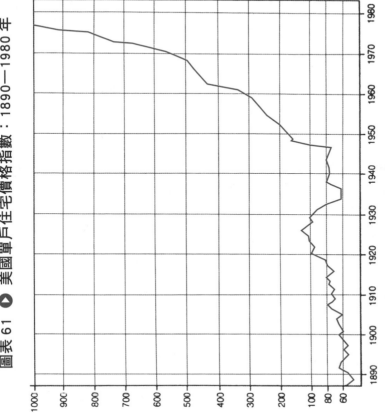

圖表 61 ◐ 美國單戶住宅價格指數：1890─1980 年

資料來源：Douglas Casey, *Strategic Investing*, New York: Simon & Schuster, 1982.

解讀經濟周期、
政府財政和江湖騙術

.

　　讓我感到驚訝的是，毫無根據的金融神話在媒體和社交互動上流竄，人們傳遞訊息前從未查證所謂的「事實」是否屬實。由此看來，圖表能提供一個快速的可視化檢驗，藉以確定眾人的胡言亂語是否有事實依據，或者僅僅只是重述他們已經接受的錯誤觀點。

　　本書第三部分的圖表將揭露經濟現象、政府財政，以及某些江湖騙術，並將其區分出我們已視為事實和尚未接受的部分。這些圖表能給你一個清晰的視角，幫助你掌握現實。

　　也許沒有比「政府財政」更能製造群眾迷思和盲目狂熱的話題了。政客們握有既得利益，他們會推動不實的觀

點以謀求勝選；媒體則專注於譁眾取寵，好讓自己把新聞賣出去；人們則盲目地傳遞自己所接收的資訊，以便活躍於社交場合。難怪街上的人會相信自己從四面八方聽來的謬論——畢竟，當每個人都這麼說的時候，你很難辨別哪些事是在胡說八道。

這個部分將從九大視角帶你拆解政府財政，主題涵蓋稅收、債務、政府支出、政府成長、地方與聯邦等問題。

債務和赤字

例如，你一眼就能看出聯邦債務「危機」是一個問題，但它只是一個小問題，絕對不是真正的危機，甚至還差得遠。

思考「聯邦債務」這個問題的最好方法，就是算出山姆大叔（聯邦政府）的債務相對於他的收入和淨資產的比率。根據這些指標，你就會知道山姆大叔的債務實際上還處於相對寬裕的歷史平均水準之內。例如，你會瞭解到，儘管聯邦債務占國民生產毛額的比例高於十年前，但這只不過是回到1960年代中期的水準，且遠低於1950年代中期，大約是1940年代中期的三分之一。也就是說，如果過去我們負擔得起這樣的債務，現在的狀況看起來就沒有

那麼糟糕了。

　　事實上，你甚至會懷疑「償還聯邦債務」可能不是世界上最好的主意。這種做法過去已經發生過一次，結果導致了美國有史以來最嚴重的三次大蕭條之一。如【圖表76】所示，頑固的安德魯·傑克森（Andy Jackson）在償還了聯邦債務之後，導致嚴重的金融恐慌和持續七年的經濟衰退。然而，你可以從【圖表82】中學到，如果我們真的想償還山姆大叔的債務，其實不用透過加稅就能辦到（就像安德魯·傑克森做的事一樣）。要怎麼做呢？請翻到【圖表82】，看看美國政府如何靠著一百五十年來的債務和通膨來建立世界上最有價值的房地產投資組合。

　　你也會清楚地看到，大家廣泛討論的「赤字」，其實並不像大多數人想像的那麼重要——它甚至可能根本不存在。如果你拿出山姆大叔給各州和市政當局1,000億美元的移轉性支出（transfer payments，為他們的1,000億美元盈餘提供資金），讓山姆大叔像企業那樣對其購買的資產進行折舊，你就能在不改變任何事情的情況下讓大部分的聯邦赤字蒸發掉。這僅是「創造性會計」（creative accounting）的手法嗎？不，這其實是相當現實的會計做法。正如你將在【圖表82】看到的，山姆大叔在過去兩個世紀所購買的資產造成了赤字和聯邦債務，但如今它們已

價值數萬億美元。

諷刺的是，儘管很少有人談及這一點，但真正令人擔憂的應該是聯邦政府支出的增長率，而不是赤字和債務。如果未來山姆大叔的年支出成長速度仍像過去二十年一樣高於國民生產毛額，那麼山姆大叔用不了一百年的時間，就能以相對較高的複合增長率接管整個經濟。

反企業的錯誤觀念 ✍

除了政府，商業世界也長期製造出錯誤的觀念。隨著巨額財富的累積，人們把這些富人描繪成擁有超人般技能的人，或將之視為是邪惡腐敗之人，甚至是其他駭人聽聞，但實際上根本不是那麼一回事的人物。通常，這些富人只是普通人，擁有普通人的所有優點和缺點，他們勤奮、堅定、聰明也很幸運——他們在正確的時間出現在正確的地方。但他們的商業行為被過度神化，要麼太好，要麼太壞。

這種現象一直都是如此。正如你會在【圖表36】看到的，數百年來，這種過度神化的現象時有所聞。

在我公司的圖書館裡，有一本老羅斯福（Teddy Roosevelt）初版的《公平交易》（*Square Deal*）。在它的旁

邊，則放著一本羅伯特・韋爾奇（Robert Welch，美國極右派富商）的「約翰伯奇協會」（John Birch Society）藍皮書。諷刺的是，就連韋爾奇狂熱的保守主義言論也比羅斯福反企業的「黃色新聞」（yellow journalism）要溫和得多。在今天的反商迷思中，你都還能找到許多老羅斯福當年的主張。

舉例來說，近年來普遍被接受的迷思指出，「企業並未擴大其實體經營，而是狂熱地進行收購和合併」。嗯，併購狂熱確實存在（請見圖表21），但企業在實體經營上的支出也創下新高——這不僅是絕對值，從企業產值占國民生產毛額的百分比來看也是如此。你可以在【圖表68】中看到1900年以來的歷史數字。如果你對我更新的數據有疑慮，你也可以在價值線（Value Line）的圖書館、世界大型企業聯合會（The Conference Board，隸屬美國商務部），或者在【圖表68】的資料來源——美國機械及聯合產品協會（Machinery and Allied Products Institute）找到相關的數據。該協會出版了名為《資本貨物評論》（*Capital Goods Review*）的新聞通訊，裡頭就收錄了這類數據。

同樣的，在過去十年裡，媒體把石油業的人說成是「大壞蛋」，把電子業的領導者說成是「瀕死美國工業惡臭

環境中的一股清新空氣」。即便有部分是事實，但大多都是無稽之談。【圖表71】與【圖表73】則展現前文的另一個面向，由於過去幾百年中並沒有什麼新鮮事發生，以所謂的「新學習曲線」為例，雖然普遍認為這促使電子業的先驅們取得偉大成就，但你會發現這種說法其實並不新鮮；而石油業很大程度上其實是政治和外國勢力的受害者，而不是邪惡的肇事者。問題是，你很難讓人們去思考這些事情。

其他強烈抗議的聲音

例如，另一個廣為流傳的謬論是「勞工的報酬過高」。這種說法很愚蠢（請見圖表70）。從經通膨調整後的長期數據來看，勞工拿到的報酬並不算高。當有人在抱怨勞工的報酬過高時，他們只是證明自己無法有效地利用勞動力。從某種意義上說，他們展現了自己的無知與無能——問題不在於人力成本，而在於管理者的頭腦。

此外，最近有人針對外國投資南非一事發出強烈的抗議。有人擔心種族隔離等問題，也有人擔心南非貴金屬生產的價值。雖然本書不討論道德問題，但從【圖表69】可以清楚地看出，南非金礦的真正價值不過是標普500指數

背上的一個小疙瘩。如果明天整個南非都完蛋了，我們其餘的人也許會打個嗝，再打個哈欠，然後繼續過日子。

江湖術士的圖表 ✍

　　不幸的是，人類往往更確信那些「自己不知道的事」，而不願意承認那些「自己無法解釋的現象」。第三部分的最後九個圖表，即是我所說的江湖術士圖表。很多人會認為這些主題是騙人的把戲，但我希望當你讀到它們的時候，你能在騙術之外，看到一些實質內容。

　　例如，主流經濟學家們往往對康德拉季耶夫的「周期理論」嗤之以鼻，他們之中的大多數人甚至不願認真地討論它。但是，正如你直覺地認知，「大多數經濟學家也不擅長預測經濟」。如果他們能把周期理論納入自己的思維中，那麼在最近幾年，他們或許就能做出更好的預測。

　　我在前面的章節說過，在那些被認為是招搖撞騙的「周期」中，存在大量的巧合。也許預測經濟就像過去探險家把世界看作是平的一樣。預測者或許知道很多事情，但仍遠遠不夠。

　　我們可以在「太陽黑子」上找到一個更有力的例子。太陽黑子對農業、航空航太、通訊等領域的影響是不容置

疑的（請見圖表85）。然而，沒有人知道太陽黑子存在及形成的原因。目前已知的是，太陽黑子的周期與照射我們所有人、不同形式的大氣輻射數量變化相對應，那麼，太陽黑子或其他引發太陽黑子的原因，是否有可能透過輻射水平，直接或間接地影響我們的情緒、心態，進而影響我們的財務決策呢？

　　不幸的是，可能只有像哥倫布這樣的探險家才能夠回答這個問題。或許有一天，科學家會發現太陽黑子的成因，並解釋太陽和華爾街之間的關聯。與此同時，像太陽黑子這樣的概念，有些人會不假思索地接受，但多數封閉心態的人則會拒絕接受。太陽黑子是人類所知甚少的最好提醒之一。它提醒我們，我們的決策某種程度上皆是出於無知（這在華爾街很常見），但如果你明白自己的無知，未來才會做得更好。

　　儘管如此，還是有幾個對分析經濟周期很有用的現象，可以將之用圖表的形式呈現出來。其中，預測經濟的最佳指標就是股價波動的方向（請見圖表16）。但不幸的是，許多人卻想藉由預測經濟來掌握股價，這是徒勞無功的作法。要知道，把經濟和股市聯繫在一起的是「1%法則」（請見圖表64），該法則指出，在失業率停止下降後不久，市場就會開始飆升，進而上升整整一個百分點；汽車

銷售也是另一個值得關注的指標，因為如【圖表65】所示，汽車銷量的下降會走在經濟和股市等大多數的下跌趨勢前面。

從整體趨勢來看 ✎

為了讓你充分理解一切，這個部分將從兩張圖表開始，呈現出美國乃至全球經濟的長期歷史概況。

第一張圖表相當經典（圖表62）。它列舉出美國史上所有的繁榮和蕭條，你可以一眼看出它們的規模大小。

第二張圖表則相當罕見（圖表63）。它詳細描述了西方國家在經濟上緊密聯繫的巨大趨勢。在電腦、電話、飛機和道瓊指數出現以前，全球性的繁榮和蕭條就已經存在。就算整本書你只學到了這張圖表的教訓，那就算是值回書價了！

我們仍然相信，透過政治手段來修補經濟，可以讓我們避開經濟上的障礙。但是，如果世界各國的經濟早已緊密相連，那麼一個國家的主政者就不能把繁榮或衰退的責任攬在自己身上。因為我們無法避免全球性的衰退，過去我們從未做到，將來也不會。希望你能利用從這些圖表中學到的東西，為自己解開更多的謎團。

作者註釋：2007 年 ✎

　　從 1987 年以來，我對「債務」和「赤字」的看法發生了變化。是的，即便那個時候我已看出它們並非是會影響市場或經濟的負面因素。但現在我知道，「減少債務」絕對不是一個目標，我會在〈附錄〉中對【圖表 83】的最新評論詳述這一點。債務絕不是壞事，而是好事，因為無論在理論上或現實中，我們其實並未真的有背負那麼多的債務。我們甚至可以舉更多債！在你詛咒我之前，請先讀讀我的評論。你可能會被我說服。

　　你手上這本最新修訂版，我只有在個別圖表上做了更新，其餘的內容基本上仍然適用於今天。你可能會想，「這怎麼可能呢？都過了二十年了！」因為這些內容主要跟媒體、政府造成的迷思有關。媒體的本質在於追求利潤、製造迷思──過去如此、現在如此、將來也會是如此。數千年來，人類一直對建立、延續和享受神話有著無盡的欲望。我對媒體追求利潤沒有意見，能創造利潤是好事！但你應該要保持警惕，特別是對那些受到媒體追捧的事。這並不能證明你是對的，但很可能是防止你犯錯的警告──你對市場或其他方面的判斷可能錯了，因為所有經常被討論和已知的事物都已大打折扣。

至於在政治方面，這幾年也沒有太大的變化。「政治」（politics）一詞源自於希臘語「poli」，意思是「許多」；「tics」則為「微小的吸血生物」之意。和過去相比，我們今天選出的政客依然迂腐和俗氣（甚至還更糟），因此政治上的改變並不大。

　　我要再重申一次：只要你看懂【圖表63】的教訓，那就算是值回書價了！

　　現在，讓我們繼續來跳這支華爾滋吧。

你求知若渴嗎？或者想成為社交場合上妙語如珠的風雲人物嗎？如果是這樣，那麼這張圖表非常適合你。這是一張美國經濟史的「一分鐘速查表」。有了它，你就能嚇嚇你的朋友，還能讓他們眼睛一亮。

　　想像一下，你的大舅子在電話裡糾纏著你太太，要她動用老爸的信託基金。他想讓她冒險投資佛羅里達未開發的土地，而且保證穩賺不賠。你太太快瘋了。她害怕投資砸鍋，但也無法拒絕哥哥的請求。這個時候，你果斷地拿出這張速查表，撥了通電話，跟你的大舅子說：「艾德，這事我仔細考慮過了，但我發現歷史上的相似之處實在太多了。我認為，目前的經濟環境和1830年代銀行信貸繁榮的景象非常相似，除非你能說服我，我的看法是錯的，否則我會勸告蘇西避免投資那些未開發的土地。我會把我以前的經濟史課本寄給你，然後我們再聯絡……」相信我，艾德永遠都不會再打電話給你了。而對蘇西來說，你就是她的英雄。

鏡頭轉到一個雞尾酒會上，有個笨蛋正喋喋不休地說著他的公司經營得有多好、賺了多少錢……，此時有人把目光移到你身上，他藉著 Gin Fizz 的泡沫打了嗝問道：「嘿，你最近怎麼樣？」你想起了你的速查表，於是回答說：「嗯，約翰，我們一直都做得風生水起，但我一直告訴自己不要過度自負。你知道的，這段時間讓我想起了1870年代初期，也就是工業過度擴張的繁榮時期，那些賺錢很容易的日子……但你知道在那之後發生了什麼吧？」當然，他不知道——接著你給他完美的最後一擊：「這可是史上最長的大蕭條，幾乎和1930年代一樣糟糕，所以就算現在我賺得盆滿缽滿，但我也制定了避免損失的策略。」說完，你已大獲全勝。

　　我第一次看到這張圖表的早期版本時還是個孩子，當時我就對它涵蓋一百九十年的視覺效果深感震撼。這張圖表有兩大特點。

　　首先，以紅線標示的指數顯示的是批發價格，陰影區域顯示的則是對經濟形勢好與壞的主觀看法。「長期趨勢線」上方的陰影區域，顯示的是經濟繁榮時期，至於「長期趨勢線」下方的區域，顯示的則是蕭條和衰退時期。

　　這張圖表近期的反映並不太真實，例如1973到1975年和1982到1983年的經濟衰退，雖然沒有出現在趨勢線

以下，但它們其實與許多趨勢線下方的衰退時期（例如1903到1904年的「富人恐慌」）一樣嚴重。儘管如此，這張圖表仍涵蓋了多數人認知可及的歷史，其傳奇性實在令人難以置信。

知道1928年以前發生了什麼事的人，十個人裡頭大概還不到一個。事實上，沒有人願意暴露自己的無知，因為社會無法容忍這種情況。只要把這張圖表與本書其他圖表的細節結合起來（例如圖表45：高利率時代會再次來臨嗎？），那麼無論身處哪種場合，你應該都能獲得別人對你的信服。

希望你玩得開心。你甚至會發現，爬梳這段歷史的過程是很有趣的，我自己也玩得很開心。

圖表 62 ● 美國經濟活動史：1790－1986 年

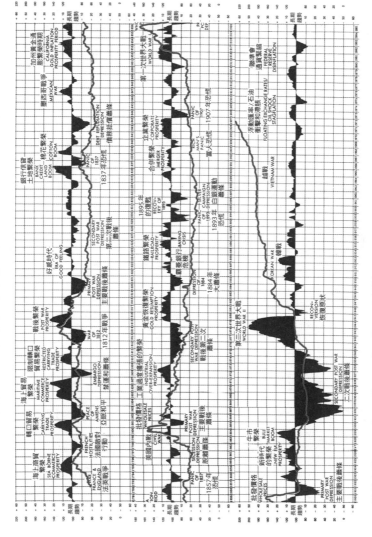

資料來源：Ameritrust Corporation, January 1986.

圖表63 西方世界經濟榮衰的周期

　　不，這張圖表可不是一張墨跡測試！但能從中看到大量墨跡的人，或許會是第一位學到教訓的人。在我偶然發現這張圖表的時候，它確實也讓我大吃一驚。它之所以很重要，主要有三個原因。

　　首先，它是對西方世界經濟周期的一種獨特的、可一目了然的、縮略圖式的長期概覽。其次，它來自世界經濟學最早的權威資料——米契爾（Wesley C. Mitchell）1927年的經典著作《景氣循環》（*Business Cycles*），這是美國全國經濟研究所（NBER）出版的第十本著作。NBER是美國經濟衰退、擴張數據的官方統計機構。米契爾則是該機構的創始人，並擔任了二十五年的研究主管，同時他也是美國統計協會（ASA）的前主席，公認是第一位將經濟統計標準化的人。毫無疑問，如果米契爾能活到1970年，他會成為首位諾貝爾經濟學獎得主，而不是西蒙·顧志耐（Simon Kuznets）；如果沒有米契爾打下的基礎，國民生產毛額的會計核算工作就不可能存在。最後一點，這張圖

表的重要性是來自於它的視覺效果。

　　看看這張圖表，你不必太在乎細節就能從中學到教訓。你可以觀察它描述的主要西方國家，每一個不同的陰影都代表不同的經濟事件。注意那些陰影是如何排列、整齊堆疊在一起的——大部分的深色都會疊在深色上面、淺色則大多會疊在淺色上面……等等。也就是說，「在一個國家發生的事情，往往也會在大多數其他國家發生」。這就是教訓。

　　雖然你已經越來越常在媒體上聽到這個說法，但這張圖表告訴你，過去一直都是如此，而未來也很有可能會這樣延續下去。

　　經濟衰退（深色和灰色區域）通常是全球性的。當然，總得有人先感染病毒，而有些人抵抗病毒的時間會更長一些。有些人感染後情況很糟，有些人的症狀則相對輕微。但一旦經濟流感開始蔓延，全世界幾乎所有人都會受到感染。

　　只不過，人們很難相信這一點。他們更願意相信他們可以靠自己的方式來抵抗經濟流感、逆勢而為。但幾乎沒有人能成功逆轉形勢。大多數的經濟學理論都認為，「一個國家不應該受到世界其他國家太大的影響」。顯而易見的是，經濟學家通常不善於預測經濟，而歷史也比那些經

濟理論更具有權威性。

　　本書一再強調,「沒有一個國家會是經濟孤島」。這存在兩個巨大的諷刺。第一,當一個國家試圖採取極端措施來對抗經濟衰退的趨勢時,通常會遭受更嚴重的後果;第二,政客們通常都把全球性的經濟擴張歸功給自己,然後把經濟衰退歸咎給「外部事件」。

　　一旦經濟衰退開始席捲全球,政客們幾乎無能為力(我甚至希望他們別試著做點什麼)。但對投資者來說,最好的教訓就是要「密切關注」全球和自己國家正在發生的任何歧異(請見圖表42),因為金融市場和其他所有領域都會緊緊跟著全球的主流趨勢前進。

圖表 63 ▶ 西方世界的經濟周期概論：1790—1925 年

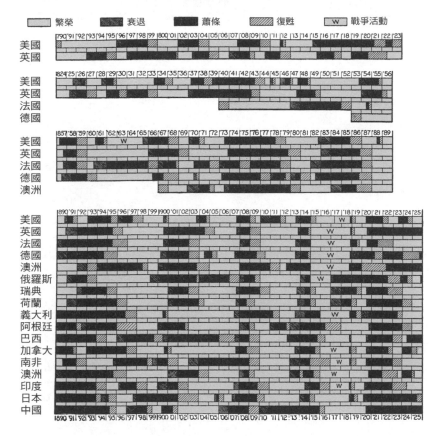

資料來源：Wesley C. Mitchell, *Business Cycles, The Problem and its Setting*, National
Bureau of Economic Research, New York, 1927.

狙擊股市買點的「1％法則」

從歷史上來看，股市和經濟衰退之間一直存在緊密的關係（請見圖表25）。但是，失業率和經濟衰退之間的關係也同樣重要——你可以把「失業率」當作主要買進訊號出現時的一個先行指標。

這張圖表顯示了在經濟衰退時期的失業率，請見圖表中陰影的部分，至於白色的部分則代表經濟擴張時期。

失業率的定義是，「找工作的人除以所有在職勞工和求職者的總和」。請注意，失業率會在經濟擴張時期下降、在經濟衰退時期上升。看起來這似乎是理所當然的，但是請仔細觀察：在整個經濟衰退期間，失業率是如何平均地上升和下降的？例如，在經濟擴張期間，失業率從未上升一個百分點過（請見圖表左側的刻度）。然而，在經濟衰退時期的前三分之二階段，失業率通常至少會上升整整一個百分點。

與之相反的是，股市會在經濟衰退開始前下跌；等到經濟衰退過半的時候，股市已經在期待一個更好的未來，

並開始飆升了（請見圖表25）。

這就是我說的「1％法則」：如果你想在股市觸底時獲利，那麼當失業率剛上升一個百分點的時候，你最好積極地買進。雖然這個指標和其他任何指標一樣都不能完美地預測市場底部，但「1％法則」卻能幫助你掌握正確的方向，並幾近完美地告訴你市場現在處於什麼局面——它能讓你在股市觸底前的幾個月把握到投資機會。當然，你還需要其他工具來微調底部的位置，但這個指標卻是一個很好的錨點。

換句話說，如果失業率沒有上升一個百分點，股市的周期性低點就仍未出現。

1970年的市場就是一個很好的案例。自1968年12月以來，股市一直在下跌。自1961年以來，失業率就持續下降，但卻在1970年開始急劇上升，這是一個值得投資人關注的警訊。到了1970年春天，失業率上升了整整一個百分點。道瓊指數在5月26日跌至627點的底部。如果你運用了「1％法則」進場，此時必定會笑逐顏開。當然，你也可以運用這個法則，將之與其他股市周期的底部進行比較。

失業率不會告訴你市場何時見頂——它預測市場波峰的精確度不如預測波谷的精確度高。這是因為股市會走在

經濟前面，它會在經濟出現疲軟前就先行下跌，而經濟出現疲軟才會導致失業率上升。

　　但你也可以從這張圖表中看到，在失業率下降至少兩年之後，股市才有可能重回主要的高峰。哪裡可以找到失業率的數據呢？許多地方都能找到，《巴倫周刊》每週的封底就有刊登。

現在我想說的是

　　如果你把這張圖表更新到 2007 年，你會發現前文所述的情況依然是如此。清楚分明！

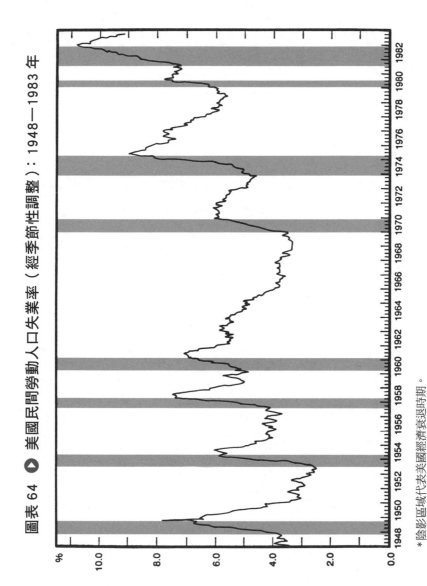

圖表 64 ◐ 美國民間勞動人口失業率（經季節性調整）：1948－1983 年

*陰影區域代表美國經濟衰退時期。

資料來源：U.S. Bureau of Labor Statistics.

圖表65 汽車銷量和股市有何關係？

　　「小心！要撞到了！」這句話可以指市場，也可以指你搭乘的車輛——當汽車銷量暴跌時，股市很可能會緊隨其後，然後是整個經濟。如【圖表25】所示，股票在預測經濟方面做得很好。但是，本節的這張圖表也告訴你，「汽車銷量」也是如此，它與股市的關係也相當密切。同樣的，這張圖表的陰影區域代表經濟衰退時期。

　　值得注意的是，汽車銷量似乎總是在經濟衰退之前下降，且通常會下降一段時間。只有在1960年，汽車銷量未在經濟衰退前一段時間先行下滑。1981至1982年時，這個指標的預警時間也很短暫，但怎麼可能不短呢？它是隨著1980年的經濟衰退而來的。

　　為什麼汽車銷量下降會比經濟衰退早出現呢？因為汽車要價不菲，而且它可以使用好幾年。大部分的人買車都不會用現金來支付，而是會用貸款的方式去買。

　　在經濟衰退期間，人們會對大環境感到恐慌，很少有人願意在此時冒險買車。隨著他們的車齡老化，當他們看

到酷炫無比的新車廣告時，過去被壓抑的購車需求就會增加。隨著經濟逐漸升溫，人們不再那麼害怕了，那些被壓抑的需求通常就會在同一時間被釋放出來。

過了一段時間後，會發生兩件事。首先，大部分懷抱新車夢想的人都買車了，他們把錢花光了；其次，由於這些車主是屬於信用風險最高的族群（相對於其他抵押貸款的借款人而言），隨著景氣擴張到高點及市場利率上升，許多仍然想買車的潛在消費者無法獲得信貸——這兩股力量會導致汽車銷量暴跌。但此時經濟還不會陷入混亂，因為人們只是從買車轉向購買相對便宜的非耐久性用品，例如衣服和奢侈品（請注意，汽車銷量的上升並不能預見經濟復甦）。

但最重要的部分是，汽車銷量的走勢是怎麼與股市的波動相對應的？汽車銷量在 1950 年達到高點，股市在 1952 年見頂；汽車銷量在 1955 年達到高點，股市在 1956 年見頂；汽車銷量在 1959 年達到頂峰，股市也是如此。

這種情況在 1965 年（兩者都未出現衰退）、1968 和 1972 年再次發生。1976 年則是例外，股市比汽車銷量早十八個月見到高點。但正如我反覆強調的，「市場上沒有什麼東西是完美同步的」；1981 年，這兩者再次同時達到頂峰。

這告訴我們什麼事呢？在汽車銷量上升的情況下，不要期待股市會大幅下跌；當股市走空時，則要檢視汽車銷量是否也在下跌，藉此驗證這波跌勢是否會持續下去、程度會有多嚴重。

你可以從《巴倫周刊》上獲取每週汽車銷售的數據。在我撰寫本文的時候，這本書中許多以價值為導向的股市指標都呈現空頭走勢，但汽車銷售仍在蓬勃發展，這得益於利率下降和汽車製造商以低於市場水平的利率提供融資。隨著利率的下降，汽車銷售也給股市帶來了一線希望，樂觀主義者可以把信心建立在這一線希望上。

現在我想說的是

時至今日，現在的美國人更富有、更容易取得信貸、資金也相對更便宜了，而且「汽車」在美國 GDP 中所占的比例要小得多，所以我不會那麼依賴這個指標。但是，從歷史的角度來看，本文所述的現象仍然很有趣。

圖表 65 ● 美國新車銷售量（不包括進口車）：1945—1983 年

單位：百萬輛

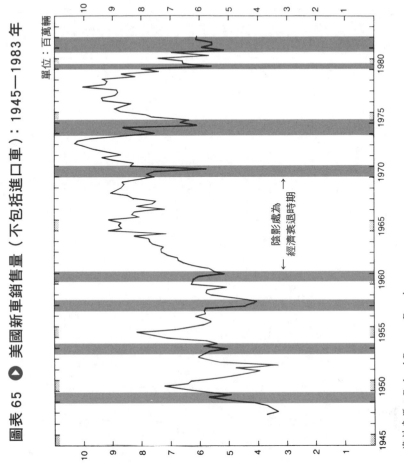

資料來源：Federal Reserve Board.

「新屋開工數」的經濟影響力

你都怎麼預測經濟走勢呢？有一種方法是把「新屋開工數」（housing starts）倒過來看——當它們上升了一段時間後，你會發現經濟在接下來一段時間內會變得更糟；而當新屋開工數下降一段時間後，你則會看到一個更美好的世界。

什麼是新屋開工數？投資人為什麼要關注它們呢？

所謂的「新屋開工數」，是指在任何時候建造的新成屋，以及相當於房屋的公寓單位數量。這個指標有其波動周期，是整體經濟重要的一部分。如果住宅市場崩潰，企業經營很難保持強勁，房市也很難維持多頭。住宅供過於求的結果，經濟會隨之衰退。當新屋開工數連續兩年或三年上升時，整個經濟通常會呈現疲態，準備休息一段時間。此時就得小心了。特別是當每年的新屋開工數達到200萬時，情況更是如此。

這張圖表顯示了1950至1979年的新屋開工情況，以及實際住宅固定投資（RRFI）。後者是以一種更複雜、令

人困惑的方式去講述同樣的事。所以，請先忽略RRFI。新屋開工數已足以說明一切。

你可觀察1972和1973年的新屋開工高峰——每年開工量超過200萬。想想1974年吧，那是戰後所有經濟衰退中最嚴重的一次，它正是緊隨著這些巨量的新屋開工數而來的。

再看看1977至1978年新屋開工強勁的時期，此時更出現「停滯性通膨」（stagflation）一詞，這是指經濟成長停滯不前，且出現嚴重的通膨。因此，只要觀察到新屋開工數連續成長數年，甚至達到200萬的水準，你就得警覺到危險可能已近在眼前。

想知道最新的新屋開工數據嗎？你可以在每週的《巴倫周刊》取得目前新屋開工的年化資料——自從1983年以來，新屋開工的數字持續在攀升，到了1986年初已回到200萬的水準。這對1987和1988年的經濟體來說，堪稱是不祥之兆。

這張圖表來自波士頓聯邦儲備銀行出版的《新英格蘭經濟評論》。它所使用的數據則是來自美國商務部發布的《當前商業調查》（*Survey of Current Business*）。當然，你也可以直接從圖書館中查找這個資料來源的數據。

現在我想說的是

　　時至今日，「新屋開工數」這個指標依然很受歡迎，特別是在 2007 年，因為大多數人都在擔心房市會崩盤。但是請記住一件事：如果每個人都在觀察同樣的事情，並且用同樣的方式去解讀它們，那麼就沒有任何力量能推動市場了──你必須理解別人所不能理解的東西。

圖表 66 ● 美國新屋開工數：1950—1979 年

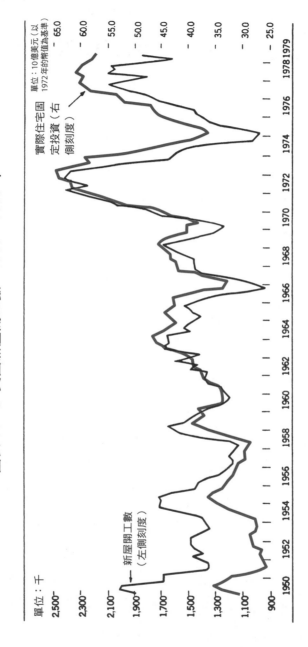

資料來源：*New England Economic Review.* Federal Reserve Bank, Boston, 1979.

圖表67 「失業率」與通膨的共伴效應

　　大多數人都認為，除了1930年代之外，失業率直到今天都處於較低的水平。如果你只回顧到1920年代，這個說法大致沒錯，但如果再往前追溯的話，事實就不是如此了。

　　在十九世紀末，當英國在經濟和軍事上主宰世界的時候，失業率就像溜溜球一樣不斷上沖下洗。就如同這張圖表所示，英國的失業率經常上看7％，有幾次還達到10％和11％，甚至比美國近期失業率的歷史高點還要高。

　　這張1929年的圖表來自英國經濟學家皮古的著作《工業波動》。皮古是劍橋大學的教授，在「凱因斯革命」以前，他是那個時代最傑出的經濟學家。他的書描繪了一個今天少有人會關注、幾乎被世人遺忘的世界。然而，英國經濟史對現今世界而言意義重大，因為英國在十九世紀後期的地位對比現今世界，實在有太多相似之處。

　　近期美國的失業率達到自1930年代以來、所有時期的最高水準，這讓我們想起美國與英國及其周期性失業的

共同點。首先，請記住當時的英國是西方世界的驅動力，就像今天的美國一樣。今天，美國的貿易量占自由世界貿易量的一半，而當時的英國也是如此；其他國家的央行貨幣準備是以美國國庫券為基礎，就像他們當時是採用英國政府債券一樣。

最重要的是，請注意皮古圖表中失業率的巨大波動。如【圖表47】和【圖表49】所示，與其他國家相比，英國的大宗商品價格和利率並不是特別不穩定，所以為什麼會出現像溜溜球一樣的失業率波動呢？

其他國家把他們的失業問題輸出到英國。由於英國維持金本位制，它的貨幣價值相對固定，就像一隻容易被攻擊的鴨子。每當全球經濟衰退時，其他國家就會透過通膨使自己的貨幣貶值，藉此提高自家產品的國際競爭力，從而在英國的國際貿易中分一杯羹。

當然，這個作法的效果只是暫時性的。隨著時間的推移，國家的通膨成本會越來越高，但是在短期內，印鈔票是一個提振國際市場對你的產品需求及提高就業率的好方法，至於代價，就是讓你成為一個坐以待斃的目標。

今天的美國就是那隻靜止不動的鴨子。這不完全是通膨的問題，還包括向日本企業提供部分聯邦補貼貸款、國有企業不必盈利且可用低價出售——這都是通膨的緣由。

美國以外的所有人都知道，保持低失業率的唯一方法，就是盡快將失業率出口到美國。因此，在像1982年這樣的經濟衰退中，美元相對於其他國家的貨幣升值。然後，在像最近這樣的經濟復甦中，美元和失業率最終也會回落。

　　結果呢？儘管美元最近貶值、失業率也降到6%，但可預期的是，當下一次經濟衰退來臨時，這兩者又會再度飆升，而其他國家則會試圖「擺脫」自己的失業率。或許美國唯一的選擇，就是用通膨來戰勝他們，但根據過去的經驗，這種方式同樣也很糟糕。

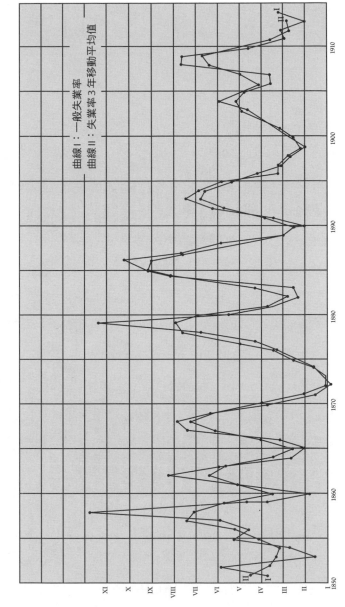

圖表 67 ▶ 英國的失業率：1850—1914 年

曲線 I：一般失業率
曲線 II：失業率 3 年移動平均值

資料來源：A.C. Pigou, *Industrial Fluctuations*, Second Edition, London: Macmillan & Co., Ltd., 1929.

企業「資本支出」的迷思

　　每個人都知道，比起蓋工廠，大企業對併購別人的工廠更有興趣，而它們的支出也比過去少了很多不是嗎？這是媒體灌輸給我們的典型迷思之一。事實上，企業比以往任何時候都更加努力地推動建廠。

　　這張圖表顯示了1900到1960年美國「企業廠房設備支出」在國民生產毛額（GNP，扣除政府的部分）中所占的百分比。你一眼就能看出，在過去六十年裡，除了大蕭條和第二次世界大戰期間，企業在增加生產基礎設施的資本支出方面，從未花費超過GNP的10％（或低於7％）。也就是說，這張圖表給了我們一個長期的基準，我們可以拿它來跟現在作比較。

　　1985年的企業資本支出為4,760億美元，比十年前的1,630億美元增加許多。若根據這十年間7.5％的年通膨率調整，這1,630億美元相當於1980年的3,370億美元。因此，4,760億美元實際上是扣除物價上漲因素後每年增長3.5％左右，超過了實際的經濟成長率。

但是真正的考驗，是將資本支出與這張六十年的圖表進行比較。如果企業現在的支出占GNP的比例高於那些全盛時期的平均水準，那麼我們就知道企業現在的支出相當可觀。

　　根據美國的預算，民間生產毛額約為2.9兆美元，其中4,760億美元占16％，遠高於1960年以前的任何一年。實際上，包括政府的部分在內，企業的支出已超過GNP的12％。

　　為什麼企業資本支出如此之高呢？1960年代開始加劇的通膨使製造商的建廠行動更顯得合理——通膨導致產品價格高漲，由於市場預期通膨會進一步加劇，經營階層考慮當前資金成本和未來產品價格高漲的經濟假設，決定開始建廠。結果就是，建廠帶來了巨大的潛在利潤。

　　儘管近期的物價疲軟，但美國多數大企業的經理人，年齡都落在五、六十歲——他們都是在通膨加劇的環境中長大的。這些人畢生都在賭今後的通膨一定會持續升溫，而且總是賭對了。他們的成功也讓自己爬上更高的職位。而現在，他們依舊在押寶通膨，做法則與他們當初獲得晉升時一樣——透過手中的一票去支持公司增加產能。

　　諷刺的是，1987年正好是自1982年經濟擴張開始的第五年，然而，經濟的產能一直遠低於80％——因為這

些經理人不斷建置過多的產能。產能過剩只會導致價格下跌（請見圖表56和84），這可能會導致更嚴重的通縮問題。當大多數媒體都在報導企業在資本支出方面過於鬆懈的時候，企業卻在增加工廠和產能方面投入了太多的資金，這真是諷刺。

現在我想說的是

　　我最喜歡問的問題就是：我認為什麼是錯的？在這一節，我就使用公開數據揭穿當時一個普遍流傳的迷思。

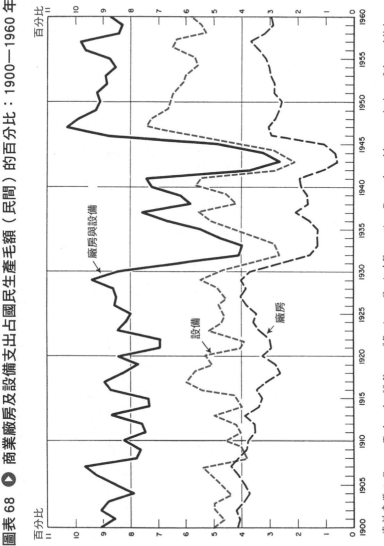

圖表 68 ◢ 商業廠房及設備支出占國民生產毛額（民間）的百分比：1900—1960 年

百分比

百分比

廠房與設備

設備

廠房

資料來源：George Terborgh, *60 Years of Business Capital Formation*. Reproduced by permission of the publisher, Machinery and Allied Products Institute, 1200 18th Street, N.W., Washington, D.C., copyright 1960.

圖表69 「黃金」對全球有多重要？

南非的金礦產量對全球經濟真的如此重要嗎？很多人都這麼認為，但如果你仔細研究這張圖表，你就會發現事實並非如此。當你深入研究後，你就知道全世界的黃金產量其實並不是很重要。為什麼呢？

首先，請先思考一下，為什麼大家認為南非這個國家很重要？因為它生產了世界上大部分的黃金和鉑金。這張圖表顯示了從1950到1983年的全球黃金開採量。南非的黃金年產量被清楚地標示出來，也就是底部顏色較淺的部分；中間的部分描繪了其他西方自由市場／資本主義經濟體的年產量；最上方的部分則代表共產國家的年產量。

乍看之下，在過去三十五年裡，南非的黃金產量在世界總產量中所占的比例似乎更大。但外表是會騙人的，因為縱軸的刻度是從10開始，而不是0。

在1960到1972年期間，南非在黃金市場的占有率確實有所上升，但隨後就回落到48%——大約是1950年的水準。另一方面，共產國家則大舉進軍黃金市場。1950

年，它們的黃金產量約占世界總產量的10％；到了1983年，這個數字來到約29％（13除以45）。與此同時，包括美國在內的自由市場經濟體的黃金產量已經從占世界總產量的46％下降到僅占22％。因此，當共產國家獲益而其他國家退步的時候，南非則保持了它的占有率。

有些人認為，這對我們的未來不是一件好事。畢竟，在某些人認知中的社會核心基礎領域，「我們會因此失去優勢」。只不過，事實並非如此。

這張圖表以一種不明顯、但卻很重要的方式來告訴我們這一點。如果按照每盎司400美元的金價來計算，全球4,500萬盎司的黃金總產量只值180億美元。這個數字看似很多，但其實根本微不足道的。因為相較之下，它還不到德士古（Texaco，美國石油公司）或IBM年營收的一半，也不到美國國民生產毛額的0.5％，幾乎不足以讓我們感到不安。

因此，在南非發生的事情，無論對你的道德或政治信仰來說是好是壞，都不會對全球經濟造成太大的影響。甚至整個南非股市的市值也只有550億美元——僅僅是IBM一家公司市值的三分之二。

那麼黃金呢？這對以黃金為支撐的貨幣體系又會有什麼影響呢？

如今全球的國民生產毛額是如此巨大，以至於世界上沒有足夠的黃金來支撐一個以黃金為基礎的貨幣基礎，即使金價比天文數字還高也無法運作；就算以泡泡糖為基礎也不行（雖然泡泡糖能代表通膨）。工業革命釋放太多實質的經濟成長空間，現在全球的國民生產毛額是當時的20倍左右，而且是以工業和服務業為中心，而非農業。

　　有一種近似於黃金的貨幣體系是可行的（請見圖表47），但它需要以總價值遠超過黃金的資產為基礎，即使黃金的價格還要高得多。有些人已討論過一種基於將多種資產結合成一籃子的貨幣體系，黃金可以是其中之一。

圖表 69 ◉ 全球黃金的總產量：1950－1983 年

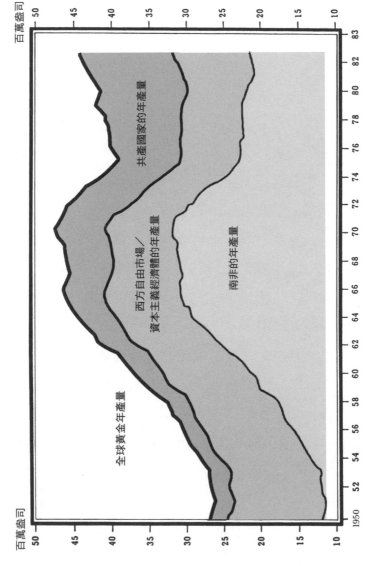

百萬盎司

全球黃金年產量

西方自由市場／
資本主義經濟體的年產量

共產國家的年產量

南非的年產量

資料來源：Goldman Sachs, New York.

圖表70 「勞動力成本」真的過高嗎？

　　企業賺不到錢的原因，是因為現在勞工們的工資太高了，對吧？說到底，美國企業被海外削價競爭的對手搶走生意的原因，不就是廉價的外國勞動力嗎？

　　錯了！外國人擁有更現代化、更高效的工廠。雖然勞動力並不便宜，但真正缺乏的，是能夠有效利用勞動力、具備創新智慧的企業領導者——無效的勞動力才是讓經營成本居高不下的主因。

　　當然，勞動力的成本會隨著通貨膨脹而上升，但勞動力所創造的物品價格也會隨之上升。勞動力真正的成本，只能透過「勞動者的工資所購買到的東西」來衡量。一個勞動者只有在他（她）的生產率更高的情況下，才能獲得更多的「實質」報酬。無論是透過勞動者或經營者的努力，只要勞動技術水準提高，工資就會上漲。但有誰在乎勞動者的生產力是不是至少等值提升了呢？

　　這張圖表從更長遠的角度看待這個問題——它展示了英國建築工匠六百九十年來的購買力（以食物和衣服等生

活必需品來衡量）。

這張圖表顯示，從1264到1450年的一百八十六年間，勞動力的實際成本大約翻漲2倍。然後在接下來的一百八十年裡，所有的成長都不見了。1800年的建築工人比兩百或五百年前的工人能買到的東西要少得許多。接著，從1800年開始到1954年，勞動力的實際成本大約增加了4倍。

這是什麼意思呢？要找到答案，就必須拿起你的財務計算機。1800至1954年的大幅增長，是每年1％的複合實際工資增長。看起來很多嗎？請再想想。在同一時期，實際國民生產毛額每年增長超過2％，這表示勞工獲得更多收入，但他們的生產力也更高。每個人都獲益良多。

大部分實質工資的增長是在工業革命時期累積的，當時的勞工們掌握了前所未有的工具。有了新工具，他們的生產力提高了，工資也隨之增加。

1900年的普通工匠擁有比一百年前更快的新型大規模生產技能。他們能夠利用搖鑽和鑽頭打孔，用測量儀器來整平地基，或者使用尖嘴鉗來抓住圓頭釘子。到了1950年，工人們已擁有電動工具，包括電鑽、釘槍和混凝土鋸等。

自1950年以來，雷射水平儀、將釘子射進混凝土的

槍、塑料管道等工具相繼問世。今天的「懶惰」工人不用再像過去那麼辛苦就能完成更多的工作，因為他們有更好的裝備，也知道如何使用這些工具。

在我自己的圖書館裡，有一本吉萊特（Halbert Gillette，美國工程師）在1907年出版的《承包商和工程師成本數據手冊》。該書指出，一名熟練工頭的成本為每天5至8美元，平均成本大約是6.5美元。根據消費者物價指數（CPI）來衡量，美國自1900年以來的通膨率已經上升了大約1,000％，因此同樣的工頭，現在每天可以得到65美元。然而實際上，他們每小時的收入約為25美元，也就是每天200美元——這才是真正的工資增長。但在過去八十五年裡，勞動者的工資平均每年只增長1.3％，還不到實際經濟成長的一半。所以，當勞工得到更多錢時，他們也為企業創造了更多收入。

幾個世紀以來，沮喪的企業主不斷在抱怨「勞動力過於昂貴」。但是請相信這個有六百九十年歷史的觀點——現在的勞動力並不算貴，如果對照過去七百年，在你的有生之年，勞動力都不算貴。

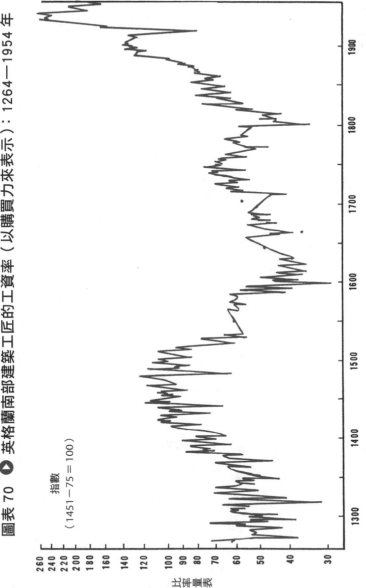

圖表 70 ◉ 英格蘭南部建築工匠的工資率（以購買力來表示）：1264—1954 年

指數
（1451—75 ＝ 100）

260
240
220
200
180
160
140
120
100
90
80
70
60
50
40
30

比率量表

1300   1400   1500   1600   1700   1800   1900

資料來源：E. H. Phelps-Brown and Sheila V. Hopkins, "Seven Centuries of the Prices of Consumables, Compared with Builders' Wage-rates," *Economica*, New Series, Vol. 23 (November 1956), p. 302.

「電力使用量」與經濟成長

　　這張圖表可能是本書最難理解的一張圖，但它講述了一個極具吸引力的故事，非常值得你去理解。它在字裡行間告訴你：我們為什麼會在1970年代石油輸出國組織（OPEC）危機中陷入困境？

　　它繪製了千瓦小時（kWh）的電力銷售，以及以經通膨調整後的美元（以1947年為基礎）來表示的國民生產毛額（GNP），並比較兩者之間的關係──圖表中的黑點，都代表一年中千瓦小時與GNP的關係；每個黑點旁的數字，則代表它對應的年份（例如52，代表1952年）。

　　圖表中有A、B兩條線。「A線」是1929至1945年的平均趨勢；「B線」則是1946至1956年的平均趨勢。你可以看到「A線」比「B線」更平緩。

　　由於這張圖表是在1958年發表的，因此1960和1965年的黑點，是當時的預測值。後來的事實也證明，這個預測結果相當準確。

　　相較於「A線」，「B線」陡峭的程度反映了第二次世

界大戰結束後，電力使用的重大變化。在那之前，如【圖表72】所示，美國幾乎所有的能源都是由國內的石油巨頭生產的，例如標準石油公司。如果你仔細觀察圖表上的黑點，你會發現在這段時間內（沿著A線），翻倍的GNP導致電力使用量增加了約150%。

但在二戰之後，情況發生了變化。消費者成為各種電子產品的愛好者。GNP再次翻倍的結果，使得耗電量增加了5倍。隨著美國工業生產從電視機到洗碗機、電熱毯，到各式各樣電子產品的原型，再到數十億個燈泡，讓用電量直線上升，更不用說電氣火車和聖誕樹上的彩燈了。同樣的事情也發生在天然氣的消耗上。飛機、汽車、割草機和高爾夫球車隨處可見，電力也無所不在。

上述這些事當然也席捲整個西方世界。可以想像的是，當時美國的石油產業是根據戰前的供電與GNP增長的關係來滿足電力需求，自然對電力消費的空前飛躍式成長毫無準備。

石油並不容易發現。突然之間，從1950年代開始，美國以日益增加的速度消耗進口化石燃料（請見圖表72）。雖然總額不大，但趨勢卻是急劇上升。

隨著美國消費者繼續追求各種電子產品，對外國石油資源的依賴程度也越來越大。到了1973年，美國對化石

燃料的使用量暴增，這意味著在接下來的二十五年裡，GNP會再翻倍，就像過去二十五年一樣，石油使用量將比二戰之前高出30倍——其中大部分都是外國石油。

因此，在1973年，當OPEC展示其壟斷全球能源的實力時，它說：「要麼停止使用你們所有的電子產品，要麼也讓我們分一杯羹。」

現在我想說的是

隨著科技、生產力的提升，以及市場壓力，使得美國人對能源的依賴程度大幅降低，而不是更為加劇。在過去二十年裡，美國能源使用量占GDP的比例一直在穩步下降。資本主義真是太棒了！

圖表 71 ▶ 電力產業的千瓦小時銷售額與 GNP 的關係

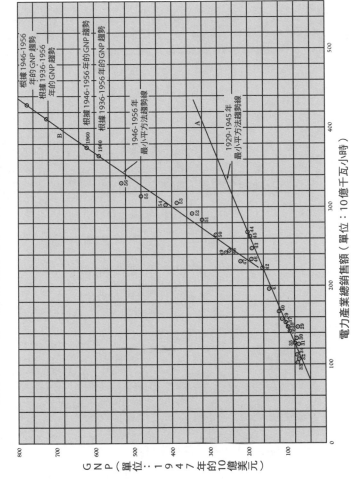

資料來源：Lillian Doris, *Corporate Treasurer's and Controller's Encyclopedia*, Volume I, Englewood Cliffs, N.J.; Prentice Hall, Inc., 1958.

圖表72 政府該把手伸進市場嗎？

這是接續上一張圖表的姊妹作。它顯示了美國國內石油生產、進口石油和石油消費總量之間的權衡。

在1950至1975年間，石油消費量增加了兩倍。正如上一張圖表所示，在美國的能源使用中有越來越多的部分是由電力供應的，但電力的效率不高，而且它是透過難以替代的設備（例如1950年代大眾對電爐的狂熱）融入經濟體系的。

但這張圖表真正要說的事有三個面向。

首先，外國石油在不斷成長的市場中所占的比率不斷增加，從1950年的幾近於零，成長到1976年占使用量的一半。其次，儘管美國國內的石油產量有所增長，但增長幅度很小。在二十五年的時間裡，國內石油產量僅增長了54％，換算下來，平均每年只增長1.8％，很難稱得上強勁。

最後，一個令人驚訝的事實是，一旦OPEC提高油價，美國國內的石油產量就會下滑。還記得1973年嗎？

OPEC提高油價，令美國大受影響，工業生產者爭相囤積石油原料。從邏輯上來看，當時很多觀察家都相信，OPEC很快就會失敗，但其實並沒有。選民和媒體大聲疾呼，要求國會採取行動來因應。你可能還記得，當時的福特總統（Gerald Ford）創立了一個內閣級別的能源辦公室，並任命威廉・西蒙（William Simon）為「能源沙皇」（Energy Czar）。然後，以典型的政府形式，透過徵稅來杜絕那些「不良」石油公司利用OPEC創造的高油價謀取暴利。但這種敵意和政治上的脆弱性，也剝奪了他們生產的動力。這項暴利稅的作用，是防止國內公司自然地利用大量資源來應對危機環境，以增加產能和石油產量。

這對現在有什麼影響呢？如今，你經常會聽到許多主張設立貿易壁壘以保護美國公司免受國外進口商品影響的爭論。

這些外國人並不像阿拉伯人那樣拉抬價格，而是降低價格，許多美國生產商對此大聲疾呼、要求政府介入保護自己。但是，每當政府插手任何產業的配額、定價和商業計畫時，對美國企業來說都是死亡之吻。

一旦華盛頓的官僚機構控制了槓桿，美國的生產商就永遠無法將產量極大化，因為總是會有太多的繁文縟節和不確定性。生產商不會擴大產能和現代化，因為不同的政

客可能會在幾年內再次改變遊戲規則，進而危及他們的投資。不思進取的結果，就是讓他們落後給競爭對手。

因此，這張圖表的另一個教訓就是，當政府看似應該要做點什麼事的時候，它永遠不應該出手。

現在我想說的是

政府干預自由市場總是會帶來災難性的後果。如果國會開始在全球暖化等問題上操弄能源議題，後果也將一如以往——失控、變得一團糟。

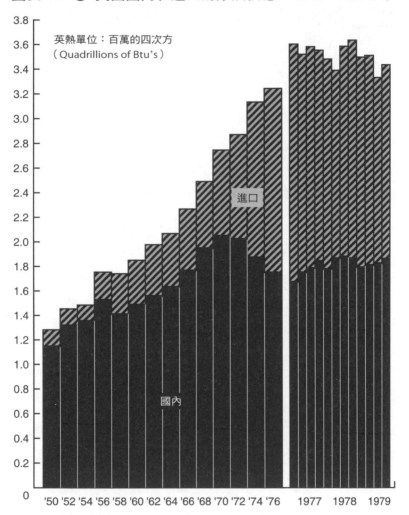

圖表 72 ▶ 美國國內和進口的原油供應：1950—1979 年

英熱單位：百萬的四次方
（Quadrillions of Btu's）

進口

國內

資料來源：*Statistical Bulletin*，Vol. 12, No. 12, December 1979, The Conference Board.

圖表73 神祕的「學習曲線」周期

當「學習曲線」（learning curve）一詞在 1960 年代被創造出來的時候，它描述的是像「德州儀器」這樣的半導體先驅們在製造越來越多電子設備的同時，學習到更多知識的方式。

半導體這種全新的產品技術，幾乎沒有在現實世界驗證過。生產者指望能在工作中學習到如何降低每單位的生產成本。隨著產量增加，他們的知識也在增加，單位成本也跟著穩步下降。

由於單位成本的降低會促使需求增長，半導體先驅們在定價時就好像他們已經擁有了這些低成本優勢一樣——他們接受訂單，生產了大量的晶片，並在「學習曲線」下降的過程中不斷地降低成本並獲得巨額利潤。沒有人見過這樣的事。想像一下，他們是藉由「製造更多東西」來降低單位成本。時至今日，大多數人都認為學習曲線是這些電晶體「德州人」第一個發現的。

事實上，不是這樣的！

從這張1913年的圖表可以清楚地看出，早在1900年代初期，電力公用事業就已經擁有自己的學習曲線。請注意，隨著工業產出的激增，每千瓦小時的能源成本從1896年的12美分大幅降至1912年的約2美分。半導體大亨們只是重新發現了學習曲線，這些曲線每隔五十年就會被重新發現一次——這與備受嘲諷的康德拉季耶夫「周期理論」五十年的上升階段驚人地吻合（請見圖表84）。

學習曲線推動了十九世紀中期的鐵路繁榮、二十世紀初期的電力和汽車工業，當然還有近期欣欣向榮的電子產業。

為什麼學習曲線會以五十年的周期進行循環呢？

這是心理、技術和需求之間的交互作用。在周期的下行期間，企業領導者學會了削減開支、謹慎應對、避免過度擴張。在需求低迷的情況下，沒有人相信數量、成長和擴張，這似乎太冒險了，以至於沒有人去嘗試。這就是為什麼學習曲線在1930和1940年代沒有出現，甚至被遺忘的原因。與此同時，技術仍穩步積累，只是還沒有機會付諸實現。

但正如【圖表84】所示，當五十年周期升溫時，一種新的成長心態出現了。過去累積的製程技術現在全都能派上用場。隨著製造商不斷地擴大生產規模，他們會採用和

調整其他廠商開發出來的技術——更多的產能會產生更多的應用和調適。

　　如果我們現在處於康德拉季耶夫「周期理論」下行階段的初期，那麼你就不該期望在短期內出現大量革命性的技術突破。過去二十年的巨大電子革命不會在未來二十年重現。它的革命已經結束了。康德拉季耶夫周期只允許從這裡開始進化，但也別指望革命性的進步會就此止步。我們的孩子將會看到另一場革命，以及另一場神祕重現的學習曲線周期革命。

現在我想說的是

　　天啊，我錯了！過去二十年，我們見證了一場又一場令人興奮的科技革命！隨著無線技術在中游的爆發，我們知道未來至少還有更多的新科技即將問世。

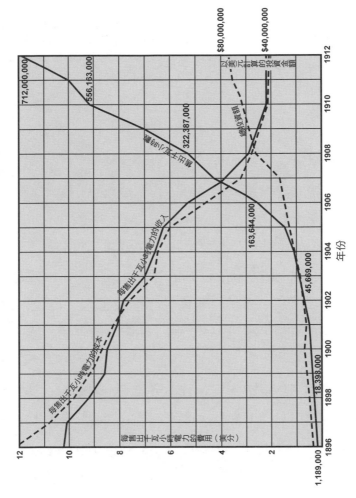

圖表 73 ● 電力公用事業累積的知識 vs. 成本：1896—1912 年

712,000,000

556,163,000

322,387,000

163,644,000

45,669,000

18,393,000

1,189,000

$80,000,000

$40,000,000

每賣出千瓦小時電力的成本

每賣出千瓦小時電力的收入

總投資額

以美元計算的投資金額

每賣出千瓦小時電力的費用（美分）

年份

12

10

8

6

4

2

1896 1898 1900 1902 1904 1906 1908 1910 1912

作者備註：很抱歉，這張還圖表稍微有點失真，但別忘了，它是一張 1913 年的圖表。

資料來源：Proceedings of the Second Annual Convention of the Investment Bankers Association of America, Chicago, 1913.

圖表74 政府債務與還債能力的真相

　　儘管政治上對政府赤字的指責不絕於耳，媒體也對不斷膨脹的國家債務歇斯底里地放送，但事實上這些嚴重的債務問題並不存在。

　　雖然那些困惑的緊張大師指出沉重的債務將使末日降臨，但「國債」和「處理債務的能力」（國民所得或國民生產毛額）兩者緊密相連的關係顯示，美國現在的情況並不比二十年前還糟，甚至是比三十或四十年前的情況還要好很多。

　　正如這張圖表所示，聯邦債務占國民生產毛額（GNP）的百分比自二戰結束後已有所下降，除了幾次轉折之外。1945年，美國國債為2,520億美元，比GNP的2,120億美元高出近20％。到了1982年，國家債務約為1兆美元，這個數字看起來很驚人，但GNP在這三十七年裡增長得更多，達到約3兆美元。因此，在這三十五年裡，這個比率從120％下降到33％左右——與那些末日將至的言論相反，債務負擔其實變得更輕了。

的確，這個比率在1974年達到約25％的絕對低點後，近年來又有所上升。事實上，在過去十年中，它已經回升到1960年代中期的水準。如果它繼續以同樣的速度增長，可能很快就會回到1950年代的水準。這有很糟糕嗎？從大多數的標準來看，1950年代的經濟算是相當不錯了。即便趨勢顯然是朝著錯誤的方向發展，但如果美國在1950和1960年代就能承受這麼高的債務水準，我們真的要相信現在的它無法承受同樣的負擔嗎？

　　這種對債務的盲目恐慌只是我們這個時代一部分的縮影，就像是〈附錄A〉中那種對聯邦赤字不切實際的謬論。我並不是說我們的政府沒有問題，事實上，相關的問題確實存在（請見圖表80）──「聯邦總支出」的增長就是一個真正的問題。

　　但我要說的是，我們能從這張圖表中學到的，或許就是「不要相信你聽到或讀到的一切」。你從政客那裡聽到或在媒體上看到的，很多都是自私和無知的胡說八道。

　　問題是，你怎麼知道哪些事是真的？那些事是在胡扯呢（無論你的消息來源是報紙、政客，還是我）？

　　所有跟政府財政有關的問題，你都可以在圖書館中找到答案。信不信由你，你只要檢視《美國政府預算書》就好了──它有兩英寸厚，可讀性非常高，而且最有趣的部

份都是以表格和圖表來呈現，你可以在索引中輕易地找到它們。這也是這張圖表的來源。儘管目前的數據只能追溯到1960年代中期。為了構建這張圖表，我們必須從更早期的預算書中蒐集數據。這些資料都在圖書館裡，對於那些不想被大量資訊蒙蔽的人來說，真相就在這裡。

現在我想說的是

這張圖表講述了一個非常重要的故事，我在本書的〈附錄B〉中會有更完整的補充。

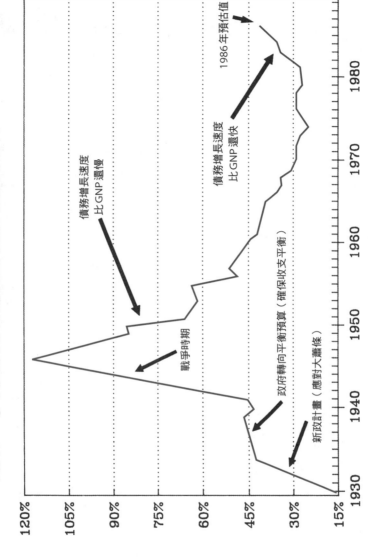

圖表 74 ◑ 美國淨公共債務占國民生產毛額的百分比：1930—1986 年

債務增長速度
比 GNP 還慢

戰爭時期

政府轉向平衡預算（確保收支平衡）

新政計畫（應對大蕭條）

1986 年預估值

債務增長速度
比 GNP 還快

120%
105%
90%
75%
60%
45%
30%
15%

1930   1940   1950   1960   1970   1980

資料來源：Budget of the U.S. Government.

圖表75「政府稅收」的進化與迷思

　　我敢打賭，你認為美國政府直到最近幾年的成長速度都很緩慢（並非如此）。而且，你不知道它是從什麼時候開始成長、為何成長，以及它早期是如何籌措資金、維持財政的——這些事都對它的未來產生有趣的影響。

　　這張圖表顯示，山姆大叔早年是藉由貿易壁壘和保護主義，以及菸酒消費產生的稅收來籌措財政資金——這是一個殘酷的真實故事。但只有當政府學會如何對收入徵稅時，真正的成長才會開始。

　　上半部的圖表顯示1873至1916年的聯邦收入來源，下半部的圖表則延續了1940年的情況。請注意，上下兩張圖表的縱軸刻度不同。前者的單位是百萬美元，後者則是以10億美元計算。

　　在很長一段時間裡，關稅是政府大部分的收入來源，再加上酒類和煙草的消費稅，基本上就沒了。政府的基本政策是針對「外貿」及「使用者」徵稅。基於這一點，政府的成長速度是取決於它「資金來源」的成長速度。因此，

隨著經濟的發展，人們從海外購買更多的商品、消費更多的酒類和雪茄（當時香煙尚未普及），政府的財政便成長了。

只不過，這樣的成長非常有限，對老羅斯福和威爾遜（Woodrow Wilson）這樣的進步主義者來說，這種成長速度還不夠快。在1909年以前，美國政府支出的平均增長率為2％。而從1909年起，政府引入了企業所得稅，隨後1913年的個人所得稅、1916年的遺產稅等也開始陸續徵收。

此後，來自企業和個人所得稅的稅收直線暴增，1940年時已增加至40億美元。1918至1921年期間的短暫成長，與第一次世界大戰的增稅有關。但在那之後，其餘所有的稅收成長趨勢都出現在和平時期。

從1916到1940年，聯邦總收入的年均增長率高達8.6％。關鍵在於，一旦政府學會了怎麼對收入徵稅，它就學會了怎麼為快速成長提供資金。

例如，當山姆大叔依賴那些酒類消費者所產生的稅收時，禁酒令顯然不會被社會認可，但一旦有了所得稅，這項政策就被社會認可了。

這其中的含意很有趣。在工業革命期間，美國徵收的是「使用者稅」（user taxes），政府的成長率非常低。但一

旦引進了企業及個人所得稅，政府經濟就迅速增長。最近，美國的政府成長率高到足以在我們的有生之年削弱生產能力（請見圖表80）。也許，就像某些人建議的那樣，我們應該修改憲法，限制政府支出的增長速度。

但另一種並行的方法，也可以取消憲法中的所得稅，以過去那種以使用者為徵稅基礎的好方法取而代之。

圖表 75 ▶ 美國政府收入來源：1873—1940 年

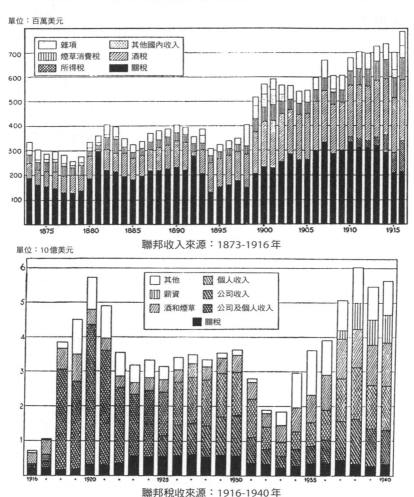

單位：百萬美元

雜項	其他國內收入
煙草消費稅	酒稅
所得稅	關稅

聯邦收入來源：1873-1916 年

單位：10億美元

其他	個人收入
薪資	公司收入
酒和煙草	公司及個人收入
關稅	

聯邦稅收來源：1916-1940 年

資料來源：William J. Shultz and C. Lowell Harriss, *American Public Finance* , Fifth Edition, New York: Prentice Hall, Inc., 1949.

綜觀美國財政成長的大局

　　這張圖表是我見過對政府財政成長最好的概述。它包含了從華盛頓（George Washington）政府一直到1950年代的資料。最上方的那一欄標示了歷任總統的任期。

　　這張圖表顯示了美國歷年來的國民收入（經調整後的國民生產毛額）、聯邦債務，以及支出和收入（稅收）。

　　在整個一百六十三年的時間跨度中，支出和稅收似乎都從約700萬增長到約1,000億美元，年均增長率約為6％；聯邦債務從約9,800萬增長到約3,000億美元，年均增長率約為5％；國民收入從9.5億增長到約3,000億美元，年均增長率約為3.6％。自此之後，1950年代後的兩位數增長率（請見圖表80）將聯邦預算提高到1兆美元左右。在這個基礎上，我們得到了美國政府的最長可衡量增長率（一百九十六年），但它的年均增長率仍為6％。圖表左上角的框框，是人均債務和人均支出，年均增長率約2.8％，略低於國民生產毛額。

　　其中，1830年代是一個有趣的時期。這是美國歷史

上唯一一次聯邦債務完全歸零的時期。在安德魯・傑克森民粹主義哲學的引領之下，政府將西部的土地賣給渴望投機的民眾，並將所得款項償還了全部的聯邦債務。投資者認為，他們購買的是美國的未來。確實是如此，只是早了幾十年。在傑克森當選總統之前，山姆大叔只出售了少量珍貴的土地，但傑克森政府僅在1836年就向投資者出售了價值2,500萬美元的土地，並償還了債務。

今天的政府領導人可以從傑克森身上學到寶貴的一課──他們可以考慮出售資產來償還聯邦債務。山姆大叔不僅是世界上最大的資產持有者，而且資本收購一直是他累計債務的重要因素（請見圖表82）。跟收購的成本相比，通貨膨脹使這些資產大幅增值。

但諷刺的是，儘管大多數人認為「只要償還國債，就能立即讓國家擺脫所有經濟煩惱」，但1830年代那次債務歸零，卻導致史上四大金融災難與經濟崩潰之一──它始於1837年的大恐慌，這個時期所有的投資人和土地投機者都難逃滅頂的命運，緊接而來的大蕭條一直持續到1843年。所以，「償還所有債務」這件事並不如人們想像的那般美好。

在那之後有兩個時期，國家的債務、支出和收入直線上升──從1861年的美國內戰開始，到1911年第一次世

界大戰前夕。在這些戰爭期間，聯邦政府的經濟活動增加並不足為奇，但令人驚訝的是，在戰爭結束後它們並沒有隨之減少。

　　然而，這些時期的總統都是進步主義者，他們並不反對開支。例如【圖表75】所示，1909至1913年間所得稅的開徵，刺激了政府財政的成長。所得稅是老羅斯福、塔虎脫（William Taft）和威爾遜（Woodrow Wilson）等三位總統進步政策的一個衍生物；後來的哈定（Warren Harding）總統則更為吝嗇，他制止了這個趨勢。現在我們真的需要像哈定這樣的領導人，他在哪裡呢？

圖表 76 ▶ 美國財政的大局：1790－1953 年

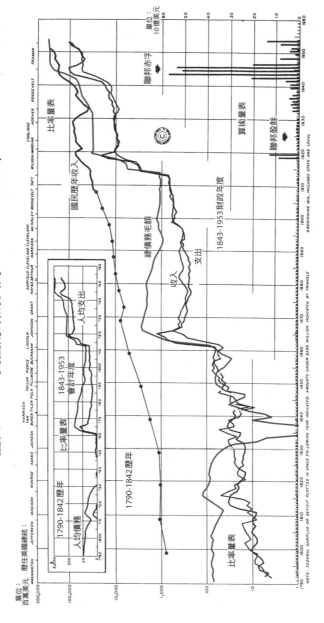

資料來源：How Much Government, a graphic analysis prepared for the 36th annual meeting of the Conference Board.

圖表 76　綜觀美國財政成長的大局　　| 　359

有些事情永遠不會按照你期望的方式進行。以美國的稅務為例，不僅國會每兩年都要修改稅法，而且稅法如流水般從國會山莊流出，首先是流向各州，各州經常會依聯邦政府的變動調整自己的稅法，然後再流向市政當局，而市政當局經常把各州視為是自己的乾爹。但無論增稅與否，都不會變成實際的減稅，就像【圖表80】所顯示的那樣。減稅的呼聲對整體稅收狀況的影響微乎其微。這張圖表說明了其中的原因。

當你把州稅和地方稅的不同組成部分加在一起時（圖表最上方的那條線），結果就會呈現出一條如雷射般筆直的線，這條線以每年11％的速度向上增長，每6.5年就會翻倍。

所得稅、銷售稅、財產稅和聯邦政府的補助是各州和市政稅制的基礎。雖然選民可以用選票做出決定，讓房產稅下降，但其他部分卻不會改變。隨著經濟緩慢地成長和通貨膨脹，會迫使越來越多的納稅人進入更高的納稅級

距，個人所得稅每年上漲13％，同樣的情況也發生在州企業所得稅上。在許多州，稅率已經提高，而繁榮的經濟也在不斷推高公司稅，每年高達12％，幾乎沒有任何變化。然後是聯邦政府的補助，每年也以13％的速度增長。

事實證明，減稅並不會減少稅收，改革只不過是重新分配收入的計畫——從一群負擔過重、疲憊不堪的選民那裡拿走一點，然後把它轉移給另一群很快也會變得疲憊不堪的選民。事實上，國庫的膨脹速度非常快，以至於各州的錢都花不完。他們累積了盈餘，每年償還了約1,000億美元的債務。

諷刺的是，雖然如今人們對聯邦赤字有許多抱怨，但我甚至不確定這些債務是否真的存在（請參見我1986年10月6日的《富比士》專欄附錄A），但即使它們真的存在，也肯定不像人們所說的那麼巨大。

目前各州和市政府都有這1,000億美元的盈餘，但這只是他們從山姆大叔那裡得到的錢。如果聯邦政府取消轉移支付，各州仍會有小額的盈餘，而聯邦赤字將減少40％以上。

這真的會有什麼改變嗎？

當然不會！雖然社會不會變得更糟，但我們可能不得不忍受那些不斷抱怨邪惡赤字的人對這40％的愚蠢叫囂，

在這個過程中，他們還會讓我們忽視真正的問題——政府
開支的增長（請見圖表80）。

現在我想說的是

　　幸運的是，2007 年的聯邦所得稅率比我最初撰寫本文時還
要低，然而，各州的稅率卻更高了。這再次證實了基本情況。
我仍然相信聯邦預算赤字對股市或經濟沒有壞處——沒有證據
支持這種普遍的恐懼（事實上，情況恰恰相反，歷史上極端的
預算赤字導致了高於平均水準的股市回報，而極端的盈餘則會
導致慘澹的回報）。即便稅率更低了，但我仍然不喜歡大部分
的愚蠢政客，而且就算聯邦政客沒把事情搞砸，州和地方政府
的政客也會。

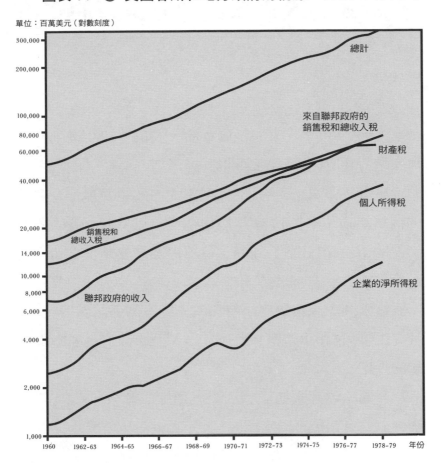

圖表 77 ▶ 美國各州和地方政府的稅源：1960—1979 年

單位：百萬美元（對數刻度）

總計

來自聯邦政府的
銷售稅和總收入稅

財產稅

個人所得稅

銷售稅和
總收入稅

企業的淨所得稅

聯邦政府的收入

年份

資料來源：Economic Report of the President, 1981.

直到1970年代末的稅收革命，美國才成功控制州政府和地方政府揮霍無度的開支，對吧？

　　事實並非如此！地方政府比我們想像的更能預見選民的情緒波動，早在1978年加州納稅人以臭名昭著的賈維斯（Jarvis）和甘恩（Gann）為首提案發起反抗之前，州政府已經著手控制開支了。

　　這張圖表來自華盛頓特區的「府際關係諮詢委員會」（ACIR）。它顯示了聯邦政府、各州及市政府經通膨調整後的人均支出增長狀況。

　　左圖的聯邦數據顯示，經過通膨調整後，1954年山姆大叔每年在每個美國人身上花了大約700美元。到了1982年，這個數字約成長了兩倍。你可以發現，它是從1959年左右開始加速成長，之後便一路穩定向上。在財務計算機的幫助下，你可以確定這個經通膨調整後的「真實」支出，年均增長率約2.7%。

　　至於右圖則顯示，在1954到1974年期間，州和地方

政府支出的增長要快得多，但在那之後就放緩到幾乎止步不前。州政府和地方政府的支出從1954年的3億美元增加到1974年的7億美元左右，這意味著經通膨調整後的二十年平均增長率為4.3%。很長一段時間以來，地方政府的開支似乎一直比山姆大叔高出很多，最終他們發現自己受夠了。

從1974年開始，也就是賈維斯和甘恩發起反稅收運動的四年前，各州就已經開始勒緊褲帶，令經濟成長陷入停滯。在接下來的八年裡，他們的實際人均支出保持穩定，這使得圖表中這二十八年的總增長率降到了年均3.3%，但仍然比聯邦政府的增長率高出許多。

所以，雖然今天看來山姆大叔無法像地方政府那樣學會控制自己的開支，但是請記住，地方政府也是歷經幾十年的過度增長之後，才學會控制開支的。

這張圖表代表經濟的「希望」。正如【圖表80】所示，削弱經濟長期活力的最大問題，就是聯邦支出的增長率。我們能使它慢下來嗎？

嗯，地方政府的支出在十年前看來似乎也不太可能放緩。舉例來說，1974年當雷根結束兩屆加州州長的任期時，加州的預算以平均每年17%（未經通膨調整）的驚人速度增長。雷根嘴巴說要實行財政緊縮，但他花錢時卻像

個喝醉的水手。諷刺的是,他的民主黨繼任者——瘋狂的傑瑞·布朗(Jerry Brown),說起話時像個揮金如土的人,但卻十分精打細算,他放緩了支出的增長率。

我希望的是,隨著一向受歡迎的雷根總統離開白宮,他和他的親信們這次也會被那些或許不那麼受歡迎、但更傾向於控制開支的政客接替。選民面臨的挑戰,就是讓兩個政黨的政客都明白此一指令。

現在我想說的是

結果,雷根的繼任者並沒有學會控制開支。為什麼會這樣呢?因為他們都是政客!「愚蠢地花我們的錢」是他們的工作,就好像他們自己沒有錢可以花一樣。只不過,雷根總統的減稅政策確實讓美國經濟受益良多。

圖表 78 ▶ 美國聯邦和地方政府的支出比較：1954—1983 年

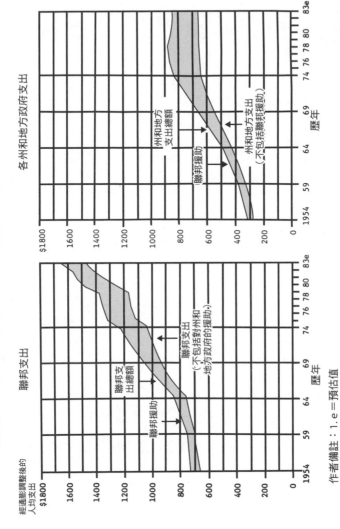

聯邦支出

各州和地方政府支出

經通膨調整後的
人均支出

$1800

1600

1400

1200

1000

800

600

400

200

0

1954   59   64   69   74 76 78 80   83e

歷年

聯邦支
出總額

聯邦援助

聯邦支出
（不包括對州和
地方政府的援助）

$1800

1600

1400

1200

1000

800

600

400

200

0

1954   59   64   69   74 76 78 80   83e

歷年

州和地方
支出總額

聯邦援助

州和地方支出
（不包括聯邦援助）

作者備註：1. e＝預估值
2. 按國民生產毛額隱含價格平減指數進行通膨調整，1972 年＝100

資料來源：ACIR computations based on U.S. Department of Commerce National Income, Advisory
Commission on International Relations, Washington, DC 20575.

圖表79 「拉弗曲線」如何影響稅收？

　　雷根可能是有史以來成為總統的最偉大演員之一。除了英俊的外表、巧妙的措辭，以及平易近人的魅力之外，他還很幸運。

　　到目前為止，你應該知道雷根並沒有主導利率下降，因為當時全球各地的利率都呈現同步下降的趨勢。他也沒有創造長期的經濟繁榮，全球經濟一直都蓬勃地發展。只不過，他持續擴大聯邦開支，這是我們未來最大的問題。令人討厭的是他用過於簡單的經濟理論為自己辯護的方式。

　　這一切都始於這張「拉弗曲線」（Laffer curve）圖表，最初它是由經濟學家亞瑟·拉弗（Arthur Laffer）在一張餐巾上繪製的，目的是說明「總有兩種稅率會產生相同的總稅收金額。」

　　這項理論是由裘德·萬尼斯基（Jude Wanniski）在他的《世界運作的方式》（*The Way The World Works*）一書中推廣開來的。這張圖表描繪了稅率與稅收（收入）的關係。

它指出，透過「降低稅率」也可以獲得同樣多的稅收。為什麼呢？因為在稅率很低的地方（圖表中的 B 點），山姆大叔收不了多少稅；而在稅率很高的地方（圖表中的 A 點），人們會覺得稅負過重而不願工作，所以稅收便會減少。

顯然，有一個對稅收最有利的稅率，也就是圖表中的 E 點。在 E 點的基準之上，提高稅率無法增加稅收，因為人們會減少工作，但也不能藉由降低稅率來提高稅收，因為這並不會刺激人們努力工作，只會減少稅收。

供給學派（Supply-siders）藉由這點提出一個假設，亦即「減稅會創造繁榮的經濟，從而產生更高的稅收總額並消除赤字」。在談到供給經濟學和減稅時，雷根神奇地看到了一個能提高自己聲望及稅收的方法。1986 年的稅收法案最初是由雷根和他的顧問們所設計的，目的是提高社會稅收，由我們所有的企業買單——而這一切都由與消除扣抵掛鉤的「減稅」來掩蓋。不管偽裝與否，這實際上就是凱恩斯主義的策略，目的是「打擊擁有公司的富人，拯救低收入者」。

但這是虛構的。請注意，這張圖表中沒有任何數字。沒有人真正知道，在更多的政府「補貼」與和更高的「稅負」之間進行權衡的理想稅率究竟是多少。

每個人都支持減稅，但沒有人希望政府從對各種項目的資金補助中鬆手。天下沒有免費的午餐，這張圖表也不例外。

供給學派認為利率越低越好，但他們忽略了這張（他們的）圖表清楚地指出，「有些時候利率可能過低」。拉弗、萬尼斯基等人引用了外國減稅後的經濟蓬勃發展的例子，但卻忽略了在高稅率時代，美國經濟是如何復甦的（例如1950年代的所得稅率曾高達90%，請見圖表81）。

供給經濟學只是另一種即將增稅的偽裝，它讓一些愛作夢的人妄想著能不勞而獲。

現在我想說的是

為什麼我這麼討厭拉弗呢？因為理性地說，你可以將它用在增稅上，也可以用在減稅上。減稅的好處在於，它會導致巨額赤字，這對市場來說並不算是壞事，但會嚇得政客們放慢支出速度，這對市場是有利的！這就是雷根減稅政策所引發的情況。我希望這種情況能隨著我們目前的赤字發展延續下去。但我擔心的是，政客們在習慣了赤字以後，只會繼續擴大政府規模占整體經濟的比例，這對市場會非常不利。

圖表 79 ▶ 拉弗曲線

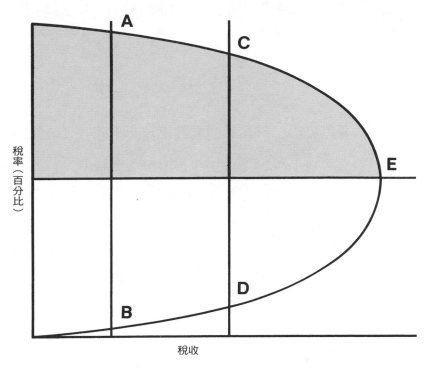

資料來源：Jude Wanniski, *The Way The World Works*, New York: Basic Books, 1978.

別讓政府用「減稅」欺騙你

圖表80

　　每當華盛頓的那幫蠢貨們調整稅負時，就有人會氣得心臟病發。我自己自然也是如此。但是，稅務改革帶來的經濟效應並沒有大多數人想像的那麼大，你不應該對媒體聳動的報導反應過度。儘管立法者們為了爭取選票，無止境地向人們遊說、大開支票，每兩年就改寫一次稅法。但稅收總額卻依舊以穩定的速度增長，而且幾乎會永遠增長下去。

　　這張圖表展示了一部分自1965年以來的聯邦稅收總額（另一部分在圖表78中），你還可以看到聯邦總支出和這些支出占國民生產毛額的百分比。儘管進行了多次重大的稅賦修改、改革、簡化，以及諸如此類的事情，但聯邦稅收總額仍以每年10.25％的驚人速度在增長。在這段期間，儘管政府曾施行多次的「減稅」措施，但只有「一年」的政府稅收是實際下降的。

　　重點在於，不要讓媒體的膚淺和政客們虛假的減稅主張而讓你忽視真正的問題——那就是「政府支出」。

聯邦開支的增長速度甚至比稅收增長的速度還要快，年增長率達到11.25％。雖然這個數字包含了通貨膨脹（每年4％左右），但仍明顯高於國民生產毛額9.4％的名目增長率（包含通膨）。結果呢？政府開支占國民生產毛額的百分比在這些年裡從18％緩慢增長到1986年的24％。

二十年前，這種現象被稱為「溫和社會主義」（creeping socialism）。按照這種緩慢增長的速度，我的財務計算機顯示，政府會在短短的一百年內吞噬一切。

近年來，美國經濟成長放緩的核心原因是，「政府支出在國民生產毛額中所占的比例不斷增加，而且效率低下」。如果國民生產毛額的25％流向政府，那麼平均而言，每位生產力工作者的工資中有三分之一的錢（25％除以非政府部門的75％），會被用於支付政府的費用。

所以，不要讓任何人欺騙你。當政府花錢時，人民就得以某種方式來為其買單——可能是透過更高的稅負或更高的通膨來支付。例如，雷根總統透過把民眾的注意力集中到他所承諾的減稅措施上，成功地維持了自己的人氣。儘管他誇誇其談，但政府支出仍不斷地在增加。雖然討論的焦點是稅收（它直接從每個人的腦海裡跳出來，人們喜歡談論直接影響他們的事情），但真正該討論的卻是支出。可悲的是，情況可能比實際更糟。

在州和地方層面，支出也以每年11％的速度增長（請見圖表77）。所以，請先忘掉所有稅負波動的問題吧。在整個社會內、唯一具有經濟意義的答案是，「憲法應限制政府總支出占國民生產毛額的百分比」。

以個人來說，你的稅負可能會與政壇小白臉們扯上關係，但身為投資者，你不應該讓他們的詭計欺騙你，讓你對短期的經濟風險感到恐慌，或忽視長期的經濟風險。

現在我想說的是

現在，我依然相信失控的政府開支是一大問題，這並非是因為它會產生債務（人們認為這不是經濟或市場的負面因素），而是因為相較於政府，你是一個更明智的支出者。聯邦、州和地方政府在經濟中所占的比例越大，對市場的影響就越嚴重。如果減稅能讓更多錢留在你的手上，那麼我完全支持減稅。

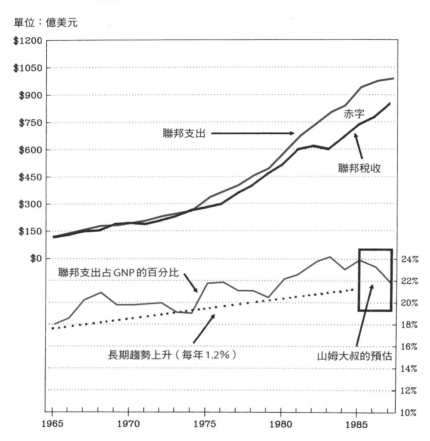

圖表 80 ▶ 美國的稅收和支出，以及它們跟國民生產毛額的
關係：1965—1987 年

單位：億美元

聯邦支出

赤字

聯邦稅收

聯邦支出占 GNP 的百分比

長期趨勢上升（每年 1.2%）

山姆大叔的預估

資料來源：Budget of the U.S. Government.

羊毛永遠出在納稅人身上！

這整件事都很瘋狂！

我指的是 1986 年的增稅，它被巧妙地偽裝成減稅。低稅率按理來說會刺激我們更加努力工作，期望能把更多收入留在手上。但是誰知道呢，如果我再加倍努力的話，我的太太就要告我拋妻棄子了。

我不滿的另一點是，那些政府官員在供給經濟學的推波助瀾下（請見圖表 79），希望我更努力地工作，這樣他們就能徵收到更多的錢來償還他們造成的赤字，把不是自己的錢花在我從不希望他們做的事情上。

我本人反對聯邦支出，但如果我們不得不這樣做的話，與其透過降低稅率來籌措資金，我更支持對那些空話連篇的人徵收「從價稅」（valorem tax）。這種人肯定有很多。

此外，與美國的長期歷史相比，去年的稅率很高。這張由兩個部分組成的圖表，顯示了自美國開始徵收所得稅以來的最高稅率。右側的小圖展示了每增加 1 美元收入的

累進稅。例如，在1954到1967年間，如果你賺了5萬美元，那麼下一筆收入就得交60％的稅（由於未經通膨調整，因此這5萬美元相當於現在的20萬美元，請見圖表52）。

供給學派的經濟學家認為，減稅會促進經濟繁榮，而高稅率是不好、非常不好、極度不好的。因此，或許他們認為繁榮的1920年代，是共和黨將最高稅率由78％降到22％的結果──如果企業稅率沒有上調的話，或許還會出現更大的繁榮。

當然，從1932年開始，企業和個人的最高稅率都逐步提高了（供給學派大概忘了這件事）。然後是1950年代繁榮的股市和低通膨。艾森豪和杜魯門去哪裡了？現在我們真的需要這兩個人了！你可能已經忘了，這兩位總統提高了個人和公司稅率──當一個人在最高稅收級距多賺了1美元，他就得把收入的90％交給山姆大叔。所以我猜，根據供給學派的觀點，當時肯定沒有人的妻子會提出拋妻棄子的訴訟，因為稅負太高了，沒有人在工作。這簡直是胡說八道！

幾乎沒有人見過這張圖表。有趣的是，美國納稅人在一些非常繁榮的年份裡承擔了很高的稅率。誰能想到1920年代的最高稅率會高於1930年代呢？誰又能想到

1950年代的稅率簡直高到不像話？

沒有人會支持高稅率，但稅率並不比你在計算稅負之前可以扣除多少更重要。如果減免很多、稅率高，或者減免很少、稅率低，這並沒有太大的區別。雖然1987年的稅率會下降，但實際稅收占國民生產毛額的比例會上升，因為減少的扣除總額超過了個人和公司稅率減少的總額。

請記住，政府如何建構稅法並不重要。如果政府花錢，納稅人將得透過更高的稅率、更低的扣除額或更高的通膨來為其買單，結果其實都是一樣的。所以不要被政客狡猾的障眼法騙了。當他們向你承諾要降低稅率時，他們給你什麼，你就給他們什麼——你不需要聽那些誇誇其談。

現在我想說的是

低稅率真棒！供給學派是對的，但回顧當時是什麼影響我的觀點還是很有趣。別忘了，你得不斷質疑那些你知道的事！

圖表 81 ● 美國聯邦所得稅率：1909—1987 年

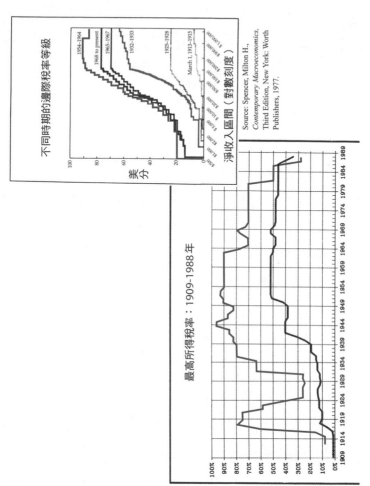

資料來源：U.S. Treasury Department.

圖表82 山姆大叔的土地值多少錢?

現在,你知道聯邦債務占國民生產毛額的百分比並不像媒體和其他人所說的那樣高了。但是,如果山姆大叔破產、負債累累以至於無法償還債務,政府難道不會藉由提高稅率來還債嗎?

政府也許不會這麼做。如【圖表76】所示,1836年,安德魯・傑克森將聯邦土地賣給急切的投機者來償還債務。政府會再做一次這樣的事嗎?大多數人無法想像,但這是有可能的。

這張圖表誕生於1964年,大約是在阿拉斯加成為美國一個州的五年後,你可以輕易地看出山姆大叔究竟隱藏了多少資產價值——它顯示了從1781到1964年期間,每年的聯邦土地總面積,單位是以百萬英畝計。從那之後,聯邦政府的總土地面積沒有太大的變化,所以我們可以想像一條相對平坦的線,從這張圖表的終點一直延伸到1986年。

在1850年之前,儘管傑克森賣了少量的土地,以及

更早期的零星贈與和售地，山姆大叔還是透過兩大步驟增加了他的房地產投資組合，包括：路易斯安那購地（1803年）和奧勒岡、墨西哥領土（1840年代末）。所以，到了1850年，聯邦土地總共有12億英畝，但有些土地位於內華達沙漠等地，價值不高。

從1850年開始，山姆大叔削減了他的投資組合，到了1930年，聯邦土地面積減少了66%（縮減至4億英畝）。政府賣掉了最不值錢的土地，保留最有價值的城市區域、國家公園和森林系統（其中大部分是後來才建立的），以及軍事基地等等。

小羅斯福（Franklin Roosevelt）將放緩了國土銷售，甚至開始購買土地，因此山姆大叔的土地持有量在1930年代停止下降。然後，隨著1958年阿拉斯加州成為美國領土，聯邦土地幾乎增加1倍，達到7.5億英畝，這相當於聯邦政府今天擁有的土地，從內華達州等地孤立的軍事基地到幾乎每個主要城市的市中心辦公大樓，再到華盛頓特區的大片土地——山姆大叔是迄今為止世界上最富有的房地產持有者，而這些土地都是他借錢買來的。

他究竟有多富有呢？嗯，包括採礦權在內的國家森林土地，每英畝可能只值100美元，但市中心的土地就不同了。根據當地投資者的估計，如果緩慢出售，而不一口氣

倒入市場，山姆大叔在華盛頓特區的土地，每平方英尺價值350至500美元，也就是說，每英畝價值1,500至2,000萬美元，超過1.5萬英畝的土地則相當於3,000多億美元，占聯邦債務總額的17％。再加上山姆大叔另外7.5億英畝的土地，他擁有的土地幾乎肯定比他的債務多上好幾倍。

只不過，我們不應該為了償還債務而賣掉所有資產。正如你在【圖表74】中看到的，只要債務相對於國民生產毛額保持在歷史平均水準以內，債務就不是問題。再說了，沒有人會想把林肯紀念堂賣掉。但是，如果你擔心債務過高，又不相信國民生產毛額這個說法，那麼從這張圖表可以看出，償還債務只不過是一個在增加稅收和出售國土之間做出選擇的問題。如果稅率已高得離譜，我們就可以採取傑克森的做法。如果政客們建議賣掉那些我們真正想要保留的東西，那麼我們就自己掏出口袋來保存它。選擇權在你。另外，你所在的州和郡也有很多土地。

現在我想說的是

現在，我們不僅沒有過度負債，而且可以利用的債務更多了！也許是過去的三倍多！（為什麼呢？請閱讀《投資最重要的3個問題》的第六章）。但我其他的評論仍然是準確無誤的。

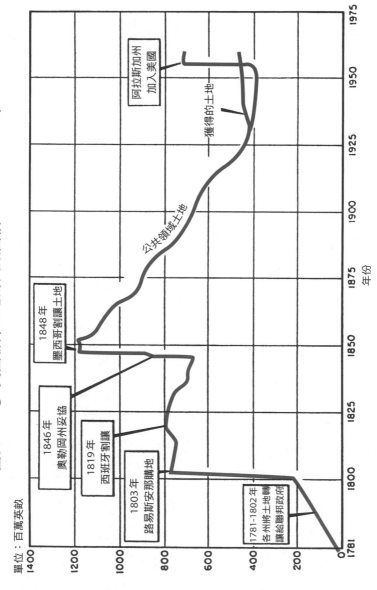

圖表 82 ◑ 美國聯邦土地的大致面積：1781—1960 年

單位：百萬英畝

1781-1802 年
各州將土地轉
讓給聯邦政府

1803 年
路易斯安那購地

1819 年
西班牙割讓

1846 年
奧勒岡州妥協

1848 年
墨西哥割讓土地

公共領域土地

阿拉斯加州
加入美國

獲得的土地

1400
1200
1000
800
600
400
200
0

1781 1800 1825 1850 1875 1900 1925 1950 1975

年份

資料來源：Clawson, Marion, *Man and The Land Use*, Lincoln, Neb.: University of Nebraska Press, 1964.

國防支出會削弱經濟嗎？

　　你擔心政府最近增加的軍事支出會損害經濟嗎？從國防開支的歷史角度來看，這張圖表所顯示軍費支出相對於國民生產毛額的比例，應該能減輕你的擔憂。

　　過去幾年，媒體不斷大肆報導雷根政府的大規模軍事建設和挹注巨額的國防經費。事實上，從1982到1985年，山姆大叔在軍事上的開支超過了二戰以來的任何四年期間，包括韓戰和越戰時期。以美元來計算的話，去年美國的總國防經費達到了2,540億美元，是1980年雷根執政時的2倍。

　　隨著這些統計數據的傳播，你就能明白為什麼人們會得出「國防開支已經失控」的結論。人們開始懷疑，這是否會嚴重損害國家的經濟健康？但如果冷靜審視這個問題，你就會發現，目前國防開支對經濟的影響並不像大多數批評人士所說的那麼巨大。

　　這張圖表就提供了相關的證據。

　　令人驚訝的是，美國用於軍事的總產值比例急劇下

降。在韓戰期間，國防支出占國民生產毛額的比例接近14%，但是到了1986年，這個比例僅為6.4%，不到一半。

此外，根據美國國防部最近的預估顯示，軍費開支將在1987年再次大幅下降到6%以下。即使你不相信國防部的預估，「格拉姆－魯德曼平衡預算修正案」（Gramm-Rudman，旨在限制聯邦政府的財政赤字）和國會目前的氛圍，也幾乎可以確保在接下來的十年中，國防預算會逐步減少。

當你審視這些事實時，你會發現，那些認為巨額國防開支會排擠掉民間開出，從而降低生活水準的論點根本站不住腳。事實上，我們越來越傾向於在槍支上少花錢，而是把錢花在提升生活水準上。在某種程度上，你甚至可以說民間開支一直在排擠國防開支。

正如這張圖表所示，過去每一次軍事開支激增時期（1951至1953年、1966至1968年、1981至1985年），無論有多麼劇烈，但它持續的時間都很短暫，且隨後都會出現一段增長放緩的時期，這個模式似乎正再次重演。

在跟個人情感有關的問題上，事實往往會與人們的許多認知不同。因此，就算你不喜歡軍事開支，你也必須把你的觀點建立在事實上，而不是一味認定「軍事開支一定會削弱經濟」。

這張圖表已證明事實並非如此。相反的，目前美國的軍事開支在整體經濟中所占的比重，已經比過去要小得多。

現在我想說的是

由於人們對伊拉克戰爭及其開支的成本相當關心，因此我會在〈附錄 B〉中更新這張圖表。

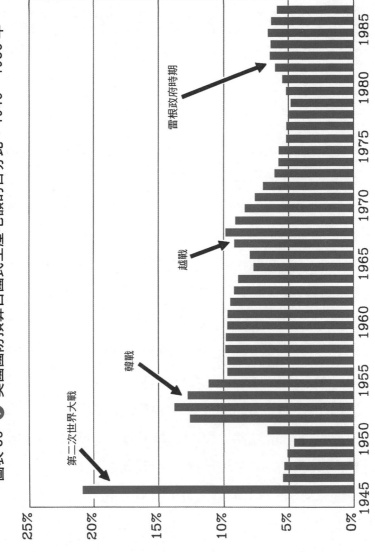

圖表 83 ● 美國國防預算占國民生產毛額的百分比：1945—1986 年

第二次世界大戰

韓戰

越戰

雷根政府時期

資料來源：*Statistical Abstract of the United States, 1986*, U.S. Bureau of the Census.

圖表84 康得拉季耶夫的 55 年周期

　　康得拉季耶夫的「周期理論」對市場繁榮和蕭條的預測比大多數經濟學家做得都還要好。

　　康得拉季耶夫是俄羅斯人，他在 1920 年代被流放到西伯利亞，因為他提出「資本主義有五十五年進化周期」的理論，而這段周期會清除掉資本主義中的過度行為。但蘇聯的共產教條則認為，資本主義是處於一個無周期性的惡性循環中。然而，康得拉季耶夫的支持者們相對準確地預測出 1920 年代的繁榮／蕭條周期；現代的「周期理論」派也預見了 1974 和 1982 年的惡性經濟衰退，以及 1980 年代的投機熱潮。這種周期波動令人費解，沒有一次會像前一次那樣重複發生。部分原因在於它僅僅兩個周期就需要耗費一百多年的時間，堪稱是一個巨大的進化。

　　舒曼（Shuman）和羅塞諾（Rosenau）的《康得拉季耶夫周期理論》一書給出了一個過於簡單但易於理解的劇本——大多數人都未注意到此一周期在國際上同時存在的複雜性。

理想的五十到五十五年周期從低點開始。例如1935到1955年，利率、通膨率，以及股票和房地產的價格都很低。政客們從反政府政策轉向聯邦制度。基礎建設得以完工：1950年代的機場和高速公路系統、1880至1910年的鐵路、1830和1840年代的運河系統。

在最近的大蕭條中（1930年代、1873到1888年、1837到1843年），長期的經濟低迷和通貨緊縮動搖了老一輩企業經理人的信心。幾乎沒有人預期會出現通膨，也沒有人會在手中沒有訂單的情況下進行擴張。

只不過，總是會有年輕的少壯派存在。某些年輕的經理人會積極地擴張。二十年來，整個社會一直在與通貨緊縮和經濟蕭條對抗，這段期間關閉了太多的工廠和產能。需求已被壓抑了太久。人們渴望擁有房子和任何他們負擔得起的東西。政府則採取擴張性的財政政策（擴大支出、減少稅收）來刺激經濟。慢慢的，那些年輕的經理人得到溫和通膨的加持。一次又一次，少壯派下注並賭贏了，因而不斷晉升，直到他們成為新的當權者。

然後，戰爭爆發了（越戰、第一次世界大戰、美國內戰、1812年戰爭）。在戰爭結束後的五到十年裡，通膨率飆升（請見圖表55），而利率則略微落後，這就阻止了人們把錢放在銀行。相反的，人們藉由炒股和炒房來抵禦通

膨，而在每一波炒股和炒房中，大量的資金都來自於舉債。在五十五年一個周期中，房地產成為了主角；下一個，就是股市。當年那些青壯派如今都已經老了，他們繼續把籌碼押在通膨上，迅速增加產能。最後，他們擴張過頭了。利率飆升到大多數人沒見過的歷史新高。四十年來最嚴重的經濟衰退重創了商業。

現在，在戰爭結束後的五到十年，通膨逐漸消失。那些垂垂老矣的經理人不信邪，繼續投入擴張。他們一生都在通膨上押注，而且賭贏了。他們很幸運，認為自己很聰明。對他們來說，通縮是不可能的事。結果，大宗商品價格和利率暴跌。低廉的價格無法證明擴建新廠是合理的作法，因此，一群新生代年輕經理人便展開一場併購狂潮——現在購買資產比建造資產更便宜。隨著價格下跌，經理人們呼籲政府設立貿易壁壘，阻止那些掠奪成性的外國人湧入「我們的市場」。股票和房地產的價格開始飆升。1929、1873、1835 與 1987 年之後，經濟蕭條和通貨緊縮持續了十到十五年，接著，新的周期應運而生。

現在我想說的是

請翻到〈附錄 B〉查看這張圖表的更新和我的新評論。

圖表 84 ▶ 康得拉季耶夫周期：1780－1986 年及後續預估

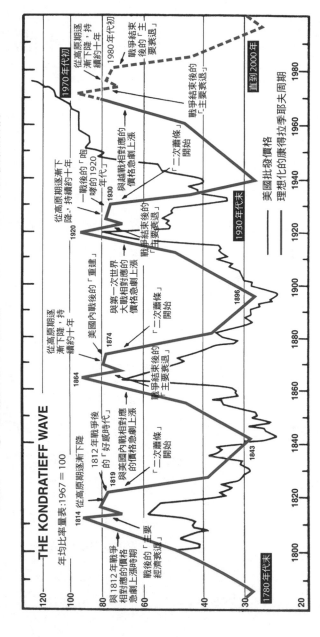

THE KONDRATIEFF WAVE

年均比率量表：1967 = 100

資料來源：Copyright 1971 by Foundation for the Study of Cycles, Inc., 124 Highland Ave., Pittsburgh, PA 15206.

太陽黑子會影響股市嗎？

當我第一次遇到有人試圖根據「太陽黑子」來預測未來事件時，我認為他們都是瘋子。現在我依然這樣認為，但我確信有一天，當科學家們知道的事情比今天還要多的時候，他們就有可能利用太陽黑子做出驚人的預測。而且，當我發現美國太空總署（NASA）的嚴肅科學家，大部分都是瘋子的時候，我就更加確信這一點。

讓我們話說從頭。太陽黑子是太陽表面清晰可見的斑點。自1700年代以來，天文學家們就開始記錄它們的數量和大小，並將他們的發現，轉化為校準整個太陽黑子「數量」的指數。有趣的是，太陽黑子發生的周期，呈現相當規律的十一年循環。而這張圖表就顯示了從1755到1978年的太陽黑子「數量」。

當科學迷向投資者傳遞這個好消息時，人們注意到其中驚人的巧合。因為史上三次最大的股市災難（1836至1843年、1872至1878年，以及1929至1932年）都恰巧發生在太陽黑子活動的高峰之前。1907年（請見圖表

32）、1937年和1969年的跌幅雖然較小，但仍然令人揪心。也因此，太陽黑子開始引起許多人的關注。

　　當然，有很多次的下跌並不符合這個十一年周期的模式，也有幾次當顯著的太陽黑子峰值出現之後，並未引發股市下跌。這讓太陽黑子的追捧者被貼上怪胎的標籤——他們或許當之無愧。然而，從湯瑪斯·雷德（Thomas Reider）的《太陽黑子、星星和股市》（*Sun Spots, Stars and the Stock Market*）等最近出版的幾本書來看，你可以發現這些怪胎依然存在。

　　當現代科學家涉足此一領域時，他們發現太陽黑子的活動大致是可以預測的，並且與不同類型的太陽輻射所釋放的波動完全相關。包括貝塔射線、伽馬射線、宇宙射線，以及其他各種太陽輻射，都會伴隨太陽黑子的活動且進行可預測的變化。為什麼這很重要呢？例如，當太陽發出大量的紫外線輻射時，電離層就會產生電離，形成一層包裹地球的錫箔毯，這會使得通過電離層、向衛星和其他接收器傳輸訊息變得更加困難。

　　NASA就像是Need Another Sunspot Assessment（需要另一個太陽黑子評估）的縮寫。NASA已花了大把的鈔票在研究太陽黑子上。他們發現了驚人的相關性，其中大部分都在他們出版的《太陽、天氣和氣候》（*Sun, Weather* and Climate）一書中詳細描述，這也是這張圖表的來源。包括潮汐高度的波動、臭氧總量、大氣電力、風暴軌跡、雷暴活動、降雨和乾旱、X 射線和 α 粒子等，都與這些討厭的太陽黑子有關。誰能想得到呢？

只不過，NASA 還未弄清楚太陽黑子真正的成因，因此在這個問題上，我們幾乎仍處於黑暗時代。但是，太陽黑子或其他導致太陽黑子的成因，是否能控制 β 射線在我們的大腦之間反彈、改變我們的無線電波，以及造成諸如此類的怪異事件呢？為什麼我們如此自大地假設，太陽黑子「不會」以我們尚未理解的方式，去影響我們個體和集體的心理，從而改變由我們的情緒和心理驅動的金融市場走向呢？

誰知道呢，也許有一天科學家們會發現這個世界真的是圓的。

現在我想說的是

另一個我經常問的問題是：「你能理解別人無法理解的事情嗎？」也許你可以藉由解讀太陽黑子來打敗市場。

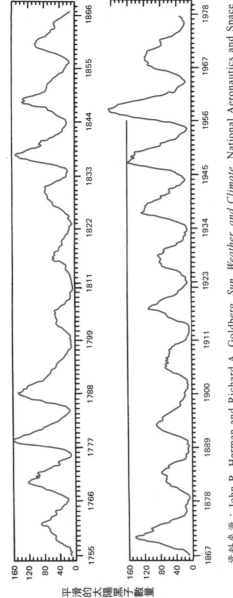

圖表 85 ● 太陽黑子的活動周期：1755—1978 年

資料來源：John R. Herman and Richard A. Goldberg, *Sun, Weather, and Climate*, National Aeronautics and Space Administration, 1978.

圖表86 春光明媚的「裙擺指數」

你之所以領先他人一步，是因為關注利率？還是因為一直把目光放在女孩子的腿上呢？

好吧，華爾街可能是女權主義者難以推動改革的最後堡壘之一，某些投資專家認為，比起這本書和其他更傳統的市場衡量指標，「女孩們的腿」更能揭示市場未來的走向。不相信嗎？請試著搜尋「裙擺指數」（hemline indicator），你就會知道這個指標有多受重視。

這個理論的支持者認為，影響投資者過度樂觀或悲觀的心理力量，同樣也支配著那些非投資者——特別是那些時尚領域的人，而這張圖表就說明了其中的涵義。圖表中短而活潑、暴露更多大腿面積的裙擺，通常與牛市聯繫在一起；相反的，維多利亞式的長裙擺，則經常與熊市有關。

以第一次世界大戰之前為例（請見圖表27），當時股票對任何人都沒有太大的影響力。對觀察女孩們穿著的人來說，也沒有什麼值得歡呼的事——當時女孩們的裙子很長，熊市也很長。但是在1920年代，股市和女孩觀察者

們的熱情就被點燃了，因為裙子的下擺開始縮短了。

到了1929年，那些時髦摩登女郎們穿的裙子，即使以今天的標準來看也相當大膽。

1930年代，隨著股價暴跌，女孩們的裙擺也跟著拉長，重新回到只露出腳踝的位置。

1940年代，股市一蹶不振，裙擺也同樣死氣沉沉。但隨著1950年代市場的崛起，裙擺又開始止跌回升。當女孩觀察者們的精神一振，市場也進一步上揚。經通膨調整後，美國股市首次突破1929年的高點，延續至1960年代中期創下歷史新高——此時，迷你裙時代來臨了！

某些人認為這個指標忽略了基本問題（抱歉）。

他們認為裙擺反映的是更基本的心理和社會力量。例如他們注意到，1960年代中期，卡洛·多達（Carol Doda，美國知名脫衣舞女郎）也在舊金山的Condor俱樂部首次袒胸露乳，並掀起一陣席捲全美的風潮。這些社會分析人士認為，「裸胸舞」也是心理趨勢的一部分，也可以反映市場高點。

然而，到了1970年代中期，市場一片慘澹，尤其當你考慮到通膨的破壞力道（請見圖表22）就更是如此。此時，女孩們裙子的長度也大幅降低。長及腳踝的長裙（maxiskirt）應運而生。

觀察裙擺的基本吸引力，就在於它們幾乎無所不在──你不需要從圖書館塵封的資料中翻找投資數據。當然，裙擺是不可能量化的，更不用說認真研究了。而且，儘管有一些驚人的巧合，但你無法判斷裙擺是預測未來還是過去的結果。

　　短裙意味著市場即將上漲？還是已經上漲呢？從技術上來說，裙擺的長短應該是落後給市場的，但這是代表市場即將出現反轉了嗎？誰知道呢？至少我不知道。這似乎是騙人的把戲。

　　也許最著名的牛市，是在歷經 1932 和 1974 年出現災難性下跌之後的牛市，但它們並未出現裙擺效應。

　　至於對現今的市場而言，女孩們的裙擺又是處於哪種長度呢？一位敏銳但抱持懷疑態度的市場觀察家質疑說，「猶豫不決」不就是 1986 年底股市的問題嗎？她說：「也許現在的市場就像裙擺一樣，什麼款式都有。」

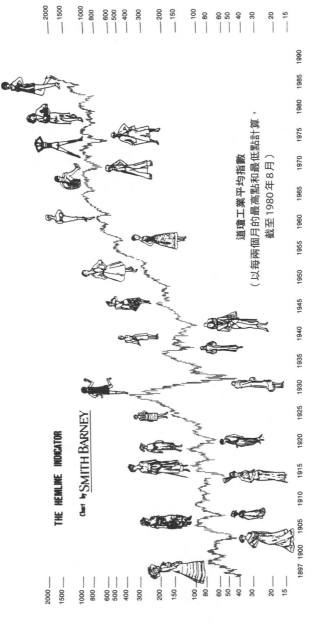

圖表 86 ● 道瓊指數中的裙擺指標：1897—1986 年

THE HEMLINE INDICATOR

Chart by SMITH BARNEY

道瓊工業平均指數
（以每兩個月的最高點和最低點計算，
截至 1980 年 8 月）

資料來源：Smith Barney Harris Upham, Incorporated.

圖表87 別投資那些會吃垮你的東西

　　某天清晨，我太太注意到有一個男人拿著一根20英尺長的棍子，不斷戳著我們家附近的一棵樹。

　　原來，我們的鄰居正試著把他們家那隻價值1,000美元的貓從一棵橡樹上弄下來。他已經錯過要飛往東岸的飛機了。他擔心妻子的愛貓，想知道我是否有什麼辦法。我搔了搔腦袋，喃喃地說出腦子裡浮現的一句話，那是我父親已故叔叔亞瑟的智慧，他是老一輩的投資人，總是對我叨念說：「千萬不要投資那些需要吃東西的標的。」

　　最近，出於愛好，我養了一些小雞和鴨子。我喜歡吃新鮮的雞蛋、看著鴨子在池塘裡游泳。但是，我家附近的浣熊和郊狼也喜歡我那些長著羽毛的朋友，結果牠們最後只剩下兩隻。

　　有些人可能會被這張圖表誤導，認為「純種馬」是一種不錯的投資——根據這張圖表，截至1980年的這十年間，一歲純種馬的價值從7,676美元增加到30,000美元。我能理解為什麼。因為「十歲的小馬」非常罕見。當然，

這麼說很愚蠢。但是馬的價值會隨著年齡增長而急劇下降，所以從長遠來看，這種價格是不可能達到的。

你當然不可能像亞瑟叔叔持有股票和房地產那樣去買一匹馬——他十五年前去世時，還持有1930年代購買的股票。話說回來，一匹能活到四十歲的馬可能會被當作一件價值不菲的珍品。

更糟糕的是，馬匹需要照顧，你得支付租金、食物、鞋子、設備，還得收到獸醫的帳單。我的一位朋友在1974年退出了養馬業，他一共養了30匹馬，每匹馬每年的直接成本約為1,100美元。然後，你要麼放棄做其它事（機會成本），要麼就得付錢給飼養員來照顧你的愛馬。如果你想賣掉你的馬，你還必需支付平均15％的馴馬師費用（仲介費）。

記住，在計算投資的實質回報時，不要像這張圖表一樣只看價格，卻忽略了這些看不見的成本。正如【圖表60】所示，即使是房產稅，也會大幅降低房地產的實際收益；至於股票和債券則沒有營運成本。事實上，它們還可能會產生收入，你也要把這些紅利添加到你的總回報中。

然而，這張圖表顯示，「投資純種馬的收益會優於股票」。這是真的嗎？

扣除十年每年1,100美元的直接成本，經通膨調整

後，30,000美元的價值就減少了12,750到17,250美元。如果再扣除15％的佣金，你就只賺到14,662美元。如果你得付錢給飼養員來照顧牠，那麼這個數字還會更低。

另一方面，這張圖表也顯示在這十年裡，道瓊指數從600點上漲到1,000點，但這段期間，道瓊指數也支付了大約5％的股息收益率。如果每年把這5％再投入道瓊，股息的複利加上股價的成長，1980年的總價值會來到約15,910美元。扣除1％的銷售佣金，你可以得到15,750美元。即便這十年並非股市表現最好的時候，股票還是贏了。

股票還具有很好的流動性，但馬只有在進入膠水罐時才會流動。而且，只要花3萬美元，你就可以買到所有三十檔的道瓊股票，而不是8到12條腿；股票也很少會倒地死掉。

因此，當有人想說服你買進那些需要進一步注資或照護的投資項目時，請記住亞瑟叔叔的話——千萬不要投資那些「需要吃東西」的標的！

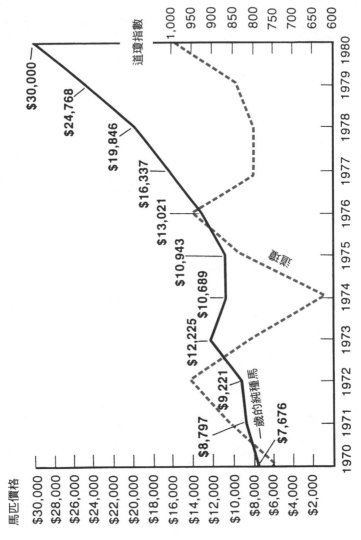

圖表 87 ▶ 一歲純種馬的年均價格與道瓊指數年均收盤價比較：1970—1980 年

馬匹價格

$30,000
$28,000
$26,000
$24,000
$22,000
$20,000
$18,000
$16,000
$14,000
$12,000
$10,000
$8,000
$6,000
$4,000
$2,000

$30,000
$24,768
$19,846
$16,337
$13,021
$10,943
$10,689
$12,225
$9,221
$8,797
$7,676

一歲的純種馬

通膨

道瓊指數

1,000
950
900
850
800
750
700
650
600

1970 1971 1972 1973 1974 1975 1976 1977 1978 1979 1980

資料來源：B. Ray Anderson, *How You Can Use Inflation to Beat the IRS* , New York: Harper & Row, 1981.

昨天的股價能預測未來嗎？

在經濟或財務預測方面，「提防假先知」永遠是一個明智的警告。當技術分析師——那些名副其實的華爾街巫醫——開始僅從過去的價格走勢來預測未來時，你就要小心了！

這裡有一個用巫術製圖的絕佳案例。

這張圖表出現在1964年的一本書中，那本書認為「股票會遵循物理定律」。它的論點是這樣的：「由於市場已出現一條指數增長曲線（exponential curve，如圖表所示），而且物理定律已表明此一趨勢會持續下去，所以它會沿著這條路徑無限期地漲上去。」如果按照這個不合邏輯的結論，股票會漲得更快，到目前為止，股價應該會以每分鐘1,000％的軌道速度飆升。

常識告訴你這很瘋狂。因為根據萬有引力定律：上升的東西最終都會下降。事實上，幾年之後，市場完全脫離了這條「指數曲線」，並在接下來的十七年裡失去了超過70％的實際購買力（請見圖表22）。只不過，在牛市中，

人們相信所有的股票都看漲，即使是最爛的股票也是如此。

　　其根本的謬誤在於，「僅憑過去的價格走勢，在不考慮其他因素的情況下就可以預測未來」。儘管有太多書想要說服你相信這一點，但卻沒有任何堅實的學術、實證或理論證據來支持它們。僅憑過去的價格走勢並無法預測未來的價格走勢，甚至會得到反效果。

　　任何熟悉「機率論」（probability theory）的人都知道這一點。你可以試著做一個實驗：拿一些方格紙，在紙上畫一個點。然後拋50或100次硬幣。如果你第一次擲出的是正面，請向右、再向上移動一個方格，再畫一個點；如果擲的是反面，則向右、再向下移動一個方格，然後再畫一個點。

　　以此類推，繼續拋硬幣、向右移動……。

　　在你失去耐心之前，想像每個垂直的方塊代表1美元，每個水平的方塊代表1天。然後把這些點連接起來，你就能得到一張與典型股價走勢相同的圖表，其中包含了上升和下降的延伸趨勢。

　　很少有人會預料到這樣的模式。大多數人都認為在連續擲出幾次正面之後，會增加下一次擲出反面的機率。但是任何上過統計學的人都知道，無論你擲出幾次正面，下

一次擲出反面的機率仍然是 50/50。同樣的，股價每一次的變化都與它過去的價格走勢無關。

這並不是說所有的價格圖表都缺乏預測價值。例如，【圖表 04】顯示了股票收益率和債券收益率之間的歷史關係。當股票的本益比為 20 倍（收益率為 1/20，即 5％），而債券的收益率為 9％ 時，這中間就存在套利的機會。如果公司收益增長的速度很慢，那麼你最好是投資債券，因為回報會更高，未來的價格也可能會更好。

同樣的，本書的其他圖表也有其預測價值，因為它們說明了最基本的經濟因果關係。重點是，不要被那些僅憑價格走勢的預測所迷惑。它們起不了作用。

現在我想說的是

我不需要為你更新這張圖表——你可以在任何報紙上讀到道瓊指數的當前價位。指數的「指數型上升」仍在繼續發展（但你應該要忽略道瓊指數，因為跟所有以價格加權的指數一樣，它是有缺陷、具有誤導性的）！

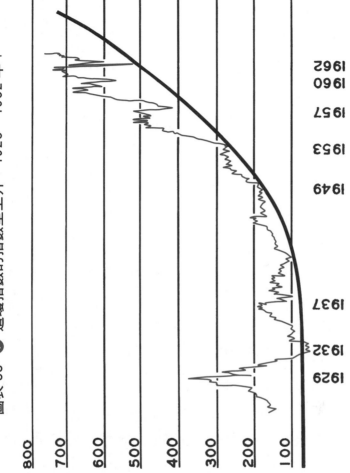

圖表 88 ⏵ 道瓊指數的指數型上升：1926－1962 年＋

資料來源：Benton W. Davis, *Dow 1000: The Exponential Secret of the Great Bull Market*, Larchmont, New York: American Research Council, 1964.

自然界與金融界的周期事件

　　有些人對圖表太著迷了。雖說圖表是一個能幫助自己快速回顧歷史概況的好工具，你可以從中學到很多東西，但圖表也可能會導致錯誤的結論。

　　有一大批「技術分析者」相信，僅憑過去的價格走勢就可以預測未來。這種情況即使存在，也極為罕見。雖然圖表可以幫助你掌握現況，也可以幫助你理解未來，但沒有任何證據顯示，過去的價格走勢能預測未來。

　　大多數的周期循環模式，無論是哪種類型，只要符合長時間且有整齊之字形的模式，都與大自然有關。樹的年輪、阿拉斯加棕熊的種群動態、狐狸和齧齒動物的種群、太陽輻射，以及潮汐等都能顯示出反覆循環、可理解且可預測的周期。但是當有人類參與其中的時候，可理解的部分往往會變得混亂，而可預測的部分也會變得不可預測。事實就是如此，人類最容易被古怪的理論沖昏頭腦。

　　這張圖表顯示了小麥收成的9.6年周期。作為自然現象的一部分，它似乎具有極佳的可預測性。請注意，圖表

中的波峰和波谷整齊地吻合了一個長達9.6年、幾近完美的之字形圖案。其中，「A點」指出的周期與這個模型相符（但也有一些例外之處）；「B點」則指出此一模型明顯的例外之處。

小麥的收成是由自然主導，還是由人類主導的呢？兩者可能都有很大的影響力，但人類在這之中肯定扮演重要的角色。這種看似反覆出現的模式，不太可能像潮汐周期那種完美的自然現象，既符合邏輯或是可以預測。

你肯打賭這個模式會完美地重現嗎？如果是的話，你可以賭1986年的小麥會大豐收──但最終你會輸掉賭注；你也可以賭1991年的小麥會欠收，準備好下注了嗎？但我不會跟你賭，因為這只是盲目的瞎猜。

機率論指出，有些看似有周期可循的事件其實只是巧合罷了。如果每個美國人都不停地拋硬幣，總會有某個人連續擲出幾千次的正面。但這並不代表他能一直持續下去，或者可以藉此預測出這種連續性。相對的，這只能代表他的運氣非常好。同樣的原則也適用於那些讓你朋友賺大錢的「連鎖信」上，但在輪到你收信之前卻突然失效了。

重點是，請小心那些看起來重復得太完美的圖表模式。如果沒有一個完美的「自然」（nature）解釋，那麼這個看似完美的循環可能會在你運用它之前就崩壞了。

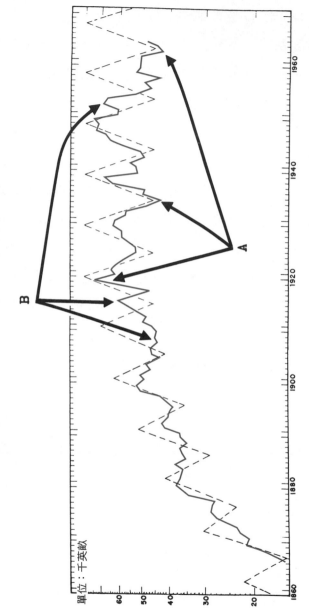

圖表 89 ● 美國小麥收成面積與其 9.6 年的周期：1860—1970 年

單位：千英畝

資料來源：Copyright 1971 by Foundation for the Study of Cycles, Inc., 124 Highland Ave., Pittsburgh, PA 15206.

圖表 90 別迷失在金融市場的皮相下

「現在不要買股票，因為指標給了你錯誤的方向。它們突破了正常範圍，牛市最終還是會反轉，很多人將會蒙受損失。羊群效應實在太強烈了。所以，不要因此而損失你的資產。」

這張圖表是 1900 年左右的老古董，你可以從中看到前述這段話。

在本世紀初，住在農場的人比住在城市的人還多，你可以從畜牧業的發展趨勢中觀察到很多金融和商業方面的資訊，就跟今天的投資人會觀察汽車銷售或新屋開工的情況一樣。

本書展示了非常多的圖表，並提供基於圖表的分析、經驗教訓和預測。其中，許多圖表相當古老。你可以鑑古知今，但關鍵是要確保曾經將事件緊密聯繫在一起的歷史趨勢，不論過去和現在都具備有效的因果關係來支持它們，如此一來，這些圖表才能真正為未來提供有效的指引。

這張圖表非常漂亮，也很吸引人，即使你無法根據

「牛市」的趨勢來預測股市或靠它賺到錢，它也能為你上寶貴的一課。這張圖表來自布魯克邁爾經濟圖表（Brookmire Economic Chart）系列（請參見圖表33），這在當時是最先進的製圖方式——它顯示的資訊量遠超過你需要關注的事。

請先觀察圖表中間的部分，它顯示牛皮價格從1908年9美分的低點到1913年的20美分的高點（對照左側的刻度）。如果你翻回【圖表33】，將這張圖表與它進行比較，你會發現牛皮價格的變動與股市的波動是平行的——尤其是鐵路股的價格。

由於當時運輸牛隻是鐵路業務的重要組成部分，投資者會藉由觀察股價趨勢和牛皮價格趨勢之間的分歧，將牛皮價格作為股市趨勢的一個同步指標。如果牛皮價格下跌而股價上漲，或者反之，市場觀察者就會尋找兩者之中，其中一個即將反轉的跡象，並指出兩者的主要趨勢。

因此，當【圖表33】在1911、1912年結束的時候，投資者會將「牛皮價格上漲50％」視為是股市可能也會隨之上漲的指標。但他們可能錯了。正如【圖表27】所示，股市在1917年之前都沒有突破1909年的高點，直到1920年代中期也沒有明顯超過既往的高峰。但在這幾十年來，農業活動對經濟的重要性一直在迅速下降，舊有的相關性

已不再有效。

　　本書所收錄的圖表都很重要，而且它們的有效性也很強。但是，正如根據牛皮價格的走勢來預測今天的股價走勢是錯誤的一樣，根據曾經有效但已不再適用的邏輯因果關係來做出投資決定也是錯誤的。請小心任何歷史上似乎對未來具有強大預測能力的單一關係。

　　諷刺的是，上帝似乎就是這樣設計生命的：就在你找到和學到某種相關性的時候，它就已經失效了，你試圖用糟糕的工具去導航，結果卻迷失在市場的皮相下。

圖表 90 ● 牛皮和皮革價格的周期：1900－1913 年

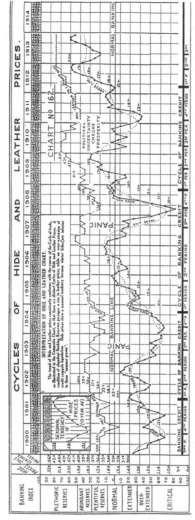

資料來源：Reprinted by permission. © Copyright by Les Euell and John R. Euell Anthony, *Brookmire Investment Reports*, P.O. Box 586, Daytona Beach, FL 32015. All Rights Reserved.

從圖表中找到事實，
然後根據事實去做投資

　　人們害怕很多事情，像是聯邦赤字、毒品危機、戰爭、不斷上升的犯罪率，甚至是華爾街。現在你應該知道，很多讓人們害怕的東西其實都不值得害怕。金融世界不會因為這樣或那樣的因素而很快就終結。生活中有很多真正的問題需要你去面對，而且一直都是如此。這類問題一直都是我們必須面對且要與之共存的。

　　舉例來說，你不會因為財政赤字引發的金融危機而在市場上損失所有的錢。但如果你當初買進的價格過高，然後在隨後崩盤的恐慌中拋售持股，那麼你的損失就會很巨大。這種崩潰總是伴隨著過度樂觀。但即便沒有發生大規模的社會混亂，人們還是會受到自己情緒的驅使而做出買

高賣低的決策。華爾街和你自己的歇斯底里，足以製造出所有你想像得到、奠基於迷思和幻象的混亂，

「華爾街的華爾滋」已經延續了好幾個世紀，它經歷了戰爭、革命、饑荒和通貨膨脹。它在各種的冒險探索、科學發現、共產主義和納粹的威脅、蕭條和大蕭條中持續著。它以繁榮／蕭條的周期在世界各地不斷起舞，擁有自己獨特的節奏。華爾街不會為政客、國王、記者、你或我舞動。它是為自己起舞。在可預見的未來，它還會繼續地跳下去，基本上就像現在這樣。你唯一可以做的選擇，是決定要不要參與這支舞。如果你想參與，那麼你希望自己出洋相？還是有利可圖地玩得開心？

如果你想隨之起舞，本書的90張圖表將為你提供估值、市場波動、利率、房地產、大宗商品和通膨等指引。未來當市場出現某種狂熱或恐慌，讓眾人失去理智時，你可以重新回顧這些圖表所描繪的金融史，當你能分辨出哪些事不尋常、哪些事很正常的時候，你就處於一個相對安全的位置了。

正如這些圖表不需要太多的介紹一樣，它們也不需要太多的結論。圖表本身已說明得夠清楚，而主要的結論則是操之在你。當大多數估值指標已經過高，整個市場都在拋售持股時，你手上的部位還值得繼續持有嗎？你必須自

己判斷。本書給你的是工具，也就是舞步，但只有你才能決定自己要如何起舞。

聯邦債務真的太過龐大了嗎？正如你在本書中學到的，這是一個道德問題，而不是經濟問題，因此，只有你自己才能下決定。聯邦政府賣地來還債是否值得呢？你可以自行判斷。如果你看過圖表，你要麼被迫接受我的觀點，要麼就得思考你自己的答案。但無論如何，你都比從未接觸過這些圖表之前，擁有更多的資訊和觀點。

戰勝市場的人 ✍

試圖「超越」市場的人永遠不會成功。市場上有各式各樣的預言家，他們聲稱自己能夠預測市場的所有變化。某些公司聲稱他們能做出精準預測，並向投資人兜售這些預測。但我不相信這些事。如果這樣的人真的存在，那麼他們一定賺了很多錢，也一定會非常引人注目。如果有這樣的人存在，根據我在上一本書中所做的計算，他們的年均報酬率至少能達到50％左右，這是一個很大的數字。

假設這些人一開始握有2.5萬美元，即便這筆錢是拿自己的房子抵押借來的，他們只需要二十一年就能登上《富比士》的「美國前400大富豪」；只需要二十六年就能

讓自己的身價突破 15 億美元。這些能夠準確掌握市場時機的「偉大投資者」在哪裡呢？

醒醒吧！你找不到他們的，因為他們根本就不存在。

人們能戰勝市場嗎？ ✍

答案是肯定的。數十年來，許多大師們輕而易舉地打敗市場，這方面的紀錄顯而易見。他們之中的多數人都有一個驚人的訣竅：他們會在市場見頂時握有大量現金，在市場觸底時則大舉投資。他們有什麼共通點呢？他們不會試圖藉由預測市場去搶進搶出。他們會把注意力放在別的地方。他們不會說：「今天就是最高點了，快把所有東西賣掉！」他們也不會去摸底、賭一把。

相反的，他們會依循幾個基本的價值導向機制，比如我在《超級強勢股》一書中所述的機制，以及我在《富比士》專欄中經常提到的機制，而這些機制讓他們能夠篩選出符合自己標準的優質股票。如果股價過高，或找不到符合標準的股票時，他們就不會進場。隨著牛市進一步發展，那些他們以低價買進的股票價值水漲船高，此時他們就會反手賣出了。但由於找不到更多符合買進標準的股票，他們的現金餘額也就變得越來越多。

瞭解事實 ✍

　　當然，在市場高點時滿手現金，還是會令人感到不安。「如果市場繼續漲下去，你會有什麼感覺？」同樣的，在市場大幅下跌後買進，即便是老練的作手也會緊張——這些人可都不是省油的燈。但諷刺的是，像是巴菲特、坦伯頓、葛拉漢、普萊斯（T. Rowe Price）等人，他們經常會自我回顧，從過去的「事實」中尋求安慰。他們會用不同的方法來獲取事實，然後檢視自己當時有哪些選項，而自己又為什麼做出最終的選擇。他們不需要這些圖表作為證據，因為曾經發生的事實，早已銘刻在他們的腦中。但對你來說，你也可以使用本書的圖表來進行這些大師們所做的回顧與模擬。

　　但是請記住，不要把這些圖表當作預測市場轉折的工具，因為從來沒有人能成功預測市場（你為什麼要去玩一個沒有人贏過的遊戲呢）。相反的，你應該尋找股票中的價值，並買進符合本書前幾張圖表所說、擁有共同歷史觀點的優質股票。當股價太高，無法提供這樣的機會時，你就不應該進場。請把這些圖表視為是一個董事會，它們是讓你在投資過程中保持平穩的後盾，而它們所提供的歷史數據和趨勢能幫助你做出明智的決策，就像那些傳奇投資

人在腦海中所做的演練一樣。

當市場下跌25％，你感到害怕，你需要安慰自己，好讓自己相信買進這些股票的決定是對的，因為就價值而言，它們現在的股價很便宜。此時這些圖表就可以派上用場。相對的，當每個人都在談論他們在市場上賺了多少錢，但你很害怕，因為從長期的歷史數據來看，你找不到任何有利可圖的標的，除了那些絕對的垃圾股之外。此時你也可以運用這些圖表來驗證自己的觀點。當所有人都告訴你利率還會下降，而你卻有所懷疑的時候，這些圖表也能告訴你該站在市場的哪一邊。此外，你也可以定期回顧這些圖表來刷新你最初閱讀本書時所學到的知識，或許又可以得出不同的看法。

學習舞步 ✍

你應該從這些圖表中學到什麼呢？每一張圖表都蘊藏著一個故事，你可以在本書三個部分一開始的簡介中找到相對應的圖表。有兩個重點是你必須學習的。

第一，就是準備一台財務計算機，然後學會怎麼使用它，並學會用複利的角度去思考問題。如此就能掌握「華爾街的華爾滋」的節奏。若能做到這一點，你就已經勝過

大部分想進入華爾街的人，而且也能讓你的投資績效獲得明顯的改善。

第二件要學習的事是本書的核心，也是本書寫作的目的——尋找事實，而不是根據幻想去行動。

如果從現在開始，你能自己尋找圖表，並利用它們來製作自己的圖表，從而得出基於事實而不是道聽塗說的投資結論，那麼我會非常高興。如果你正在考慮某些投資選擇，不管它們是什麼，圖書館都能找到與之相關的圖表。例如，如果你對澳洲的投資感興趣，你可以從洛吉德（A. L. Lougheed）的《1884-1984年布里斯班股票市場》（*The Brisbane Stock Exchange, 1884-1984*）這本書中，找到令你獲益匪淺的傑出圖表。你甚至可以從像馬來西亞、吉里巴斯或馬爾地夫這樣的國家中，找到很棒的經濟圖表——你可以在亞洲開發銀行「發展中成員國關鍵指標」中找到這些資料。

可以找到的圖表太多了，你永遠取之不盡，也不需要這麼做，你只要選取你需要的資料就好。

如果一張簡單的圖表能勝過千言萬語，那麼「學會從金融史中掌握現況」的價值更是巨大。如果你已經學會看懂事實，而不是靠著幻想行事，並使用這些基於事實的圖表來引導自己避開盲目的行動，那麼你看待「華爾街的華

爾滋」的方式將會非常不同。

作者備註：2007 年 🖉

　　對投資人來說，你很難掌握到完美的進出場時機。任何頻繁進出市場的嘗試都會是一場災難。只有在非常罕見的情況下，你可以小心進場、獲利了結，然後安全出場。

　　過去二十年，我只遇過三次這種情況。就在我寫完這本書之後，我對市場極度看空且變得十分謹慎。這對我的幫助很大；接著，在1990年，我再次看空，結果又幫了我；最後，在2000年底，歷史再次重演，我又再次受益。

　　在某些情況下，市場會變得相當混亂，但只要你能看見其他人看不見的事情，就能避開大熊市的衝擊，這是非常值得的。我認為本書的圖表和故事，可以幫助你理解這一點——在別人看多的時候，你卻看空，因為你看見別人看不見的危機，並付諸行動。這很幸運，但也很難做到。

　　最後我要說的是，請「享受尋找事實」並學會「根據事實採取行動」，而不是隨著群眾起舞。這個「享受」的部分，對你投資能力的養成非常重要，它能讓你堅持得夠久，以迎來成功。

　　我希望你喜歡這本書，並且在未來幾十年裡享受華爾街的舞步。

嚇唬孩子的錯誤觀念

　　當市場每天波動100點或更多時，人們就會開始恐慌。但是，不要被群眾歇斯底里的情緒影響，讓你偏離合理的長期投資計畫。對大多數投資者來說，最重要且最現實的問題，就是要找到那些真正有價值的股票。尤其是在一個四年上漲130％的市場中，你更應該堅持投資那些被低估的潛力股。

　　但有人會說，「聯邦赤字不是已經嚴重到威脅整個經濟，包括那些被低估的股票了嗎？」不是這樣的。雖然媒體不斷炒作赤字，政客們也為此喋喋不休，但赤字／聯邦債務只是眾多虛張聲勢的稻草人之一，它們只會讓人們恐懼，進而偏離原本理想的投資策略。

　　重點並不是赤字的規模或聯邦債務的總額，而是我們「償還債務」的能力。事實上，目前聯邦債務總額占國民

生產毛額的比例比1960年代中期還要小，若跟1950年代相比則是低了很多。

這個比例在第二次世界大戰期間達到120%的顛峰。但在接下來的三十年裡，這個比例不斷地縮小。即使是在出現預算赤字的那些年份，相對於國民生產毛額，債務也減少了。這是因為實際增長和通貨膨脹使得該比例的分母上升，超過了赤字使分子上升。通膨降低了債務的價值，提高了我們的償債能力，這種力量十分巨大。

到了1955年，這個比例從120%降至58%；1965年降至42%、1975年又降至25%，創下四十年來的新低。從那時開始，情況惡化了。是的。沒錯。赤字增加了，該比例也上升了。上升到哪裡呢？上升到40%出頭。這還遠遠不及更早之前的水準。

另一種觀察赤字的方法，是將它與其他國家的赤字進行比較。在過去五年裡，美國的赤字平均約占國民生產毛額的3%。其他國家又如何呢？日本為7.4%、德國為2.5%、法國為2.6%、英國為3.5%、加拿大則為5%。

但是悲觀者說，由於美國的儲蓄率比其他國家來得更低，因此赤字和債務負擔對我們來說更糟糕。這種說法也被誇大了。正如蘇珊（Susan Lee）在一篇引人注目的文章（富比士雜誌，1985年12月16日）中所指出的，「這些

差異主要在於會計方法和我們現在的儲蓄方式——例如退休金計畫。」

若按照正確會計方法計算的話，我不知道那些被大肆炒作的赤字是否真的存在。

舉例來說，如果杜邦公司（Du Pont）按照山姆大叔的方式記帳，那麼這個強大的化學巨頭將會連續幾十年出現赤字。但杜邦卻一直穩定成長，並且與其它優秀的公司一樣成功。為什麼呢？因為當一家企業建了一座工廠、買了一輛汽車或一台電腦時，它就會在資產負債表上把那些項目資本化，然後在該資產的預估使用期限內慢慢地把它計入支出。但是山姆大叔沒有資產負債表。當它購買同樣的物品時，它會立即把這些物品列為費用。如果「富比士500強企業」中的公司是採用美國政府極端保守的現金基礎來記帳的話，大部分的公司也都會出現赤字。

美國主要的機場每一座都價值數十億美元；高速公路系統也是如此。軍事系統、郵政服務、公園和林地等也是如此，還有一些金額較小的項目，例如電腦和卡車也都是如此——到目前為止，政府是所有這些主要大額支出類別的最大買家，但這些購買的資產都會立即被列為費用，即使是未開發的土地亦然。

此外，各州和市政府產生的巨額預算盈餘幾乎占聯邦

政府赤字的一半，但它們是由聯邦政府1,000多億美元的轉移支付提供資金的。各州和市政當局也沒有把購買資產的資金資本化，因此也會減少盈餘。

　　所以，如果你把聯邦政府、州和市政當局合併起來，按照企業的方式來處理他們購買的所有資產，結果要麼會使政府的「赤字」蒸發掉，要麼就是會非常接近蒸發的程度。至於債務占國民生產毛額的百分比呢？那個數字真的太小了，根本不值得一提。

　　別誤會了，像「政府開支的增長」這類問題依然存在。自1965年以來，聯邦開支每年增長11％。更糟糕的是，它從國民生產毛額的18％增長到現在的24％。如果這些相對成長率繼續下去，美國政府只要再過九十六年就可以接管整個國民生產毛額——也就是整個經濟體系。而雷根總統每年11％的揮霍程度（考量當時的較低的通膨率），甚至比卡特（Jimmy Carter）還要高。

　　如果你擔心的話，就擔心政府支出的趨勢吧。但是，儘管聯邦赤字聽起來令人恐懼，股市也出現可怕的空頭氛圍，但我們的世界並沒有走到盡頭。它會繼續獎勵那些在價格合理時買進優質股、並持有到市場認可其價值的人。

（本文轉載自1986年10月6日費雪在《富比士》的專欄）

附錄 B

部分圖表更新

這張圖表是使用現在更常用的指數去更新的。由此看來，價值型股票（圖表中的灰線）無論在哪一個時期都是更好的選擇；相對的，你應該盡量避開科技股（圖表中的黑線）。只不過，一味地堅持或避開單一類型的股票並不明智。這張圖表顯示，如果時間夠長，所有類型的股票其報酬幾乎都會相同，之所以會出現差異，主要是由過去幾年的熱門股所產生的——這就是這張圖表要告訴你的事。以這個例子來看，報酬的差異基本上是從2000或2003年開始出現，這取決於你怎麼解讀它。這個時期的價值股一直都很熱門。

　　就跟你購買的其他東西一樣，股價完全是由供需關係來決定。由於首次公開發行（IPO）、新股（新債）發行，甚至回購和收購股票等都需要花費相當的時間和精力，短期內的供應相對固定，主要是需求在推動價格上升。但是長期而言，供應可以幾乎無限地擴大和收縮，這意味著長期價格將由一些無法預測的未來供應壓力決定，以目前的

技術而言，沒有人能夠預測得到這些壓力。

　　以下是它的運作原理。A公司推出了一種很棒的新產品，在私募市場的價值為10億美元。由於需要擴張資本，他們決定讓股票上市，因此釋出20%的股權來籌集2.5億美元。現在，他們的市價達到12.5億美元。所有人都很興奮，包括那些從IPO價值中收取大筆費用的投資銀行家。投資者對A公司的股票產生興趣後，股價開始上漲。創投者（Venture capitalists）看到後，決定籌集資金，開始複製A公司的模式，創立B、C、D等多家公司，同時投資銀行家也想著要藉此大賺一筆。投資者的需求推動這些公司的股價上漲，IPO也不斷地湧現。

　　然後，市值1,000億美元的X公司也想進入這個熱門新產品的領域。它提出以價值30億美元、X公司新發行的股票來收購A公司。於是，更多的股票進入市場了！只要有需求，企業家和投資銀行家就會加以滿足。最終，這些需求會被供給給淹沒，股價開始下跌——這正是我們在科技股IPO泡沫破裂時所看到的（雖然這是一個極端的例子，但你一定能理解），也正如這張圖表所示。

　　反之亦然。股票供應也可以透過現金回購和私人收購的方式來減少，而那些雄心勃勃的投資銀行家則為債券配售收取費用。無論是執行長還是投資銀行家，都不會認為

某一種投資類別天生就比較好。對於每種股票發行或回購的數量上限也沒有規定。股票會在有商業意義和有需求的時候進入或離開市場。這就是為什麼隨著時間的推移，不同類型股票的回報應該是相似的——為了滿足投資者不斷變化的需求，供應會從一個類型換到另一個類型。當然，統計數據上的失誤和變動可能會使某一類股票的平均值在歷史走勢上看起來更好，但這並不代表你有特殊的理由去打賭這種趨勢會長時間地持續下去。

無論圖表顯示的是什麼，沒有哪一個投資類別永遠會比較好。資本主義造就了這一切。如果你認為價值股、成長股、大型股、小型股、新興市場或其他任何事物比資本主義及其市場定價、套利機制更強大，那麼你就大錯特錯了。你還有很多東西要學。最終，資本主義贏了，其他一切都輸了。

在這個物質世界上，那些相信某事優於資本主義力量的人，當市場對你不利的時候，你就會遭殃。你的最佳選擇，是參照一個廣泛的基準（最好是全球性的基準）進行投資，並根據你的投資風格去調整你投資組合的權重。

圖表 18 ● 標普 500 總回報指數（S&P 500 Total Return Index）、納斯達克綜合指數、標普／巴拉 500 成長總回報指數（S&P/Barra 500 Growth Total Return Index）：1975 年 1 月－2007 年 7 月

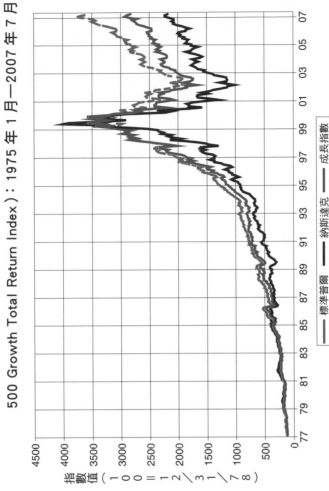

指數值（100011==1223117/8）

標準普爾　　納斯達克　　成長指數

作者備註：為了便於比較，1978 年 12 月 31 日所有指數均設為 100。圖表反映了月底的價值。最近的數值為 2007 年 7 月 31 日

資料來源：Ibbotson Analyst, Global Financial Data.

債務、政府和海洛因成癮者

當我在1987年寫這本書時，我認為美國可以解決債務問題，因為過去它就曾解決過同樣水準的債務，後來的發展很順利，所以現在的債務並不算太多。但這個看法是錯的。我們的目前的債務水平不只很理想，事實上還「負債不足」。有更多的債務會更好，也許所有類型的債務都該比現在再多3倍！重點是，債務越少越糟糕。

美國人對債務有一種近乎宗教信仰般的厭惡。但是，我們通常不會介意像奇異（GE）公司這樣正直的企業去借錢。而且，每個美國人都知道自己可以負責任地處理債務。我們不擔心自己，我們擔心的是其他白癡。那些不負責任的白癡不計後果地舉債，就像失控的海洛因癮君子一樣。但比起海洛因癮君子，我們更害怕愚蠢的政府欠債。在你心裡，你知道聯邦政府是最愚蠢的花錢者，甚至比一名海洛因癮君子還糟糕100倍。

就我個人而言，我討厭聯邦政府的一切。但是，基於「乘數效應」（multiplier effect），我並不介意它的債務問

題。在美國，新借出的資金在第一年內平均會轉手六次。第一次的消費可能很愚蠢，但接下來的五次消費會平均提高效率。例如，你借錢買了一輛車。汽車經銷商支付員工薪水並補充庫存。那些員工用薪水在超市買了食物和襪子。超市再支付薪水給它的員工……如此循環不斷。吸毒者的狀況也一樣，除了他的第一次消費可能比你更愚蠢。而政府的第一次消費則肯定比吸毒者花錢買毒更為愚蠢。然而，這些錢花了又再花，最終平均下來就會回歸平衡和正常狀態。由於有這種乘數效應，如果政府借了錢且愚蠢地花掉，我們的經濟還是會比政府完全不花錢來得好。

因此，「減少債務」並不是一個好主意。但背負多少債務才是最理想的呢？從最基本的財務概念來看，當邊際成本等於邊際收入時，利潤最大化就會出現了。換句話說，當借貸成本與資產回報率相等時，我們就會竭盡所能地借錢去購買足夠多的、能產生利潤的資產，讓我們的公民盡可能地富有。

美國現在的借貸成本，整體來說約為6%左右，稅後約為4%。美國擁有111兆美元的資產，2006年的GDP約為13兆美元。這代表美國的資產收益率為12%——遠遠高於它的借貸成本，其中包括稅收。我們的資產回報率是借貸成本的3倍。也就是說，我們可以合理地承擔更多債

務，即使最初花錢的那個人是一個真正的傻瓜。更多的債務，等於更多的資產，等於更多的財富，也等於更富裕的公民。「不再借更多錢」是不道德的。

不可否認，某些邊緣人總是會陷入債務的麻煩，一直都是如此。但整體而言，隨著時間的推移，美國一直都能從增加的債務中受益。你還不相信嗎？想想1965到1981這著名的「十七年」，當時人們普遍認為股市的報酬平平（如果你看的是偏頗的道瓊指數，那麼它確實很平。但如果你看的是標普500指數，就會發現它的年化報酬率是7.7%，雖然低於平均水準，但並沒有那麼平）。有趣的是，在這十七年中，美國還清了債務，債務占國民生產毛額的比例是你此生中最低的水準，但股市的表現卻如此黯淡，經濟也沒那麼繁榮。這樣你還要堅持「負債不是好事」的觀點嗎？

那麼，如果是「零債務」呢？安德魯‧傑克森在1830年代中期清償了美國的債務，結果卻導致了一場災難（請見圖表76）。由此看來，與其為了債務煩惱，不如開始思考你如何用更多槓桿，買下所有可愛的資產。這會有趣得多。

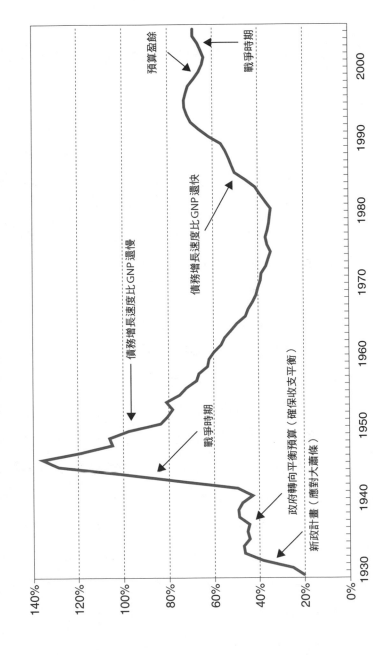

圖表 74 ● 美國淨公共債務占國民生產毛額的百分比：1930—2006 年

債務增長速度比 GNP 還慢

債務增長速度比 GNP 還快

預算盈餘

戰爭時期

戰爭時期

政府轉向平衡預算（確保收支平衡）

新政計畫（應對大蕭條）

140%

120%

100%

80%

60%

40%

20%

0%

1930

1940

1950

1960

1970

1980

1990

2000

縮放圖表,事實就會浮現

　　這張更新至2007年的圖表完美地突顯許多投資者常犯的一個錯誤,也就是未能將圖表放大來觀察。

　　這個問題的根源在於行為金融學。由於我們的大腦是從我們的父母那裡繼承而來,而他們的大腦也是繼承上一代而來的,因此我們的大腦進化得很好,能夠處理我們石器時代的祖先所面臨的問題。但是當面對現代的、違反直覺的問題,比如股市時,我們的大腦就會失控。

　　同樣的情況也出現在人類對「大數」的理解上。我們的穴居人祖先知道猛瑪象很大,而兔子很小。但除此之外,他們不太需要「相對思維」。今天的投資者也一樣,當我們聽說2007年的國防預算是5,200億美元時,我們大腦中那些古老的部分會認為這是一個巨大的數字。稍微進化一點的穴居人可能會拿現在的預算與過去的預算進行比較。與我們在第二次世界大戰高峰時期的花費,也就是1945年的830億美元相比,今天的預算可說是太驚人了!

　　思考任何一個大數字的正確方式,應該要考慮它的相

對性，以國防預算的例子來說，就是要思考它「相對於國家收入的百分比」。

這張圖表顯示，在阿富汗和伊拉克戰爭中，我們的軍事預算占國民生產毛額的比例略有上升，但與雷根的冷戰時期相比，我們的支出仍然相對較少，且1980年代的經濟蓬勃發展，股市回報也相當豐厚！你之所以會認為我們現在花的錢更多，是因為我們同時在兩個區域作戰，還有另一場不確定性更高的反恐戰爭。但是，現在的國防預算仍不到國民收入的4％，因此很難說是否真的有什麼軍工業密謀（某些人依然會堅稱確有其事，但不理性的人總是會說不理性的話）。

媒體喜歡用大數字來嚇唬我們。想想看，伊拉克戰爭每年的花費高達870億美元。呵！但它只占美國國民生產毛額的0.7％。而美國約占全球GDP的35％。考慮到這一點，美國花在伊拉克戰爭上的錢在經濟上根本無足輕重。這不是什麼支持或反對伊拉克戰爭的道德倫理爭論，我只是要求你理性、放大眼光地來看待大數字。

如果你認為伊拉克戰爭是一件可怕的事，那麼就應該承認，從經濟角度來說，這只是一件可怕的小事；如果你認為這是一件美妙的事，那麼它在經濟方面，就是一件美妙的小事。

擴大眼光來看，可以幫助你釐清其他那些媒體喜歡用來嚇唬你的巨大數字。以美國的貿易赤字為例。2006年，這個數字是6,800億美元。哎呀！首先，我認為先進國家的貿易逆差並不是末日的預兆。相反的，它們可能是經濟健康的徵兆（我知道這可能會激怒某些人，若真是如此，我鼓勵你去看《投資最重要的3個問題》的第六章）。

　　原因在於，美國的貿易赤字只占它GDP的5％。更令人驚訝的是，這幾乎與英國貿易赤字的相對規模一樣（我打賭你不知道那些頑皮的英國人也有巨大的貿易逆差）。相對思維可以讓那些譁眾取寵的人遠離預算赤字、債務、次級抵押貸款、信貸緊縮——任何絕對數字很龐大、但實際上卻對經濟影響微乎其微的事情。

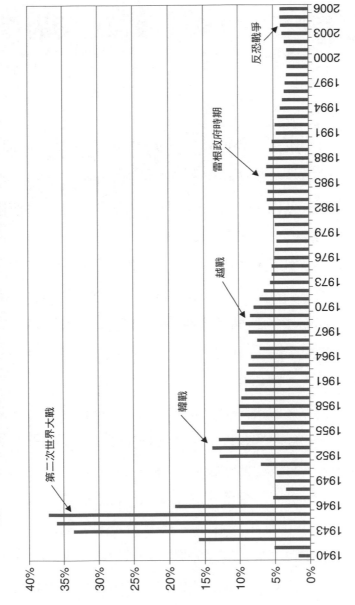

圖表 83 ◉ 美國國防預算占國民生產毛額的百分比：1940—2006 年

資料來源：Bureau of Economic Analysis, Budget of the United States Government.

圖表84 預言共產主義滅亡的周期

　　早在1987年，我就相信康德拉季耶夫「周期理論」的力量，現在我依然相信。只有一個改變——這些周期變得越來越長（也更怪異），因為人們的壽命更長，他們的記憶也延伸得更長了。

　　康得拉季耶夫周期是一種「通貨膨脹—通貨緊縮—基礎設施建設」的循環。通膨會推動某些地區的價格上漲，然後出現崩潰；通縮則會摧毀由通膨支撐的過時基礎設施。每個周期都是不同的，因為經歷過前一個周期的人總是在打最後一場戰爭。上一個周期在1980年左右達到頂峰，我們不可能再經歷1929到1932年那樣的股市崩盤和大蕭條——有太多像我父親那樣經歷過上一個周期並餘悸猶存的人，而該周期的波浪則會吞噬那些沒有人在關注的東西。而這次周期循環，幾乎徹底消滅了共產主義。

　　在1929年的大崩盤後，蘇聯開始投資鋼鐵和以大宗商品為基礎的重工業基礎設施。隨著它吞併鄰國，那些國家也被迫如法炮製。請回想1950年代共產主義時期那些

巨大工業廠房的愚蠢投資。但這不重要。重點是，通膨周期在很長一段時間中支撐了他們的鋼鐵和大宗商品的價格，以及他們愚蠢的經濟體。

在1950、1960和1970年代，蘇聯不僅在軍事上是一個超級大國，而且還是一個龐大、不可阻擋的經濟體，這讓它得以資助和補貼較小的共產國家，同時用骯髒的共產主義感染全世界。人們把這一切歸因給雷根，然而，從杜魯門到老布希——所有的美國總統都認為，如果迫使蘇聯在軍事上投入夠多的錢，它最終一定會破產，差別只在於時間的長短。但他們應該要對這個周期更有信心才對（周期是資本主義專屬的產物，共產主義者看不到這一點）。

從1920到1991年，共計七十一年的時間，這是多麼漫長的一個周期，同時也意味著更長的記憶。

1980年，通膨達到頂峰，通貨緊縮開始出現。蘇聯人目睹了1987年的股市崩盤，他們認為事實證明自己是對的，「資本主義滅亡了」，錯啦！那是上次的情景，所以不會再發生了。事實上從那時開始，資本主義便蓬勃地發展。即便是在2000至2002年的熊市期間，美國和全球經濟都還算不錯——我們經歷一場短暫而輕微的衰退，但之後的經濟和股市則大幅回升。

至於共產世界則是另外一回事。通貨緊縮周期摧毀了

他們的商品價格和蘇聯過時的基礎設施。柏林圍牆倒了。冷戰結束了。東歐集團（Eastern bloc）開放了——無數蘇聯時代廢棄的工廠被揭露出來——只有通膨能解釋這一切。前蘇聯的附庸國經歷了與大蕭條同等規模的毀滅，隨之而來的則是政治動盪和經濟停滯。然而，那些脫離共產主義枷鎖的國家，例如愛沙尼亞、立陶宛、拉脫維亞等國，現在都成了充滿活力的單一稅率小老虎——他們淘汰了過時的技術、基礎設施和體制，用新的取而代之。

現存的共產主義政權，是那些從未發展過重工業的國家，例如古巴、中國和加州的柏克萊。中國和古巴擁有自己獨特的共產主義版本。毛澤東和卡斯楚的新封建農業主義雖然並未蓬勃發展，但也沒有基礎設施過時的問題——他們尚未經歷過通膨周期，因此不會像蘇聯那樣崩潰。而中國的現代化，則是在康得拉季耶夫周期崩潰之後開始進行的。希望他們在下一次衰退周期來臨前，能學到蘇聯的經驗。但不管他們有沒有這樣做，我們也無從得知。康得拉季耶夫周期將會持續一段更長的時間——超出我們的記憶範圍，而且每次都略有不同。這就是該周期的運作原理。

圖表 84 ▶ 康德拉季耶夫周期：1800—2006 年

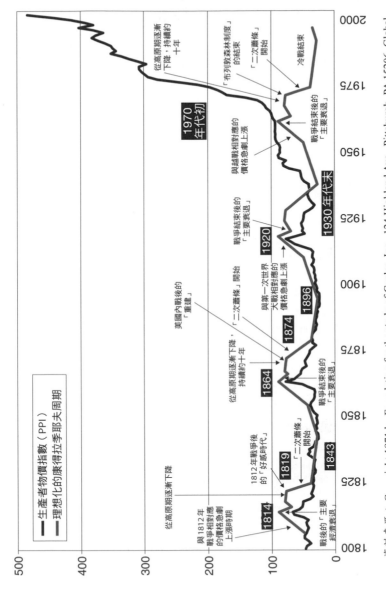

資料來源：Copyright 1971 by Foundation for the study of Cycles, Inc.,, 124 Highland Ave,, Pittsburgh, PA 15206, Global Financial Data.

華爾街的華爾滋
影響近代股市多空轉折最重要的 90 張圖表

The Wall Street Waltz: 90 Visual Perspectives, Illustrated Lessons From Financial Cycles and Trends

作　　者　肯恩・費雪（Ken Fisher）
譯　　者　簡瑋君
主　　編　郭峰吾

總 編 輯　李映慧
執 行 長　陳旭華（steve@bookrep.com.tw）

社　　長　郭重興
發 行 人　曾大福
出　　版　大牌出版／遠足文化事業股份有限公司
發　　行　遠足文化事業股份有限公司
地　　址　23141 新北市新店區民權路 108-2 號 9 樓
電　　話　+886- 2- 2218 1417
傳　　真　+886- 2- 8667 1851

封面設計　萬勝安
排　　版　藍天圖物宣字社
印　　製　博創印藝文化事業有限公司
法律顧問　華洋法律事務所蘇文生律師

定　　價　580 元
初　　版　2023 年 5 月

國家圖書館出版品預行編目（CIP）資料

華爾街的華爾滋：影響近代股市多空轉折最重要的 90 張圖表 / 肯恩・費雪 著；
簡瑋君 譯 . – 初版 . – 新北市：大牌出版，遠足文化事業股份有限公司 , 2023.5
448 面；14.8×21 公分
譯自：The Wall Street Waltz: 90 Visual Perspectives, Illustrated Lessons From Financial Cycles and Trends
ISBN 978-626-7191-55-2（平裝）
1. 股票投資 2. 證券市場 3. 圖表 4. 美國

563.53　　　　　　　　　　　　　　　　　　111019493